证券行政执法和解：比较法视野与中国路径

高振翔◎著

中国金融出版社

责任编辑：黄海清
责任校对：孙　蕊
责任印制：丁淮宾

图书在版编目（CIP）数据

证券行政执法和解：比较法视野与中国路径/高振翔著. —北京：中国金融出版社，2023.8
ISBN 978-7-5220-1931-4

Ⅰ.①证… Ⅱ.①高… Ⅲ.①证券法—研究—中国 Ⅳ.①D922.287.4

中国国家版本馆CIP数据核字（2023）第047606号

证券行政执法和解：比较法视野与中国路径
ZHENGQUAN XINGZHENG ZHIFA HEJIE：BIJIAOFA SHIYE YU ZHONGGUO LUJING

出版
发行　中国金融出版社

社址　北京市丰台区益泽路2号
市场开发部　(010)66024766，63805472，63439533（传真）
网上书店　www.cfph.cn
(010)66024766，63372837（传真）
读者服务部　(010)66070833，62568380
邮编　100071
经销　新华书店
印刷　北京九州迅驰传媒文化有限公司
尺寸　169毫米×239毫米
印张　20
字数　268千
版次　2023年8月第1版
印次　2023年8月第1次印刷
定价　89.00元
ISBN 978-7-5220-1931-4

序

Preface

作为一种刚柔并济、高效便捷的执法方式，证券行政执法和解在域外成熟资本市场积累了丰富的经验。2015年我国开始试点实施证券行政执法和解制度。试点期间，中国证监会成功运用该制度处理了一些疑难案件，对解决传统证券执法中投资者难以获赔、违法行为难以认定、调查执法成本过高等问题发挥了一定作用。但整体而言，试点实施效果未如预期理想，证券行政执法和解案件数量偏少，未能成为我国证券市场的常规执法方式。2019年新修订的《中华人民共和国证券法》（以下简称《证券法》）将证券行政执法和解制度写入法律。根据《证券法》的授权和要求，国务院和证监会分别以行政法规和部门规章的形式规定了证券行政执法和解的基本流程、适用程序、监督制约方式等，并将该制度重新命名为证券行政执法当事人承诺制度。但无论是行政执法和解还是行政执法当事人承诺，两者本质上都是证券监管机构基于特定的执法目的与涉案当事人达成协议，对原本的行政调查、行政处罚职权作出变通处理。行政执法和解制度的规范、实践的需要呼唤理论的深入，遗憾的是，当前学术界对证券行政执法和解这一议题的集中、深入的研究成果还比较少。本书正是对此议题作出积极回应的重要学术成果。

本书作者高振翔是我的博士生，读博期间他在《证券市场导报》《经贸法律评论》等刊物发表了多篇关于证券行政执法和解的学术论文，为本书出版奠定了良好基础；他在证券监管机构的工作经历，也为本书研究增添了独特视角。他曾前往美国西北大学攻读法学硕士，并考取了美国纽约州律师执业资格。海外学习研究经历让他得以从比较法角度对证券行政执法和解专题有更多思考，这在本书中也得以充分展现。例如，根据本书研究，相比大陆法系传统的国家和地区，具有英美法系传统的国家和地区证券行政执法和解制度更为成熟、定型，实践更为活跃，这与这些国家和地区设置了更为灵活的证券执法和解程序、授予证券监管机构更为充分的和解权限、注重发挥案例指导作用的判例法传统密不可分。但一国究竟需要什么样的证券行政执法和解制度，世界范围内并不存在放之四海皆准的标准答案。我国证券行政执法和解制度既然借鉴自西方成熟市场，就不能仅作简单法律移植，而是要解决制度本土化问题，实现证券行政执法和解制度与我国证券监管体系及文化的有效嫁接。

在我看来，本书在以下三个方面具有创新性：第一，研究内容具有新颖性。证券行政执法和解制度是证券监管中最具特色的制度之一，也是成熟市场运用最为成熟的证券执法程序。作者在2018年就将我国证券行政执法和解制度作为博士论文的研究方向，具有较强前瞻意识。当年，证券行政执法和解制度在我国还没有成功适用的案例，但作者敏锐地意识到，证券行政执法和解将是缓解我国证券监管机构日益增长的执法需要与有限执法资源矛盾的重要制度。可以说，作者对证券行政执法和解的基础理论、制度构成、我国证券行政执法和解制度的完善等问题开展的系统研究，恰逢其时，具有相当的现实意义。第二，研究视野具有开阔性。本书对主要国家和地区的证券行政执法和解相关立法和实践情况作了深入、系统的梳理与分析，丰富了现有的比较法研究成果。在比较法研究的基础上，本书还探讨了我国证券行政执法和解制度本土化过程中所面临的实施动力不足、制度正当性广受质疑、与其他投资者保护机制欠缺衔接等深层次问题，具有较强的理论意义。第三，研究内容具有实践性。针对我国证券行政执法和解制度面临的实践困境，本书尝试从执法理念、信任机制、动力机制、程序衔接等方面寻求破解路径并给出了较为系统的制度优化方案。尤其是在制度衔接方面，我国应统筹好证券行政执法和解与先行赔付、证券民事诉讼、责令回购等多种投资者保护制度的关系，避免制度“碎片化”和“叠床架屋”问题，发挥制度合力。

当然，本书只是相关议题研究的一个开端，还存在不少需要进一步细挖深究的空间。例如，证券行政执法和解制度在我国效能不彰，与我国法律文化背景、行政监管传统、证券执法环境密切相关，但本书对此还着墨不多。况且，我国证券监管有其复杂性和特殊性，就特定投资者保护机制如何设置尽可能周延的规则选项，又如何配置相应的风险防范和监督制衡机制，都不是仅凭一两个法律法规出台就能完成的任务，更不是单凭一本书几篇文章就能说明说透的话题。希望高振翔博士能够继续潜心研究，继续在这个研究方向作出更多有价值的研究成果。

在中国社科院法学所求学的四年间，高振翔博士留给我的印象总是谦和温润，笑意吟吟，朴实中呈现聪慧，聪慧中又饱含真诚。希望振翔以此书的出版为新起点，凭借努力与才华，从容以微笑，微笑以前行。

陈　洁

中国社会科学院法学研究所商法研究室主任

研究员、博士生导师

2023 年 4 月 11 日

前言

Foreword

传统证券监管方式具有单方性、强制性、命令性和高权性特点，虽然能快速维护监管秩序，实现公共利益，也容易损害行政相对人等其他主体合法权益，造成市场动荡和秩序紊乱。域外成熟市场较多采取证券行政执法和解方式，较好实现了证券监管目的并兼顾了相对人利益保护。证券行政执法和解是一种刚柔并济的新型证券监管方式，其刚性体现在当事人往往需要以交纳不菲的和解金、履行严苛合规义务为代价，与证券监管机构达成和解协议。若当事人不履行和解协议，证券监管机构将及时恢复调查执法程序。其柔性体现在它通过行政协议方式作出行政决定，是一种双方、非强制的执法手段。证券行政执法和解体现了证券市场治理方式从传统依靠证券监管机构单一意志进行的治理，转向通过证券监管机构和被监管对象协商、让步和妥协达成合意进行治理的重大转变。

基于证券行政执法和解的正当性及其制度优势，2015 年我国开始试点实施证券行政执法和解制度，2019 年新修订的《证券法》第一百七十一条将证券行政执法和解制度写入立法。但证券行政执法和解对我国来说仍属“新生事物”，学术研究尚不充分，制度规范存在欠缺，前期试点效果未如预期理想。为进一步拓展和丰富证券行政执法和解的理论成果，健全我国证券行政执法和解制度，提升制度使用效果，本书采取从理论到制度再到实践，从域外到域内的研究进路，对证券行政执法和解的基本理论范畴、典型国家（地区）制度及实践、我国制度现状与问题剖析，制度完善路径等问题进行了研究。本书核心观点包括以下几点。

从概念特征上来说，证券行政执法和解是指在证券行政执法过程中，被调查的当事人承诺纠正涉嫌违法行为、赔偿有关投资者损失、消除损害或者不良影响并经证券监管机构认可，当事人履行承诺后证券监管机构终止案件调查的行政执法方式。《证券法》第一百七十一条未给这一制度明确名称，为避免“行政执法和解”名称给公众造成“执法不严”“利益交换”等负面联想，减少制度实施的可能阻力，国务院、中国证券监督管理委员会（以下简称证监会）出台的行政法规和部门规章将这一制度命名为“行政执法当事人承诺”。本书认为，“行政执法当事人承诺”名称仅强调了当事人的单方承诺行为，未反映证券监管机构的认可承诺行为，不能准确反映证券监管机构和被调查当事人以和解方式解决执法纠纷的制度实质。域外成熟市场大多将这一制度称为“执法和解”或“行政和解”。因此，“证券行政执法和解”名称更为妥当。证券行政执法和解体现了证券监管机构对行政裁量权的灵活处分，其兴起与发展得益于法学界对传统行政监管和“行政权不得处分”理论的重新认识与突破，理论依据包括机动法治主义理论、行政自由裁量权理论、公私合作治理理论和回应性监管理论等。在“公法私法化”浪潮下，行政执法和解逐步运用于西方国家的环境、能源管制、反垄断等公共执法活动，我国也在小范围试行行政执法和解制度，在反垄断、反倾销和海关知识产权保护等特定行政领域建立起了相关制度。在制度构造上，证券行政执法和解包括适用范围、程序规范、义务履行和救济渠道等方面，涵盖和解条件、主体、权限、程序、结果、监督、纠纷化解等内容。

为解释证券行政执法和解的来龙去脉，有必要对域外成熟市场的证券行政执法和解实践进行研究剖析。在域外市场，证券行政执法和解是替代性纠纷解决方式在行政程序中的运用。本书从世界范围内选取了美国、英国、澳大利亚、中国香港地区四个英美法系国家（地区）和德国、中国台湾地区两个大陆法系国家（地区），对其证券行政执法和解制度的基本架构、实践活动进行比较研究。从制度内容来看，各国（地区）的证券行政执法和解制度可分为实体和程序两部分内容。实体内容包括适用前提、适用条件、和解双方的权利义务、证券监管机构和解决定内容、和解金管理及适用等；程序内容主要包括和解申请及受理程序、协商谈判程序、协议订立程序、信息公开程序、利益相关者保护程序、和解义务执行程序等。从实践情况来看，不同国家（地区）的证券行政执法和解实践各异，在适用条件设置宽松的国家（地区），只要能化解执法纠纷、提高执法效率，都可运用行政执法和解方式处理执法纠纷，和解制度得到较好发展；而在适用条件设置严格的国家（地区），行政执法和解仅能适用于个别有限情形，和解制度运用受到束缚。总体上看，英美法系国家（地区）的证券行政执法和解制度更为成熟、稳定，实践更为活跃。

我国证券监管执法体制体现出集中统一和查审分离两大特征。集中统一的监管机构、监管事权和监管方式契合我国证券市场发展现实，查审分离使证监会调查与处罚权力的相互制约，确保了案件处理的公平、公正和合理。我国证券行政执法和解制度产生于国务院的授权探索实践，经历了部门规章“试点”到正式纳入法律规范的制度演变历程，制度设计体现出集中统一和查审分离的特点。从前期试点规定及实践情况看，我国证券行政执法和解制度存在以下问题：适用条件过于严格，适用和解制度结案数量少；程序启动不畅，当事人和解权利保障欠缺；和解信息公开不足，时效性有待提高；较低的刑事追诉标准导致和解制度适用空间有限；和解金性质不明确，缺乏统一的征收标准等问题。经过系列立法，我国证券行政执法和解制度相比试点实施期间已有明显改进，但在适用条件、适用程序、和解金管理使用等方面仍存在不足。证券行政执法和解在我国实施，依然面临实施动力不足、正当性质疑未消除、相关投资者保护制度欠缺协同等问题，进一步发挥这一制度的空间还很大。

破解我国证券行政执法和解制度存在的问题，有必要从执法理念、信任机制、动力机制、程序衔接等方面寻求路径。在执法理念上，证券行政执法和解能够促进最优威慑的实现，从整体上提高了整个社会证券违法行为的发现概率。在信任机制上，有必要建立证券监管机构自由裁量权运用的立法控制、行政控制和司法控制等机制，防范和解制度被滥用。在动力机制上，有必要塑造强激励的组织环境，兼顾自上而下的执法考核和自下而上的舆论认可等多种执法激励手段。在制度衔接上，有必要统筹证券行政执法和解与先行赔付、证券民事诉讼、责令回购等多种投资者保护机制关系，形成层层有序推进的追责和投资者保护机制。

我国证券行政执法和解制度的具体优化，包括原则确立、实体设计和程序设计三个方面。第一，证券行政执法和解制度原则既包括私法上的自愿原则、平等原则，也包括公法上的信赖利益原则、公共利益原则和比例原则，各原则共同构成证券行政执法和解制度运行的基石和指引。第二，实体设计应围绕和解制度的适用前提及条件、和解协议的内容及效力、和解金的监管及适用等方面展开。一是适用前提可探索建立和解当事人承认违法制度；二是适用条件应体现市场修复性、实效性与效率性；三是协议内容可建立协议范本机制，并明确协议效力状态；四是和解金制度应在收取、管理、补偿等环节作整体安排。第三，程序设计要突出正当法律程序要求。一是启动程序要着重解决因信息不对称造成和解程序启动不畅问题；二是协商程序应坚持效率性、规范性、平等性和全面性要求；三是决策程序要优化集体决策机制和建立相应的质量控制机制；四是执行程序可积极探索第三方专家监督执行、司法监督执行等多元执行机制；五是监督程序应围绕立法监督、行政监督和司法监督等方面进行机制优化；六是利益保护程序可从当事人救济权、信息公开、公众参与等方面入手，构建全方位的参与人利益保护机制。

目录

Contents

绪 论

一、选题的背景与意义

（一）选题背景

证券行政执法和解，是指证券监管机构与涉嫌违法行为人平等协商达成协议，由涉嫌违法行为人承诺纠正涉嫌违法行为、赔偿有关投资者损失、消除损害或者不良影响，在当事人履行承诺后，证券监管机构终止案件调查的一种证券行政执法方式。证券行政执法和解作为一种新型综合性执法方式，在化解行政资源与行政效率的矛盾、及时补偿投资者损失、尽快恢复市场秩序等方面具有重要价值。在证券期货领域建立行政执法和解制度，将私法领域的契约协商引入公权力领域，是我国证券监管执法体制改革的一项重大创新性举措，体现了证券监管从强制性执法向服务型执法的转型，积极探索更加多元、刚柔并济的治理模式。①

近年来，随着国家治理要求的提高和资本市场发展，证券行政执法和解的制度供给不断充实。2015 年，经国务院批准，证监会制定了《行政和解试点实施办法》（证监会令第 114 号，已废止），同时会同财政部

---

① 证监会原主席肖钢曾指出证券行政执法和解制度的初衷在于兼顾监管机构行政执法和投资者损失赔偿两方面的需要，作用包括：一是有利于及时弥补投资者所受的经济损失，二是尽快明确和稳定市场预期，三是从根本上减少平息行政争议，四是有利于破解制度供给不足或缺陷的现实难题。肖钢：《积极探索监管执法的行政和解新模式》，载《行政管理改革》2014 年第 1 期。

发布了《行政和解金管理暂行办法》（证监会、财政部公告〔2015〕4号，已废止），开始在证券期货领域开展行政执法和解试点。2019年修订的《证券法》第一百七十一条在借鉴《中华人民共和国反垄断法》（以下简称《反垄断法》）经营者承诺制度基础上，将证券期货领域的行政执法和解制度正式纳入法律轨道，并授权国务院规定具体实施办法。虽然《证券法》关于证券行政执法和解的规定未出现“和解”“协议”等行政执法和解核心概念，但本质上是关于证券行政执法和解的规定，被调查当事人履行承诺与证券监管机构终止调查决定是双方合意的体现，在事实上是一种利益协商关系，构成行政契约行为。为落实《证券法》规定，证监会于2020年8月发布了《证券期货行政和解实施办法（征求意见稿）》。在此基础上，国务院于2021年10月出台了《证券期货行政执法当事人承诺制度实施办法》。尽管“行政和解”制度更名为“行政执法当事人承诺”制度，“行政执法当事人承诺”的实质仍为证券行政执法和解。为进一步明确行政执法当事人承诺制度的具体操作细节，2022年1月，证监会发布了《证券期货行政执法当事人承诺制度实施规定》（证监会令第194号），证监会、财政部联合发布了《证券期货行政执法当事人承诺金管理办法》（证监会、财政部公告〔2022〕1号）。至此，我国证券行政执法和解制度形成了由法律、行政法规和部门规章共同构筑的法规体系，对实践进行规范并提供指引。

理论上，行政执法和解具有高效率、低成本解决行政争议，实现市场各方共赢的制度效果，但遗憾的是，我国实践却与之相去甚远。从前期试点实施情况看，自2015年《行政和解试点实施办法》出台至新修订的《证券法》实施，我国证监会仅在两起案件中达成和解，同期（2015—2020年）证监会作出行政处罚决定的案件数约为1500件，和解案件占比不足千分之二。① 两个成功达成和解的案例分别是高盛亚洲、

① 2015—2020年，证监会作出行政处罚决定的案件数量分别为：2015年177件、2016年218件、2017年237件、2018年310件、2019年260件、2020年250件，数据来源于中国证监会官网，http：//www. csrc. gov. cn/pub/newsite/xzcfw/，2022年6月20日访问。

高华证券和解案和上海司度等五家机构和解案，存在以下共同点：一是结案时间长、成本高，高盛亚洲案开始立案调查是2016年，上海司度案的立案调查是2015年，但均到2019年才达成了和解；二是信息披露不完全，两起案件的信息披露较为简略，例如没有披露行政相对人提起申请和解的时间，也没有披露和解金对受损投资者的补偿和剩余情况等，投资者知情权保障欠缺。

从试点实践的总体情况看，我国证券行政执法和解制度存在以下问题：适用条件过于严格，最终结案数量少；外部监督机制欠缺，各方权益未得到充分保障；案件信息公开不足，制度实施的及时性有待提高；和解金性质不明确，缺乏统一征收标准等。试点实施的效能不彰，既有由于制度不完备导致的实践不足，也有由于市场顾虑产生的对证券监管机构滥用和解权的不信任感。在域外成熟市场，证券行政执法和解是一种普遍运用的执法方式，但在我国尚未得到有效运用，一定程度上属于“新生事物”。消除社会各界对证券行政执法和解的疑虑、抵触，是推进证券行政执法和解制度在我国有效实施的关键，解决之道关键在于建立起有效的和解实施机制、投资者补偿机制、公众参与机制、信息公开机制等。若仍将证券行政执法和解制度束之高阁，不仅起不到制度“试错”效果，也不符合最初建立这一制度的期许。

实践需要呼唤理论的深入，更需要完善制度提供法治保障。尽管我国证券行政执法和解制度已在形式上形成了从法律到部门规章的完整法规体系，但制度运作尚未成熟定性，仍存在许多不足之处，有必要从理论和实践维度加以深入研究。对证券行政执法和解制度的全面系统研究，有助于更准确地把握这一执法方式的理论含义与内在机理，为加快完善这一制度提供指引，实现理论、实践、制度良性互动。

（二）选题意义

1. 国家治理体系和治理能力现代化要求。行政执法和解制度在我国证券期货领域的兴起，源于监管执法实践中破解有限监管资源与膨胀执法需求困境、转变行政监管方式的现实探索，蕴含着推进国家治理体系和治理能力现代化的追求。推进依法治国，实现国家治理现代化，具体到证券监管领域，须通过创新监管方式实现有效治理。传统的以行政处罚为代表的监管方式主要体现为管理行政和高权行政，缺乏民主性、合意性和灵活性。引入行政执法和解制度，对当事人予以相对性惩罚，通过协商和沟通的柔性方式实现对监管机构、当事人、第三人利益及社会公共利益的全面关照，是证券监管机构提升治理能力的有效途径。与民事和解相比，行政执法和解包含权力因素，涉及对证券执法权的处分问题。虽然证券监管机构运用和解权可能带来“行政权不可随意处分”的合法性问题，但让证券监管机构基于单方面的判断和斟酌行使自由裁量权同样存在权力滥用风险。在证券行政执法和解中，证券监管机构通过协商对话方式在获得合意基础上行使裁量权，通过“以权利制约权力”的方式实现了自由裁量权理性化，不仅没有损害执法的惩罚和威慑效果，反而有利于问题的及时解决。

2. 契合证券监管从强制性执法到服务性执法转型趋势。证券市场具有连续交易、连续运作的特点，市场主体之间普遍存在长期的投资、服务或者合作关系，从维护证券市场的可持续发展出发，证券执法应该适当体现包容性，避免执法过度。一段时间以来，“强监管”“强责任”成为我国证券监管主旋律，证监会行政执法力度空前加强，作出的行政处罚决定数量、罚没款金额屡屡创出新高。高额财产处罚固然可以让违法者付出沉痛代价，使市场各方“拍手叫好”，却也存在不利于相关市场主体恢复生产经营，减损了责任主体在民事赔偿中的偿付能力，对上市公司主体的罚没款责任转嫁给中小股东承担（基于公司资合特点，对公司处以行政罚没款最终由全体股东承担）等问题。引入证券行政执法和解制度对当事人予以相对柔性的惩罚，以恢复被损害的市场秩序，这种以柔克刚、以退为进的执法，不仅不损害执法的惩罚和威慑效果，反而有利于及时解决问题，维护了资本市场和谐稳定的关系。证券行政执法契合了当前证券监管从强制性执法到服务型执法的转变，拓展了证券执法在服务投资者和其他利害关系人功能，将私法领域的契约协商引入公权力领域，强调维护证券市场可持续性，积极探索在达成促进经济发展、社会和谐和民众福祉的前提下，更加多元、刚柔并济的证券市场治理模式。

3. 实现执法效率和执法效果的有效平衡。强有力的证券执法是资本市场高质量发展的重要保障。新修订的《证券法》大幅提高了资本市场的违法违规成本，进一步凸显了证券执法在证券监管中的核心地位。然而，我国资本市场日益庞大，证券监管面对日益膨胀执法需求与有限执法资源间的紧张关系，寻求执法效率和执法效果之间的平衡成为摆在监管机构面前的现实难题。从理论上分析，证券行政执法和解为破解这一难题提供了方法。第一，当事人与证券监管机构通过达成和解协议方式结案，缩短了调查时间，提高了结案效率，在节约执法资源的同时，又依法惩治了违法主体，让投资者获得赔偿，可谓一举多得。第二，证券行政执法和解聚焦解决调查难、查处难案件，有利于提升证券执法的质量效果，实现证券执法惩治违法、维护秩序的目的。证券期货市场交易关系复杂，违法违规行为取证难度大、干扰因素多，不少违法行为因调查取证难度较大而给及时惩处带来了困难。另外，监管机构处理新型涉嫌违法违规行为时，经常会遇到法律规定不明、违法性判断模糊等困难，给惩处相关案件带来法律风险。适用行政执法和解有助于及时化解上述难题。

4. 体现证券法保护投资者利益的核心理念。证券监管的人民性直接体现在投资者利益保护方面。保护投资者利益，实现受损投资者及时、充分补偿是证券行政执法和解的重要制度特征。在行政执法和解制度下，当事人具有主动认错、纠错与赔偿损失的较强动机，主动交纳和解金，由和解金管理机构按照填补实际损失的原则，让适格投资者得到有效赔偿。在我国证券违法行为立体追责中，追究违法行为人的行政和刑事责任的重要手段是对责任人处以行政罚没款或刑事罚没金，受损投资者很难从中得到合理赔偿。无论是行政罚没款还是刑事罚没金，依法应上缴国库，但上缴国库并没有补偿投资者损失。尽管受损投资者可以提起证券民事诉讼，请求违法行为人赔偿投资者损失，但证券民事诉讼要经历冗长、复杂程序，投资者才能获得赔偿，投资者保护效果有限，获得感不足。证券行政执法和解开辟了监管机关为投资者利益提供及时有效救济的新机制，有效解决了资本市场的痛点和难点。从理论上说，在行政执法和解中，投资者无须额外付出参与证券民事诉讼的成本即可获得损害赔偿，赔偿时点在和解协议达成后，相较于证券民事诉讼程序，获偿更为及时。

二、国内外研究动态

（一）国内研究动态

国内学术讨论对于证券行政执法和解的合法性、制度特征与优势、风险控制、基本程序等认识基本一致，均认为我国引入这一制度具有必要性、合理性。

在合法性方面，学术界通说认为行政执法和解产生的理论依据在于，随着行政管理多元化、复杂性、技术性发展，传统行政职权法定、行政权不可处分的“机械法治主义思想”被更为灵活的“机动法治主义思想”所纠正和调适。行政监管机关可以在法律法规授权范围内，依照法律的一般精神和原则，机动灵活地处理行政事务，选择适当的行政手段。行政机关被赋予行政自由裁量权是行政执法和解具有合法性的基础。①

在制度特征方面，证券行政执法和解的公私法融合性质决定了这一制度具有四个特征：一是混合法规制，一套完整的证券行政执法和解制度具有实体法与程序法、硬法与软法、法律原则与规则并行的特征，体

---

① 参见王锡锌：《规则、合意与治理》，载《法商研究》2003 年第 5 期；施建辉：《行政执法中的协商与和解》，载《行政法学研究》2006 年第 3 期；周佑勇、李俊：《论行政裁量中的和解——以德国法和美国法为观察》，载《行政法学研究》2007 年第 1 期；吕林：《论我国行政和解制度之建立》，载《重庆师范大学学报（哲学社会科学版）》2012 年第 6 期；李东方：《论证券行政执法和解制度——兼评中国证监会〈行政和解试点实施办法〉》，载《中国政法大学学报》2015 年第 3 期。

现出手段的复合性。二是行政主导性与双方协商性的统一，为了维护公共利益，证券行政执法和解体现了一定的行政主导性和优先权，又强调双方地位平等性，在充分意思自治基础上形成有质量合意。三是允许合法与否模棱两可。证券行政执法和解不去深究涉嫌违法行为是否真的违法，允许在行为定性上的模棱两可，但在处理结果上具有确定性。四是从单方惩罚到利益聚合，行政执法和解体现着行政机关、当事人、受害人、利益相关人等多方主体利益，相对于传统强硬的行政手段，行政执法和解追求多方利益聚合，而非单一维护公共利益。①

在制度优势方面，学术界普遍认为证券行政执法和解制度的优势主要有三点：一是落实投资者保护，通过证券行政执法和解，受损投资者没有通过诉讼程序，及时得到损失补偿。二是减少了证监会行政执法成本，节省了不必要的行政资源耗费，有利于解决证券违法行为认定难、执法成本高的问题。三是提升证券监管质效，传统行政纠纷解决机制处理行政纠纷周期过长、实质性化解行政纠纷不理想，具有自身局限性，证券行政执法和解通过降低执法对抗性，提高证券监管裁量的合理性，实现证券市场治理的和解有序。② 我国引入证券行政执法和解制度在总体效果上是得大于失，明显优于放过证券违法行为的选择，最终起到制裁、教育和遏制证券违法行为的作用。③

在风险控制方面，研究指出赋予行政机关较大的自由裁量权和较多的协商和解机会将带来一定潜在风险，包括放任违法行为、产生潜在违

---

① 参见宋功德：《证券执法和解机制》，载《甘肃行政学院学报》2010 年第 3 期；李东方：《论证券行政执法和解制度——兼评中国证监会〈行政和解试点实施办法〉》，载《中国政法大学学报》2015 年第 3 期；谢小元：《行政和解法律属性之辨析》，载《福建行政学院学报》2016 年第 2 期。

② 参见林丽霞：《我国试行证券监管和解制度问题探析》，载《证券市场导报》2006 年第 10 期；宋功德：《证券执法和解机制》，载《甘肃行政学院学报》2010 年第 3 期；吴陶：《论我国证券行政执法领域和解制度之构建》，载《云南大学学报（法学版）》2013 年第 3 期；席涛：《证券行政和解制度分析》，载《比较法研究》2020 年第 5 期；熊勇先、毛畅：《论商事行政处罚和解及其制度构建》，载《法学论坛》2021 年第 11 期。

③ 参见丁丁、侯凤坤：《我国引入证券执法和解制度的法律争点与解决路径》，载黄元红、徐明主编：《证券法苑》第 9 卷，法律出版社 2013 年版，第 834 页。

法激励、侵害第三人利益、滋生腐败、降低执法公信等。控制行政执法和解的风险包括实体控制和程序控制，实体控制主要指案件类型、适用范围的限定，程序控制分为外部程序控制（如司法审查机制）和内部程序规范（如建立明确具体的行政执法和解程序操作规范）两个方面。有必要建立行政机关与当事人的权义平衡机制，在赋予行政机关行政优先权之时，建立起相对人权益保障机制，对冲行政执法和解制度运作过程中发生的风险。①

在基本程序方面，学术界通说认为证券行政执法和解主要由和解申请、受理、磋商、签约、公布等环节连接而成，可分为启动程序、协商程序、签订协议程序和协议履行程序四个部分。一是启动程序，包括启动主体、启动时间、启动方式及审查要求等内容，当事人应当通过书面方式提出和解申请，以便证券监管机构审查并作出决定。二是协商程序，包括协商内容和结果、协商方式和期限等内容，证券监管机构受理和解申请后，应当与当事人就违法行为认定及其处理进行沟通和协商。三是协议签订程序，协商期内，双方当事人达成一致的，应当签订和解协议，并将相关内容予以公开，证券监管机构还应同步作出中止行政调查的决定。四是协议履行，和解协议是双方当事人协商后的合意结果，当事人应基于诚信原则全面履行协议，当事人履行完毕承诺义务后，证券监管机构作出终止调查决定。②

但对证券行政执法和解的具体制度设计，国内学术界存在一些争论。第一，法律授权。即如何在法律层面确认证券行政执法和解的合法性。对此存在两种不同的观点：一是在《行政程序法》中确认行政执法和解

① 参见王婷、张平：《论行政执法和解的风险控制——以反垄断法等特殊执法领域为视角》，载《政法学刊》2015 年第 6 期；王由海：《论行政和解制度的规范构建——基于行政过程论视角的分析》，载《河南财经政法大学学报》2021 年第 4 期；白云峰：《证券执法和解行政优益权平衡限缩论——对〈行政和解试点实施办法〉“和解终止条款”的反思》，载黄红元、卢文道主编：《证券法苑（第二十三卷）》，法律出版社 2017 年版，第 142－149 页。

② 参见殷守革：《行政和解法治论》，山西人民出版社 2020 年版，第 149－170 页；宋功德：《证券执法和解机制》，载《甘肃行政学院学报》2010 年第 3 期；熊勇先、毛畅：《论商事行政处罚和解及其制度构建》，载《法学论坛》2021 年第 11 期。

制度，以期在行政法层面提供最高位阶的法律授权；[①] 二是在《证券法》中创设证券行政执法和解制度，先试先行。[②] 第二，启动前提。有观点认为证券行政执法和解制度要经过必要调查才能启动；[③] 也有观点认为在特殊情况下，应当允许未进行必要调查的案件（如违法行为未被发现，但当事人主动提出和解请求）启动和解程序。[④] 第三，启动时间。有观点认为应当将案件调查法律文书时点至作出行政处罚决定书时点作为法定和解申请时间；[⑤] 也有观点认为应当泛化和解申请的区间限定，将可以提起和解申请的时间延伸至行政复议和行政诉讼阶段。[⑥] 第四，适用条件。存在“限定适用条件说”和“放宽适用条件说”两种观点。前者认为行政执法和解适用于事实状态不明确，且这种不明确状态在客观上难以排除，或非经重大投入不能排除，短期内难以作出行政处罚，监管机构可以与当事人进行协商，适用证券行政执法和解。后者认为证券行政执法和解的适用前提不应限于事实或法律状态不确定且不能查明，在事实或法律状态易于查明或者已经查明的状态下也能适用。[⑦]

---

① 参见吕林：《论我国行政和解制度之建立》，载《重庆师范大学学报（哲学社会科学版）》2012 年第 6 期；丁丁、侯凤坤：《我国引入证券执法和解制度的法律争点与解决路径》，载黄元红、徐明主编：《证券法苑（第九卷）》，法律出版社 2013 年版，第 847 页。

② 参见李东方：《论证券行政执法和解制度——兼评中国证监会〈行政和解试点实施办法〉》，载《中国政法大学学报》2015 年第 3 期。

③ 参见李东方：《论证券行政执法和解制度——兼评中国证监会〈行政和解试点实施办法〉》，载《中国政法大学学报》2015 年第 3 期；殷守革：《行政和解法治论》，山西人民出版社 2020 年版，第 93－96 页。

④ 参见熊勇先、毛畅：《论商事行政处罚和解及其制度构建》，载《法学论坛》2021 年第 11 期。

⑤ 参见叶林、张辉、张昊：《证券执法和解制度的比较研究》，载《西部法学评论》2009 年第 4 期；李东方：《论证券行政执法和解制度——兼评中国证监会〈行政和解试点实施办法〉》，载《中国政法大学学报》2015 年第 3 期。

⑥ 参见宋功德：《证券执法和解机制》，载《甘肃行政学院学报》2010 年第 3 期；陈建伟：《证券期货行政和解：要素解构与制度重塑——兼评〈证券期货行政和解实施办法（征求意见稿）〉》，载谢庚、徐明主编：《多层次资本市场研究（第 6 辑）》，中国金融出版社 2020 年版，第 80－83页。

⑦ 参见方世荣、白云峰：《行政执法和解的模式及运用》，载《法学研究》2019 年第 5 期；肖宇：《证券行政和解金的确立与分配规则探析》，载《暨南学报（哲学社会科学版）》2015 年第 6 期；熊勇先、毛畅：《论商事行政处罚和解及其制度构建》，载《法学论坛》2021 年第 11 期。

以上国内文献有三个方面的特征：一是相关文献大多发表在2019年《证券法》修订以前，缺少对新《证券法》规定的行政执法和解制度和国务院、证监会配套出台的行政法规、部门规章的分析研究；二是文献主要集中在理论探讨，缺少实践层面的具体实证分析与研究，特别是对已经出现的两起证券行政执法和解试点案例的分析；三是对域外制度的探析均为知识性、介绍性解读，且主要集中在美国和德国两个国家，缺乏从比较法视野对证券执法和解的整体制度机理、实践情况进行深入、系统的梳理和把握。

（二）国际研究动态

国际上对证券执法和解的制度分析主要建立在投资者保护、赔偿投资者损失背景下，探讨证券公共执法与私人执法何者更优、证券执法和解近年的政策与实践变化以及潜在制度缺陷等问题。

关于公共执法与私人执法优劣问题，美国将证券执法制度分为公共执法（Public Enforcement）与私人执法（Private Enforcement）两类。公共执法主要是指证券监管机构的行政执法，包括发现、调查和处罚违法者或者与违法者达成和解，以维护市场秩序。私人执法主要是指由私法主体推动证券法律实施，即受损投资者提起民事赔偿诉讼，达到赔偿受害人和威胁潜在犯罪目的。LLSV等学者认为，衡量证券市场效率的重要依据是法系渊源，普通法系更有利于投资者保护，普通法系国家的证券市场效率也要高于民法系国家的证券市场效率，集团诉讼的私人执法优于证券监管机构的公共执法。而科菲等认为，公共执法与私人执法同样有效，美国证券市场之所以持续繁荣且高效，关键是美国的执法力度强于其他国家。[①] 从公共执法与私人执法的争论中，有助于进一步认识证券执法和解作为公共执法的价值。

---

① See Rafael La Porta, Florencio Lopez-de-Silanes, Andrei Shleifer, Robert W. Vishny (LLSV), Law and Finance, 106 Journal of Political Economy 1113, 1113 – 1155 (1998); John C. Coffee, Jr., Law and the Market: The Impact of Enforcement, 156 University of Pennsylvania Law Review 229, 229 – 311 (2007); John C. Coffee, Jr., Hillary A. Sale, Redesigning SEC: Does the Treasury Have a Better Idea?, 95 Virginia Law Review 707, 707 – 783 (2009).

关于证券执法和解的实践变化，研究指出各国证券执法和解的惩处水平不断加强，执法者积极运用和解手段解决执法争议同时，加重对违法者的责任追究，力图避免公众形成证券执法和解带来执法不严，放纵违法的负面印象。其中，最典型的是美国证券执法和解政策调整。允许当事人“既不承认也不否认违法”是美国长期以来奉行的证券执法和解政策。在这一政策下，当事人有较强动机寻求和解结案，美国证券交易委员会（United States Securities and Exchange Commission，SEC）也无须坐实当事人所有违法行为才能达成和解，执法效率得到有效提升。但这一政策也存在变相放纵违法行为，不利于投资者通过民事诉讼索赔等弊端。从2012年开始，SEC开始调整“既不承认也不否认违法”的证券执法和解政策，在特定情形下，达成和解协议须以当事人承认违法为代价。与此同时，SEC也在和解协议中显著提升了对违法行为人（特别是大型公司）的民事罚款金额，更加注重同步追究公司和公司高管个人的违法责任。与美国类似，近年来，我国香港地区的证券执法和解实践也经历了从允许当事人“既不承认也不否认违法”到要求当事人“承认违法和责任”的转变。①

关于证券执法和解的潜在缺陷问题，研究指出目前美国证券执法和解实践存在和解协议条款不透明、和解罚没款计算方法不明晰、和解决定中违法行为人及违法事实表述模糊等问题，尤其是“既不承认也不否认违法”政策导致公众无法准确知悉涉案行为人的违法情况，司法机关无法对和解是否符合公共利益进行审查。从执法结果上看，证券执法和解更加偏袒大公司，大型金融机构和跨国公司在个案中所能投入的人财物资源、拥有的政治能量可能超过SEC，以至于SEC在与大公司达成和

---

① See Matthew G. Neumann, Neither Admit nor Deny: Recent Changes to the Securities and Exchange Commission's Longstanding Settlement Policy, 40 Journal of Corporation Law 793, 793 – 814 (2015); David Rosenfeld, Admissions in SEC Enforcement Cases: The Revolution that Wasn't, 103 Iowa Law Review, 113, 113 – 184 (2017); Theodore D. Edwards, of Truth, Pragmatism, and Sour Grapes: The Second Circuit's Decision in SEC v. Citigroup Global Markets, 65 Duke Law Review 1241, 1241 – 1280 (2016); George L. Miles, Let Judges Judge: Advancing a Review Framework for Government Securities Settlements Where Defendants Neither Admit nor Deny Allegations, 46 Connecticut Law Review 1111, 1111 – 1163 (2014).

解时，既未要求这些大公司承认违法，更未追究相关个人的违法责任。“旋转门”问题在证券执法和解中也十分突出，执法者为寻求在离任后的商业机会和个人财富等私利，往往在和解实践中尽可能照顾被监管者特殊利益。在实践中，大公司花费重金聘请 SEC 前高级雇员到公司任职或者担任法律顾问，以应对 SEC 所可能采取的执法行动。由于大公司高管与 SEC 高层有着千丝万缕联系，SEC 执法投鼠忌器，适用证券执法和解具有很大随意性。①

其他国家和地区文献讨论证券执法和解的热点、难点与发展趋势，可以为我国建立并完善证券行政执法和解制度提供参考与借鉴。

三、研究思路

围绕证券行政执法和解制度的核心理论与实践问题，本书遵循从提出问题、分析问题到解决问题，从理论、制度到实践，从国外到国内的逻辑思路展开研究。

第一章探析了证券行政执法和解制度的概念特征、制度渊源、价值基础和运行机制等基础理论问题，为下文论述奠定理论基调。从公法和私法两个不同维度对证券行政执法和解的内涵、关系、定位、功能等进行界定。在此基础上，分析了行政执法和解的理论渊源，对其在行政监管，特别是证券监管领域的适用情况作了介绍。同时，从哲学文化、柔性监管、企业合规和监管效用等视角探讨了证券行政执法和解的制度价值，并对这一制度的适用范围、程序规范、义务履行和救济渠道等制度构造作了梳理。

---

① See George J. Stigler, The Theory of Economic Regulation, 2 Bell Journal of Economics and Management Science 3, 3 – 21 (1971); Richard A. Posner, The Federal Trade Commission, 37 University of Chicago Law Review 47, 47 – 89 (1969); Urska Velikonja, Securities Settlements in the Shadows, 126 The Yale Law Journal Forum 124, 124 – 138 (2016); Brandon L. Garret, The Public Interest in Corporate Settlements, 58 Boston College Law Review 1483, 1511 – 1543 (2017); David Rosenfeld, Admissions in SEC Enforcement Cases: The Revolution that Wasn't, 103 Iowa Law Review, 113, 113 – 184 (2017).

第二章从比较法的角度，剖析了域外成熟市场的证券行政执法和解制度，对不同市场的制度演进、基本架构和实践活动进行比较研究。本章揭示了不同法系背景下，证券行政执法和解制度在和解条件、和解程序、和解内容、各方利益保障机制、和解金机制等方面的差异与特点。本章的研究既为对我国证券行政执法和解的制度检讨及其中国化问题分析打下基础，也为制度完善提供经验借鉴。

第三章开始把研究视角投向国内，从我国证券监管执法体制的基本情况出发，对我国证券行政执法和解制度的发展历程、制度架构、内容要点、实践情况、问题挑战等进行分析，研究了影响制度科学立法与有效运作的相关重要因素。同时，我国证券行政执法和解制度从域外成熟市场移植借鉴而来，要使这一制度在我国真正落地生根，发挥高效、便捷、低成本解决执法纠纷效用，需认真对待制度的本土化问题。本章还对造成证券行政执法和解制度在我国实施效果不佳的实施动力问题、正当性质疑问题和相关投资者保护制度协同问题作了研究。

第四章以域外证券执法和解制度作为横向对照系，以我国试点实施证券行政和解期间的原制度规定作为纵向对照系，对如何完善当前我国证券行政执法和解制度进行了探讨。具体分为四个部分：一是我国证券行政执法和解的问题破解及制度完善总体路径，包括执法理念、信任机制、动力机制、程序衔接等方面；二是证券行政执法和解的基本原则分析；三是实体层面的制度优化建议，包括完善证券行政执法和解的适用前提与条件，和解协议的内容与效力，和解金的监管与适用等；四是程序层面的制度优化建议，包括优化证券行政执法和解的启动机制、协商机制、决策机制、执行机制、监督机制、利益保护机制等。

四、研究方法

科学的研究有赖于符合研究对象的研究方法。对证券行政执法及其和解制度的研究牵涉广泛的法律问题，包括经济法、民商法和行政法等不同法律部门，有必要综合运用不同层面的研究方法。

（一）规范分析法

规范分析法是法学学科的传统分析与研究路径，主要是基于文本规范对法律规则进行教义学分析的研究方法。当前，我国证券行政执法和解已形成了由法律（《证券法》）、行政法规（《证券期货行政执法当事人承诺制度实施办法》）和部门规章（《证券期货行政执法当事人承诺制度实施规定》《证券期货行政执法当事人承诺金管理办法》）构筑的法规体系。从国内看，反垄断领域更早建立起了经营者承诺制度，并形成了相关制度规范。从国际看，证券行政执法和解是相对成熟的执法方式，美国、英国、澳大利亚、德国以及我国香港地区和台湾地区等已建立起了证券行政执法和解的相关制度，和解制度规则在制定法和判例法中得到了固化。因此，研究证券行政执法和解的重要切入点在于从规范角度对现有法律制度文本进行全面解读与梳理，阐释证券行政执法和解的制度内涵、价值基础、运行机理、优化进路等问题，明确证券行政执法和解的一般性与特殊性规则。

（二）比较分析法

比较分析法的目的是比较项目的异同，找出其中的原因，得出规律性认识。证券行政执法和解制度属于舶来品，以美国为代表的英美法系证券执法和解制度和以德国为代表的大陆法系行政和解制度已发展多年，形成了相对完善的法律制度。对我国证券行政执法和解制度的研究，有必要使用比较分析法。本书从和解前提、和解范围、和解内容、和解程序等证券行政执法和解的关键问题入手，对美国、英国、澳大利亚、我国香港地区等英美法系国家（地区）以及德国、我国台湾地区等大陆法系国家（地区）的立法规定和监管实践进行系统研究，总结不同立法模式及其制度安排的局限性，以期为我国证券行政执法和解制度的完善提供有益的比较法经验。

（三）历史分析法

从历史角度进行分析，能够有助于本书厘清证券行政执法和解制度发展的历史动因，并对当前证券行政执法和解制度的优化完善提供解释。本书通过回顾我国和域外成熟市场的证券行政执法和解制度的立法模式及其制度变迁，探寻制度的发展脉络、问题产生的历史背景、问题背后的历史原因，在此基础上给予理论解说，寻求普遍规律，有针对性地提出完善方案。

（四）实证分析法

证券行政执法和解具有较强的实践性。本书在对该问题进行研究时，聚焦国内外有影响力的证券行政执法和解案例，运用实证分析方法，解析典型事例和具体案例。在此基础上对证券行政执法和解实践中存在的问题进行类型归纳、原因探讨。

第一章　证券行政执法和解的基本理论范畴

本章分析了证券行政执法和解的概念特征、制度渊源、价值基础、制度构造等内容，通过探究证券行政执法和解的基本理论和法律属性，厘清证券行政执法和解的基本知识，为后续章节研究奠定基础。

第一节　证券行政执法和解的概念特征

作为一种新型证券执法方式，证券行政执法和解在规范文本和学术界讨论中存在不同的概念定义，展现出不同于传统行政执法方式的法律关系结构和功能定位。本节对证券行政执法和解的内涵定义、关系特征和功能定位作了分析。

一、证券行政执法和解的内涵定义

（一）证券行政执法和解的部门法坐标

证券行政执法和解是证券市场上的一种重要执法制度，涉及证券监管法和行政法两个领域。从证券监管法角度看，证券行政执法和解是一种证券监管行为。证券监管，是指国家的证券主管机关或者经授权的证券自律机构对证券发行和交易等活动以及参与证券市场活动的主体所进行的督促、检查、协调和控制等行为，其本质是国家证券监管机构对证券市场活动的介入或干预。[①] 证券监管所涉及的国家干预，涵盖立法、司法和行政等不同维度。证券行政执法和解是国家对证券市场行政干预的一种具体手段，属于证券监管的类型之一，作用在于处理证券监管机构与当事人之间就执法问题产生的监管纠纷，矫正相对人违法行为，恢复市场秩序，使其对不当行为付出代价，从而维持公平、公正、公开的证券市场秩序。

从行政法角度看，证券行政执法和解是一种特别的行政执法方式。证券行政执法和解的特殊性表现在，传统证券行政执法方式是一种单方性和强制性的执法手段，而证券行政执法和解则是一种双向和柔性的执法方式。所谓单方性，是指依行政机关单方意思表示而无须相对人同意，行政行为即宣告成立。[②] 如证券行政处罚由证监会根据行政调查得出的事实、情节依法作出，尽管行政相对人可以在处罚程序中提出申辩意见并进行听证，作出处罚决定不以相对人“悔过认罚”为前提。证券行政执法和解则是一种合意行为，由当事人按照法律规定向证监会提出承诺并经证监会认可后形成和解协议，双方达成一致的意思表示是证券行政执法和解的成立要件，这与传统行政执法方式依据单方意思表示产生效力明显不同。所谓强制性，是指行政行为一经确定，行政相对人必须履行行政行为所确定的强制义务，除非有例外情形，否则行政机关有权申请法院强制执行。[③] 如当事人逾期不履行行政处罚决定的，行政机关可以依照《中华人民共和国行政强制法》（以下简称《行政强制法》）的规定申请人民法院强制执行。证券行政执法和解体现为一种特殊类型的行政契约行为，一般不具有强制执行的效力，履行和解协议取决于双方自觉。如果出现不履行的情况，一方当事人一般无权申请法院强制执行。行政相对人不履行的，证监会有权决定撤销和解协议，重新启动行政调查程序。证监会不履行的，行政相对人可以向人民法院提起行政诉讼。

---

① 李东方：《证券监管执法类型及其规范研究》，载《行政法学研究》2018年第6期。

② 余凌云：《行政法讲义（第二版）》，清华大学出版社2014年版，第216页。

③ 熊樟林：《“非正式行政行为”概念界定——兼“非强制行政行为”评析》，载《行政法学研究》2009年第4期。

（二）证券行政执法和解的概念梳理

1. 规范文本的概念梳理。我国法律、行政法规、部门规章和政策性文件均规定了证券行政执法和解的相关制度，虽然规范文本对证券行政执法和解的名称表述存在不一致，制度内涵却大同小异。

（1）行政和解。2019 年《证券法》修订前，规范文件一般以“行政和解”表示证券行政执法和解。《国务院办公厅关于进一步加强资本市场中小投资者合法权益保护工作的意见》规定“探索建立证券期货领域行政和解制度，开展行政和解试点”。2015 年，证监会发布《行政和解试点实施办法》，其中第二条对“行政和解”作了定义：“本办法所称行政和解，是指中国证券监督管理委员会（以下简称中国证监会）在对公民、法人或者其他组织（以下简称行政相对人）涉嫌违反证券期货法律、行政法规和相关监管规定行为进行调查执法过程中，根据行政相对人的申请，与其就改正涉嫌违法行为，消除涉嫌违法行为不良后果，交纳行政和解金补偿投资者损失等进行协商达成行政和解协议，并据此终止调查执法程序的行为。”证监会 2020 年发布的《证券期货行政和解实施办法（征求意见稿）》[①] 大体上照搬了《行政和解试点实施办法》对“行政和解”的界定。

《行政和解试点实施办法》和《证券期货行政和解实施办法（征求意见稿）》对“行政和解”的定义，其实质就是“行政执法和解”。行政执法和解发生在证监会对行政相对人进行调查执法期间，与发生在行政复议、行政诉讼或者行政强制等程序中的和解存在本质不同。和解内容为“根据行政相对人的申请，与其就改正涉嫌违法行为，消除涉嫌违法行为不良后果，交纳行政和解金补偿投资者损失等进行协商达成行政和解协议”，和解后果为证监会“据此终止调查执法程序”。《行政和解试点实施办法》和《证券期货行政和解实施办法（征求意见稿）》以“行政和解”代称“行政执法和解”存在用语不精确，易与行政诉讼和解、

① 《证券期货行政和解实施办法（征求意见稿）》第二条。

行政复议和解、行政强制和解等既有程序产生混淆问题。学者指出，“证券行政和解”包括了“证券行政复议和解”“证券行政诉讼和解”“证券行政执法和解”，“证券行政执法和解”仅是“证券行政和解”的一种子类型。《行政和解试点实施办法》将证券行政和解等同于证券行政执法和解是“不准确、不妥当、甚至是缺乏科学性的”。[①]

（2）证券期货行政执法当事人承诺。2019 年修订的《证券法》第一百七十一条在借鉴《反垄断法》“经营者承诺终止调查制度”立法经验基础上，规定了证券执法领域的终止调查制度，并授权国务院规定具体实施办法，其实质就是证券执法和解制度的体现。国务院于 2021 年 10 月颁布了《证券期货行政执法当事人承诺制度实施办法》，证监会 2022 年 1 月出台了《证券期货行政执法当事人承诺制度实施规定》，均是对《证券法》第一百七十一条的细化规定。

从法律文本看，《证券法》规定的“证券行政执法终止调查制度”与《证券期货行政执法当事人承诺制度实施办法》规定的“证券行政执法当事人承诺制度”和证监会 2015 年试点实施的“证券行政和解制度”，虽然名称不同，制度内容和实质却具有一致性。《证券法》第一百七十一条规定，“国务院证券监督管理机构对涉嫌证券违法的单位或者个人进行调查期间，被调查的当事人书面申请，承诺在国务院证券监督管理机构认可的期限内纠正涉嫌违法行为，赔偿有关投资者损失，消除损害或者不良影响的，国务院证券监督管理机构可以决定中止调查。被调查的当事人履行承诺的，国务院证券监督管理机构可以决定终止调查；被调查的当事人未履行承诺或者有国务院规定的其他情形的，应当恢复调查。”《证券期货行政执法当事人承诺制度实施办法》第二条规定，“本办法所称行政执法当事人承诺，是指国务院证券监督管理机构对涉嫌证券期货违法的单位或者个人进行调查期间，被调查的当事人承诺纠正涉嫌违法行为、赔偿有关投资者损失、消除损害或者不良影响并经国

---

① 李东方：《论证券行政执法和解制度——兼评中国证监会〈行政和解试点实施办法〉》，载《中国政法大学学报》2015 年第 3 期。

务院证券监督管理机构认可，当事人履行承诺后国务院证券监督管理机构终止案件调查的行政执法方式。”根据以上规定，“证券行政执法终止调查制度”和“证券行政执法当事人承诺制度”两者的行为模式均为：一是被调查当事人书面提出申请，承诺采取纠正涉嫌违法行为、赔偿有关投资者损失和消除损害或者不良影响等措施，请求证券监管机构据此中止行政调查行为；二是若证券监管机构认可当事人提出的申请，可与当事人达成行政协议，作出中止行政执法调查决定；三是若当事人最终履行相关承诺，证券监管机构可据此进一步终止行政执法调查。两者的法律后果均为：执法案件中止调查（被调查当事人与证券监管机构达成和解协议）或者终止调查（被调查当事人履行和解协议）。因此，《证券法》规定的“证券行政执法终止调查制度”实际上等同于《证券期货行政执法当事人承诺制度实施办法》规定的“证券行政执法当事人承诺制度”，与证监会2015年试点实施的“证券行政和解制度”也无实质性差别，证券行政执法当事人承诺中的“承诺认可协议”“承诺金”可以分别等同于证券行政和解中的“行政和解协议”“和解金”。

事实上，《证券法》以及国务院、证监会配套出台的法规、规章之所以未使用存在争议的“证券行政和解”名称，原因包括：一是《反垄断法》关于执法和解的规定为“反垄断执法终止调查制度”，《证券法》参考《反垄断法》立法例，也将证券执法领域的执法和解制度规定为“证券行政执法终止调查制度”，与类似领域的制度名称相协调。由于《证券法》未使用“行政和解”“执法和解”表述，作为下位法的国务院行政法规和证监会部门规章将“证券行政和解制度”更名为“证券行政执法当事人承诺制度”。二是对公众来说，“行政和解”“执法和解”容易产生“执法不严”“利益交换”等负面联想，可能不利于这一制度实施，更名可以减少对我国普遍社会观念的冲击。

但从法理角度看，以“证券行政执法终止调查”代指“证券行政执法和解”并不准确，证券监管机构与当事人达成和解仅是执法案件终止调查的情形之一。此外，“证券行政执法当事人承诺”也不能准确反映和解制度的实质。

第一，“证券行政执法当事人承诺”的内在实质是证券监管机构与当事人达成执法和解。当事人就纠正涉嫌违法行为，赔偿投资者损失，消除损害或者不良影响等事项向证券监管机构作出承诺，证券监管机构审查认可承诺，双方通过签订协议的方式解决执法争端，体现的是双务的行政协议行为，但“证券行政执法当事人承诺”仅强调了当事人的单方承诺行为，未反映证券监管机构的认可承诺行为，更未体现这一制度通过平等沟通协商达成合意，将民法契约行为引入证券监管领域的制度本质。

第二，“证券行政执法当事人承诺”与证监会 2015 年试点实施的“证券行政和解”存在割裂。证券行政执法当事人承诺是证监会在总结前期和解试点实践经验及相关研究成果基础上实现的制度升级。但“证券行政执法当事人承诺”名称容易让人产生这一制度与前期行政执法和解制度试点实施不相干的误解，既不利于制度的传承、发展，也不利于制度的普及、推广。

第三，依靠更名手段解决制度存在的“执法不严”“利益交换”等潜在风险无异于舍本逐末。更名本身并不能解决证券行政执法和解制度存在的制度滥用风险。如果制度制定者不能从和解权限和内容设定、和解效益评估、和解程序构建等多方面加强风险防范措施，“证券行政执法当事人承诺”依然难以取信于民。提升公众对证券行政执法和解制度认可度的关键在于通过合理制度设计，对和解运用加以规范，使和解优势功能发挥的同时，有效防范制度风险。

第四，从比较法角度看，域外成熟市场大多将证券监管机构和被调查当事人相互让步，通过达成协议方式解决执法争端的执法手段称为“证券执法和解”（Enforcement Settlement）或“证券行政和解”（Administrative Settlement），仅少数国家使用“行政执法当事人承诺”名称，如只有澳大利亚将这一制度称为“可执行承诺”（Enforcement Undertaking）。

综上所述，本书认为使用“证券行政执法和解”名称更为妥当。相应地，“承诺认可协议”应称为“证券行政执法和解协议”，“承诺金”应称为“和解金”。

2. 学术界研究的概念梳理。法律上，证券行政执法和解作为一种纠纷解决机制而存在，由当事人向行政机关作出承诺，经执法机关认可后履行承诺，从而解决行政执法纠纷。行政机关与被调查对象协商、沟通、让步和妥协，在意思表示一致的基础上以执法和解方式解决特定争议事项。按照适用法律程序的不同，和解分为刑事和解、行政和解以及民事和解等。按照纠纷类型的不同，行政和解又可分为行政复议和解、行政诉讼和解、行政执行和解和行政执法和解等。证券行政执法和解归属于行政执法和解。

目前，学术界对行政执法和解的定义存在两类代表性观点：一类突出行政执法和解的适用前提为“事实状态或法律状态不明确且这种不确定状态不能查明或者非经重大支出不能查明”。[①] 另一类则强调行政执法和解的过程及法律后果，即行政执法和解是行政机关与相对人达成处理合意的交涉过程，通过和解协议的达成以实现特定程序的结束。[②]

上述定义的共识在于：一是行政执法和解一般仅发生在行政机关与行政相对人之间，不同于行政复议和解、行政诉讼和解涉及复议机关或法院的居中审理和裁判。二是行政执法和解处理执法纠纷的方式为平等协商，通过双方缔结和解协议的方式达成执法效果。两者的主要分歧在

---

① 赵银翠指出，“行政执法和解是指行政主体在行政管理过程中，在事实状态或法律状态不明确的情况下，为了有效实现行政目的而与行政相对人缔结行政执法和解协议以代替行政处理决定的一种行为方式。行政执法和解事项既包括事实状态的和解，也包括法律状态的和解。”（资料来源：赵银翠：《行政执法和解制度探讨》，载杨建顺：《比较行政法——方法、规制与程序》，中国人民大学出版社 2007 年版，第 237 页。）张红指出，“行政执法和解，是在行政执法过程中，当事实、法律观点不明确且这种不确定状态不能查明或者非经重大支出不能查明时，行政主体与相对人就此不确定状态进行协商达成协议。”（资料来源：张红：《证券行政执法和解问题剖析》，载《行政管理改革》2015 年第 6 期）。

② 王婷、张平指出，“行政执法和解是指在行政执法过程中行政机关与行政相对人通过自愿、平等协商达成执法和解协议，以解决两者之间行政纠纷的活动。”王婷、张平：《论行政执法和解的风险控制——以反垄断法等特殊执法领域为视角》，载《政法学刊》2015 年第 6 期。

于行政执法和解的适用前提，即行政执法和解是否应以事实或法律状态不确定，且不确定状态不能查明或非经重大支出不能查明作为制度适用前提。学者将存在这一前提的行政执法和解界定为“限定条件和解”，将不存在这一前提的界定为“宽松条件和解”。[①] “限定条件和解”和“宽松条件和解”仅涉及行政执法和解的适用条件和运用空间，不影响对证券行政执法和解制度机理和本质特征的理解和把握。当前，无论是《证券法》，还是《证券期货行政执法当事人承诺制制度实施办法》《证券期货行政执法当事人承诺制度实施规定》，均删除了和解案件须“案件事实或法律状态尚难完全明确”的前提条件，拓宽了证券行政执法和解制度的适用空间。

（三）证券行政执法和解的基本内涵

从制度特征出发，本书将证券行政执法和解界定为，在证券行政执法过程中，证券监管机构与涉嫌违法行为人平等协商达成协议，由涉嫌违法行为人承诺纠正涉嫌违法行为、赔偿有关投资者损失、消除损害或者不良影响，在当事人履行承诺后，证券监管机构终止案件调查的一种证券行政执法方式。

第一，证券行政执法和解是一种新型证券监管方式。证券行政执法和解既不同于行政处罚、市场禁入等刚性证券监管方式，又与一般监管谈话、行政指导等柔性监管方式存在差别，是刚柔并济的新型证券执法方式。证券行政执法和解的刚性体现在，当事人往往需要以交纳不菲的和解金、履行严苛合规义务为代价，与证券监管机构达成和解协议。若当事人不履行和解协议，证券监管机构将及时恢复调查执法程序。这与以警示、提醒为目的的监管谈话、出具警示函、公开谴责等柔性监管措施存在差别。证券行政执法和解的柔性体现在，它通过行政协议方式作出行政决定，是一种双方、非强制的执法手段，与行政处罚、市场禁入等证券监管机构主动采取，具有强制力的绝对惩

① 方世荣、白云峰：《行政执法和解的模式及运用》，载《法学研究》2019 年第 5 期。

罚本质上不同。证券行政执法和解通过协议方式实现了对不当行为的纠正、市场秩序的恢复和受损投资者利益的有效弥补，促进了证券市场的有效治理。这是一种监管治理方式的重大转变，即从传统依靠证券监管机构单一意志进行的治理，转向通过证券监管机构和被监管对象协商、让步和妥协达成的合意进行治理，是公私合作的证券市场治理新形态。

第二，证券行政执法和解是行政裁量有效运用的一种制度选择。行政自由裁量权的存在，是和解制度得以运用于证券行政执法领域的前提和基础。传统上，证券行政监管权作为一种行政权受到“行政权须受制于法律而不得自由处分”的观念影响。在严格法治主义观念下，体现着私法契约自由理念的证券行政执法和解并无发展空间。但随着法律实践的发展和行政裁量权的大幅度扩张，现代行政监管既兼顾约束行政权随意行使又强调维护行政权机动性。[①] 尤其在证券监管领域，证券市场在技术进步和金融创新的综合作用下，规模迅速膨胀、市场结构和金融服务日益深化，为及时有效开展监管活动，立法赋予证券监管者享有比一般行政机构更多的行政自由裁量权，即在符合立法目的和立法原则的前提下，执法者自主采取相应措施并进行裁断。[②] 证券监管机构在行政监管过程中拥有这种较大的处分权，是促成证券行政执法和解制度诞生的基础。

第三，证券行政执法和解是化解与行政相对人纠纷的一种制度供给。传统证券监管在证券监管机构和被监管对象之间呈现单向直线式的结构，被监管对象处于接受和服从的位置。被监管对象的意见只是具体行政决定的附属，证券监管机构对被监管的意见和权利重视不足。随着证券监管特别是证券执法力度的加大，对抗性也随之增强，许多执法决定在执行中遇到障碍。被监管对象对执法决定不服，通过复议、诉讼等形式寻

---

① 王由海：《论行政和解制度的规范构建——基于行政过程论视角的分析》，载《河南财经政法大学学报》2021 年第 4 期。

② 洪艳蓉：《证券执法的制度价值及其实现——来自美国的经验借鉴》，载《北大法律评论》第 17 卷，北京大学出版社 2016 年版，第 154 页。

求救济。执法决定并未起到一锤定音、定分止争的作用，证券监管机构还须额外耗费大量资源与被监管对象在行政复议和行政诉讼等环节周旋。行政纠纷的不确定状态不但使证券监管机构的监管权威受到影响，还对被监管对象的生产经营、声誉带来负面影响。证券行政执法和解以契约方式以终结监管执法纠纷，被监管对象的话语和地位得到显著提升，被监管对象可以向证券监管机构申请适用和解制度，并决定是否与证券监管机构达成和解协议以解决纠纷。在具体沟通协商中，尽管证券监管机构可能拥有更强势的谈判地位，并在谈判破裂后可以重新恢复案件调查，但是和解协议的达成主要取决于双方合意。相比行政处罚带来的声誉、资格和财产受损受限，被监管对象主观上还是希望达成和解协议以结束证券执法程序。因此，证券行政执法和解能从客观上减少监管纠纷，降低证券监管成本，减轻证券执法面临的张力。

（四）相关概念辨析

1. 行政法上的概念辨析。证券行政执法和解作为行政执法的一种方式，与诸多行政法概念存在关联，为准确理解证券行政执法和解含义，有必要对相关行政法概念进行对比，以更全面、系统和深入地认识证券行政执法和解。

（1）与证券行政复议和解、证券行政诉讼和解以及证券行政执行和解的关系。证券行政复议和解，是指公民、法人或者其他组织对中国证监会作出的具体行政行为不服申请行政复议，申请人与被申请人在行政复议作出前自愿达成和解，向行政复议机构提交书面和解协议，以撤回并终止行政复议的行为。①

证券行政诉讼和解，是指公民、法人或者其他组织对中国证监会作出的具体行政行为不服申请行政诉讼，在人民法院宣告判决或裁定前，原告和被告就有关诉讼标的达成书面和解协议，并由原告申请撤诉从而

① 《中华人民共和国行政复议法》第二十五条、《中华人民共和国行政复议法实施条例》第四十条和《中国证券监督管理委员会行政复议办法》第三十三条至第三十五条。

终止行政诉讼案件审理的行为。[①]

证券行政执行和解，是指在执行行政决定过程中，中国证监会与被执行人在自愿协商、互谅互让的基础上，就生效行政决定确定的权利义务关系达成协议，从而结束执行程序的行为。[②]

证券行政执法和解与证券行政复议和解、证券行政诉讼和解、证券行政执行和解在本质上都是证券监管机构与相对人达成的和解，却在适用对象、发生阶段、适用程序等方面存在本质不同：

一是在适用对象上，无论是复议和解、诉讼和解还是执行和解，均存在证券监管机构已作出的具体监管决定，因此，和解对象是由具体监管决定的。而行政执法和解并无已经作出的监管决定，和解目的在于通过签订和解协议方式替代监管决定作出。

二是在发生阶段上，行政执法和解发生在证券违法违规行为调查阶段，而复议和解、诉讼和解发生在相对人的权利救济阶段，执行和解发生在行政决定的履行阶段。

三是在适用程序上，行政执法和解适用不存在第三方审查，因此对其设置的适用条件也较为严格，如必须正式立案、经过一定的调查等。而复议和解、诉讼和解均须经复议机构或法院的审查同意，法院也会对证券监管机构的强制执行申请进行书面审查。因此，适用条件相对简单。

总之，证券行政执法和解与证券行政复议和解、证券行政诉讼和解、证券行政执行和解均是行政法上相互独立、互不干涉的和解机制。

（2）与证券行政协议、证券行政调解的关系。证券行政执法和解与证券行政协议、证券行政调解一样，都是符合现代行政法治理念的证券市场柔性治理手段。

行政协议，是指行政主体以实施行政管理、完成行政任务为目的，与行政相对人就有关事项通过协商一致而形成的具有行政法上权利义务

---

① 李东方：《论证券行政执法和解制度——兼评中国证监会〈行政和解试点实施办法〉》，载《中国政法大学学报》2015 年第 3 期。

② 《行政强制法》第四十二条。

内容的协议。[①] 在协议主体上，行政协议的一方是行政主体，另一方可以是行政相对人，也可以是其他行政机关。在协议目的上，行政协议的目的是执行公务或基于社会公共利益的需要。在协议形式上，行政协议基于双方意思表示一致达成。在协议内容上，行政协议的主要内容是行政法的权利（力）义务。[②]

证券行政执法和解协议是证券监管机构为实现特定监管目的，根据法律法规授权，与行政相对人达成的，用以调整双方行政权利义务关系，终结证券行政执法程序的行政协议，是证券监管机构处分其执法权的一种具体方式。无论是在协议主体、协议目的还是协议内容上，证券行政执法和解协议均符合行政协议的要求。尽管《最高人民法院关于审理行政协议案件若干问题的规定》（法释〔2019〕17 号）第二条明确列举的行政和解协议未包括证券行政执法和解协议，从行政协议的概念出发，证券行政执法和解协议应当属于行政协议的一种，证券行政执法和解协议是行政协议在证券行政执法领域的具体运用。

行政调解，是指行政机关在其行使行政职权的范围内，对发生在民事主体之间的特定纠纷进行斡旋、调解，促成当事人友好协商以达成协议，由此解决纠纷的一种调解制度。[③] 证券行政调解是证券监管机构化解证券民事纠纷的一种方式。虽然证券行政调解与证券行政执法和解同属纠纷化解机制，但两者化解的纠纷类型并不一致，前者一般化解的是证券监管机构与被监管对象之间的行政纠纷，后者一般化解的是平等民事主体之间的民事纠纷。在证券行政调解中，证券监管机构是组织调解方，不涉及具体证券纠纷，具有独立性和中立性。从法律性质上看，证券行政调解不是证券监管机构行使行政权的具体行政行为，而证券行政执法和解则是证券监管机构所作的一种产生行政效力的监管执法行为。

（3）与证券行政处罚的关系。证券行政处罚，是指中国证监会为维

---

① 《最高人民法院关于审理行政协议案件若干问题的规定》（法释〔2019〕17 号）第一条。

② 杨锦华：《中国行政合同概念规范问题研究》，载《哈尔滨工业大学学报（社会科学版）》2021 年第 3 期。

③ 朱最新：《社会转型中的行政调解制度》，载《行政法学研究》2006 年第 2 期。

护证券市场秩序，保护公民、法人和其他组织的合法权益，依法对违反证券法律、法规和规章规定的行为人作出的行政处罚。[①]

首先，证券行政执法和解和证券行政处罚都是证券监管机构采取的执法方式，均针对行政相对人的不当行为，起到纠正、惩处不当行为的法律效果。而作为行政决定的一种，证券行政执法和解具有替代证券行政处罚等行政行为作出的法律后果。

其次，证券行政执法和解和证券行政处罚存在较大差别，前者是一种双方、协商、合意与柔性的行政方式，后者是一种单方、命令、强制和刚性的执法手段。证券行政执法和解存在行政机关与行政相对人双方的相互让步，如证券监管机构放弃了原本更为严厉的行政处罚、市场禁入，而行政相对人则需付出更为高昂的和解金代价，并放弃相关行政救济请求等。证券行政处罚则主要依据证券监管机构的单方意思表示，无须相对人同意。

2. 证券监管法上的概念辨析。证券行政执法和解是证券监管法上的重要投资者保护机制。为进一步全面把握证券行政执法和解的概念，有必要将证券行政执法和解制度与相关投资者保护机制作比较分析。

（1）与先行赔付的关系。先行赔付是我国针对证券民事赔偿责任实现难问题，在实践中探索发展的一项重要制度。新修订的《证券法》以立法形式对这一投资者保护的创新范例予以了固化。《证券法》第九十三条规定，“发行人因欺诈发行、虚假陈述或者其他重大违法行为给投资者造成损失的，发行人的控股股东、实际控制人、相关的证券公司可以委托投资者保护机构，就赔偿事宜与受到损失的投资者达成协议，予以先行赔付。先行赔付后，可以依法向发行人以及其他连带责任人追偿。”先行赔付具有搁置法律争议、以民事和解形式解决纠纷、高效便捷低成本实现民事赔偿等优势。在万福生科、海联讯、欣泰电气三起案件中，先行赔付制度已得到成功运用。[②]

① 《证券期货违法行为行政处罚办法》第一条至第三条。

② 巩海滨、王旭：《证券市场先行赔付制度研究》，载《财经法学》2018 年第 6 期。

先行赔付与证券行政执法和解都是《证券法》规定的投资者保护创新机制，均以有效补偿受损投资者损失为目的，均基于赔付人或相对人的自愿，不属于强制性法律义务，先行赔付金、和解金直接用于损害补偿，均由中国证券投资者保护基金有限责任公司（以下简称投保基金公司）负责受托管理和运作。两者在性质上存在不同：先行赔付将先行赔付人的侵权责任以民事和解方式转为合同之债，本质上是先行赔付人与受损投资者间的民事和解，先行赔付人赔付后，获得向连带责任人追偿的权利。证券行政执法和解则是证券监管机构与被调查对象之间达成的行政执法和解，证券监管机构通过达成和解协议代替作出行政处罚。两者在适用范围上存在不同：先行赔付的范围是欺诈发行、虚假陈述或者其他重大违法行为，从现有实践看，主要适用于欺诈发行和虚假陈述案件。证券行政执法和解则适用于所有违反证券期货法律、行政法规和相关监管规定的行为。

（2）与责令回购的关系。责令回购制度，是针对发行过程中存在欺诈发行行为的发行人及相关责任方，通过公权力强制其购回已发行股票的措施。① 新修订的《证券法》第二十四条将责令回购制度写入法律，规定“股票的发行人在招股说明书等证券发行文件中隐瞒重要事实或者编造重大虚假内容，已经发行并上市的，国务院证券监督管理机构可以责令发行人回购证券，或者责令负有责任的控股股东、实际控制人买回证券。”责令回购糅合了“责令”与“回购”两种不同性质的法律关系。“责令”属于行政法律关系中监管机构运用行政权力向行政相对人作出的具有法律强制效力的行政命令。“回购”则属于民事法律关系中一方主体向另一方主体发出回购要约、达成回购协议的商事行为。责令回购是公法目的下有限私法自治的一种特殊法律责任实现方式。② 责令回购、证券行政执法和解均通过公权力介入的方式实现受损投资者损害填补，

---

① 孙秀振：《欺诈发行责令回购股票制度：目标定位及现实构建》，载《证券市场导报》2019年第5期。

② 同①。

但两者的公权力介入方式并不相同：责令回购通过具有法律强制力的行政命令，实现欺诈发行人购回已发行股票，进而实现受损投资者损害填补。证券行政执法和解尽管存在公权力的介入，但证券监管机构系基于平等协商、沟通让步的方式与相对人达成和解协议，从而实现受损投资者的和解金补偿。

（3）与证券民事诉讼的关系。证券民事诉讼是指在证券违法违规行为中受到侵害的投资者对违法行为人提起的民事赔偿诉讼。证券民事诉讼按照起诉方式的不同，分为单独诉讼、共同诉讼等类别。由于证券民事诉讼往往涉及人数众多的公众投资者，诉讼通常采取共同诉讼的诉讼形式。新修订的《证券法》在人数确定的代表人诉讼、人数不确定的代表人诉讼等共同诉讼基础上，创造性规定了以投资者保护机构为主导的“默示加入、明示退出”集体诉讼制度。① 受50名以上投资者委托，投资者保护机构可以作为代表人参加证券诉讼。只要投资者不明确表示不愿意加入代表人诉讼，就可以按照“明示退出”“默示加入”的诉讼原则，受该诉讼产生的所有权利义务关系约束，一旦胜诉，享受“搭便车”的胜诉收益，极大降低个体投资者的维权成本。

证券民事诉讼和证券行政执法和解均是受损投资者获得损害赔偿的途径，但两者又存在明显差别：前者属于民事诉讼程序，属于私法的自力救济方式。而后者属于行政程序，通过证券监管机构公权力运用，与不当行为人达成和解协议，从而使受损投资者获得和解金补偿。若受损投资者未能从和解金中充分受偿，还可以从证券民事诉讼中受偿。证券行政执法和解是证券民事诉讼外的投资者获偿的重要渠道。

---

① 《证券法》第九十五条规定，“投资者提起虚假陈述等证券民事赔偿诉讼时，诉讼标的是同一种类，且当事人一方人数众多的，可以依法推选代表人进行诉讼。对按照前款规定提起的诉讼，可能存在有相同诉讼请求的其他众多投资者的，人民法院可以发出公告，说明该诉讼请求的案件情况，通知投资者在一定期间向人民法院登记。人民法院作出的判决、裁定，对参加登记的投资者发生效力。投资者保护机构受五十名以上投资者委托，可以作为代表人参加诉讼，并为经证券登记结算机构确认的权利人依照前款规定向人民法院登记，但投资者明确表示不愿意参加该诉讼的除外。”

二、证券行政执法和解的关系特征

（一）证券行政执法和解的法律关系

证券行政执法和解作为一种新型证券执法方式，相较传统证券执法方式，体现出特殊的法律关系结构。传统证券执法方式是一种管理型法律关系，以单方、命令、强制、支配和不平等为特征。证券行政执法和解是一种合作型法律关系，以平等、参与、共治和合意为特点。

1. 法律关系主体。证券行政执法和解的参加人即为法律关系主体，主要包括证券监管机构与涉嫌违法的当事人。从行政监管角度，两者是具有“命令—服从”性质的监管者与被监管者，但从和解制度角度，两者是具有相对平等性的行政协议双方当事人。行政机关与当事人在和解制度中承担的权利义务总体平衡，不存在一方只享有权利而不承担义务的情形。此外，证券行政执法和解还可能存在相关人，如因当事人涉嫌违法行为受损的投资者。

2. 法律关系内容。法律关系主体享有的权利和承担的义务构成法律关系内容。证券行政执法和解由当事人启动。当事人申请（要约）内容包括纠正涉嫌违法行为、消除对证券市场影响、交纳和解金、赔偿受损投资者损失等。证券监管机构在综合评估相关因素后，决定是否同意当事人的和解申请。若证券监管机构同意当事人和解申请，则进入协商谈判环节；若双方协商后达成和解协议，证券监管机构将中止行政调查；若和解协议得到完全履行，证券监管机构则将终止行政调查。由此可见，与一般行政执法中行政机关享有较多权利，承担较少义务不同，证券行政执法和解中当事人享有更多权利，证券监管机构承担更多义务。当事人一改过去在行政主体面前被动接受和消极服从的状态，在相对平等的环境下获得主动应对的机会。此外，证券行政执法和解还注重保护当事人利益，如证券监管机构因法定事由决定终止适用行政执法和解，应当听取当事人的意见。

3. 法律关系客体。法律关系客体即法律关系主体的行为。证券行政执法和解法律关系客体即证券监管机构与涉嫌违法当事人就当事人的和解要约进行协商、妥协与让步，达成一致的和解协议并履行的行为。

（二）证券行政执法和解的基本特征

证券行政执法和解既具有一般行政执法和解的相对平等性、自愿性、灵活性、合法性特征，又有证券执法的手段多样性特点。

1. 相对平等性。证券监管机构享有监管权力，其监管行为具有公定力、确定力、拘束力、执行力等法律效力，且以国家强制力作为有效保障，因此证券监管者与被监管对象之间是不平等的法律关系。证券行政执法和解将私法规则运用于公法机制，这使证券监管关系中监管者与被监管者的单向“命令—服从”关系发生了改变。监管者行政优先权和行政决定权受到了限制，本来不平等的法律关系变得相对平等。证券监管机构和被监管对象处于相对平等的前提下协商让步，通过放弃某些权力与利益以达成最终和解协议。

但须指出，行政执法和解中行政机关与行政相对人的平等只是相对平等，即法律地位平等。事实上，在民事和解中，和解各方当事人间的地位也受到资源、信息、情势等方面差异的影响，实际上在谈判地位、要价能力方面并不平等。但只要确保和解制度程序始终在法律轨道上运转，体现协商内涵，不是“弱肉强食”的游戏，即符合相对平等的要求。尤其是要通过程序机制的建立避免监管者为达成和解协议而滥用监管强势地位。“合意”有效达成需双方处于平等且充分意思自治的环境，如果证券监管机构基于强制权与被监管对象达成和解协议，则偏离了和解制度“平等协商”的制度本质。

2. 自愿性。证券行政执法和解是证券执法双方当事人达成的具有公法性质的契约。根据契约自由的观点，当事人有自主决策并选择的权利。和解协议要发挥良好执法效果，需要当事人在充分意思自治基础上通过真诚对话和妥协，以达成有质量的合意。因此，证券行政执法和解须以当事人真实表达自己的意思为基础，证券监管者不能强迫被监管者作出有违其真实意思表示的决定。保障自愿原则实现，体现在具体程序上，即为被监管者自愿选择是否启动和解程序，自愿选择是否达成和解协议，并在自愿原则得不到保障时获得相关救济。①

3. 灵活性。灵活性则是指证券行政执法和解是证券监管者对其行政执法权的灵活处分。从法理上分析，证券行政执法和解的正当性来源于行政裁量权行使或运用的必须，即“事实上有处分的可能，法律上有处分的权限”。② 证券监管者对执法权具有处分权，是和解协议达成具有实体法律效力的基础。我国《证券法》第十二章明确规定了证券监督管理机构依法对证券市场实行监督管理的权限，其中第一百六十九条第（九）项更是明确规定“依法对证券违法行为进行查处”，这是证券监督管理机构在对证券市场实施监督管理中须履行的职责。《证券法》赋予了证监会证券执法方面的充分可裁量余地，监管者完全可以在处分范围内，就解决执法纠纷的方法、结果和被调查对象灵活协商，只要不违反法律基本精神、目的和禁止性规定，不损害第三人和社会公众合法权益即可。

4. 合法性。与执法当事人达成和解协议是证券监管机构的一项行政权力，须有明确法律授权。总体上，存在着三种不同的证券行政执法和解立法授权模式③，第一种是行政程序法明确授权模式，如美国 1946 年《联邦行政程序法》对联邦行政部门实施行政执法和解作了一般性授权，SEC 在业务规范中对证券行政执法和解作具体规定。又如我国台湾地区是在“行政程序法”中对“行政契约”进行了专章规定，“行政院金融监督管理委员会”发布具体细则在证券监管领域予以落实。第二种是证券期货法明确授权模式，如我国香港地区《证券及期货监管条例》明确授权香港证券及期货事务监察委员会（以下简称香港证监会）可以在执法过程中与被调查对象通过协议方式解决争议。第三种是概况授权模式，

---

① 张苹：《中国行政和解制度研究》，宁夏人民出版社 2020 年版，第 160 页。

② 翁岳生主编：《行政法》，中国法制出版社 2002 年版，第 1465 页。

③ 丁丁、侯凤坤：《我国引入证券执法和解制度的法律争点与解决路径》，载黄元红、徐明主编：《证券法苑（第九卷）》，法律出版社 2013 年版，第 837 – 839 页。

如英国行政法或《金融服务与市场法》并未直接授权英国金融服务监管局开展证券行政执法和解活动的权限，而是概况性规定金融服务监管局在执法领域拥有广泛自由裁量权，由其在授权范围内通过具体执法文件规定证券行政执法和解制度。

三种模式均能为证券行政执法和解提供法律依据，具体模式选取需要结合具体法律环境、证券监管实际作分析。采取行政程序法明确授权模式，虽能在行政综合法层面为包括证券行政执法和解在内的所有行政执法领域建立和解制度提供法律依据，但目前我国暂无专门的行政程序法。我国在2019年《证券法》修订中，参考反垄断法立法经验，在单行法中对证券行政执法和解制度作了专门规定，对证监会开展证券行政执法和解的权力来源进行明确规定，同时规定国务院制定具体实施办法。

5. 手段多样性。首先，软硬法并举。硬法是指依靠国家强制力保证实施的证券法规范，如规定证监会实施证券行政执法和解权力来源的《证券法》，规定证券行政执法和解基本流程制度的《证券期货行政执法当事人承诺制度实施办法》等，主要作用是构建了证券行政执法和解的基本法律框架。软法是指不依靠国家强制力保证实施的规范，如《国务院办公厅关于进一步加强资本市场中小投资者合法权益保护工作的意见》，指出了探索证券行政执法和解的原则方向，此外，还包括证券监管机构制定的工作手册、指导意见、指南、指引等，主要作用是及时澄清难点问题，推进实践深入。

其次，实体法与程序法兼顾。证券行政执法和解既涉及实体法问题，如适用条件、谈判内容、和解协议效力等，也涉及程序法问题，如和解启动程序、协商程序、协议达成程序、当事人救济程序等。《证券期货行政执法当事人承诺制度实施办法》和证监会配套的部门规章均从实体法和程序法角度对证券行政执法和解作出规定。

最后，原则执法和规则执法并用。原则执法和规则执法是证券执法的一种类型划分。所谓原则执法，是指主要依靠法律原则、政策和社会价值观为标准的执法；所谓规则执法，是指主要依靠行政或立法程序事先确定的特定规则为标准的执法。规则执法成本较低且争议较少，原则执法灵活性强且影响广泛，突出监管价值和社会价值。[①] 实施证券行政执法和解要兼顾规则执法和原则执法。一方面，法律规范难以对和解制度的所有技术性要求作出回应，且适用和解制度的案件存在着大量无先例、涉及监管价值取舍的疑难问题，因此，反映不同行业价值观、监管价值观和公共价值观的原则执法必不可少。另一方面，为确保执法可预测性、一致性，有必要为证券行政执法和解制定周密完善规则，执法部门严格按规则办事。

三、证券行政执法和解的功能定位

（一）应对证券监管执法的复杂情况

相比其他领域的行政执法，证券执法具有违法行为人高智商、案情复杂隐蔽、证据调取困难、因果关系证明难等突出问题。为了突破执法瓶颈，我国已在加大制度供给、授予证券监管机构更多执法权限、提高执法能力方面不断“加码”。如在内幕交易案件中，为了推动证监会有效打击隐蔽性极强的传递性内幕交易行为，最高人民法院先后印发了《关于审理证券行政处罚案件证据若干问题的座谈会纪要》《关于办理内幕交易、泄露内幕信息形式案件具体应用法律若干问题的解释》等司法文件，通过重新分配举证责任，授权适用推定规则，认可环境证据效力等方式，大幅扩张了证监会查处证券违法案件权限，提升了证券执法效果和效率。[②] 尽管如此，相当数量的内幕交易案件仍然受制于取证难和达不到证明标准而未得到有效查处。正如证监会执法人员指出，从目前执法现状看，对证券监管机构执法潜力挖掘已基本“见底”，如再进一

---

① 詹姆斯·帕克著，薛前强译：《规则、原则和实施证券法的竞争》，载《财经法学》2021年第4期。

② 高振翔：《传递性内幕交易中推定规则的理解与适用——从苏嘉鸿案谈起》，载蒋锋、卢文道主编：《证券法苑（第二十七卷）》，法律出版社2019年版，第233－236页。

步突破则有违反基本法律规定甚至违宪之嫌。[①] 2015 年我国启动证券行政执法和解制度试点的重要诉求之一便是突破执法瓶颈，实现有效执法。证券行政执法和解让证监会得以对大量存在法律适用和案件事实模糊之处的执法案件进行有效查处，及时修复业已破坏的市场秩序，实现最终执法目标。

不同于证券行政处罚，证券行政执法和解不要求案件达到“事实清楚”“证据确凿”的证明程度。根据证券行政执法和解的制度设计，只要证监会采取了一定调查措施并向当事人送达了案件调查法律文书，掌握了一定的定案证据，基本确定不当行为确实存在并具有市场危害性，当事人即可向证监会申请适用和解制度，就和解内容与证监会开展谈判，通过协议方式达成案件结案处理。从制度设计看，相比证券行政处罚所要求的“明显优势证据标准”，证券行政执法和解所要求的证据标准仅为证券监管机构的立案标准。《证券期货违法行为行政处罚办法》第六条规定，证监会的立案调查标准为有明确的违法行为主体、有证明违法事实的证据、有明确的行政处罚法律责任、未超过行政处罚时效等。证券行政执法和解制度大大提高了证券监管机构应对复杂执法状况的能力，有助于其跳出左右为难的执法困局。

事实上，证券监管的专业性、广泛性和信息不对称性，使介于合法性与非法性之间的证券监管问题大量存在。如果严守形式主义的法治理念，无论案件大小、案情轻重，都对每一个案件一查到底，证券监管机构需要耗费大量监管资源，付出不菲的监管代价应对棘手问题。同时，证券监管机构又要保证行政处理在主体、权限、程序、内容等方面均达到合法合理的程度，致使案件处理周期过长，执法的市场威慑力和警示作用大打折扣。证券行政执法和解基于一种法律实用主义立场，着眼于解决实践问题，为证券监管机构提供了一个棘手案件的处理方式，有效缓解了证券执法的内在张力。

---

① 吴陶：《论我国证券行政执法领域和解制度之构建》，载《云南大学学报（法学版）》2013 年第 3 期。

（二）推动证券监管执法目标的全面实现

我国《证券法》将证监会定位为一个全能执法者。根据《证券法》，证监会的证券监管目标包括规范证券发行和交易行为，保护投资者合法权益，维护社会经济秩序和社会公共利益，促进社会主义市场经济发展等。正是由于证监会监管目标的多元，导致目标之间常常难以统筹兼顾。考虑证券市场参与主体众多、系统性风险易发，如何防范系统性金融危机和证券市场大幅震荡，往往成为证监会优先考虑的目标，而保护投资者合法权益则更多地从维护社会稳定和处置市场危机的角度予以考虑。这种对市场“保姆式”的监管倾向和“父爱主义”的监管心态往往带来“过度监管”，即管制范围比较宽、强制性色彩较多。“过度监管”往往导致金融市场创新压抑、市场资源的配置低效、金融市场风险未得到根本性疏解等问题，反过来不利于证券市场“多元治理”目标实现。①

证券行政执法和解以温和、多元、灵活的方式实现证券市场治理，具有扩大行政参与、实现监管民主、弥补立法不足等特点，有助于避免证券市场监管者“过度监管”倾向，提高市场包容性。围绕和解事项的谈判，是证券监管机构与当事人协商、选择和达成合意的过程，相对一般证券行政监管的单方强制性而言，增添了同意的要素，对证券监管权形成了有益的节制。和解协议体现的证券监管机构与市场主体间共识和一致精神，有利于提升证券监管机构行使行政裁量权的理性程度，减少行政机关容易出现的行政专横风险。同时，证券行政执法和解还具有提升证券监管者市场治理能力的作用，有助于“多元监管目标”的实现。规则制定能力、信息监察能力、调查能力、惩罚能力、信息技术能力、证券专业能力被认为是影响证券市场治理水平的关键变量。② 证券行政执法和解制度至少从调查能力和惩处能力两个方面提升证监会的市场治理水平。一是调查能力方面，和解本身就是一个行政相对人主动认错、

---

① 缪因知：《政府性证券监管批判及于民事诉讼之权衡》，载《交大法学》2015 年第 1 期。

② 吕成龙：《科创板时代中国证监会治理模式与角色的转变》，载《财经法学》2019 年第 4 期。

纠错的过程，表明了当事人对自身违法行为的一种悔过态度。在和解制度宽大处理的激励下，当事人更有动力主动向证券监管者“自首”违法行为，避免遭受行政处理。和解制度使证监会仅需花费较少的调查成本即可发现违法行为。二是惩处能力方面，证券行政执法和解有助于监管者克服执法资源局限、调查成本高企等障碍，将更多违法行为纳入证券执法的视域，高额和解金和严苛合规义务本身也能起到威慑、阻遏未来潜在违法的作用，实现有效执法和节约执法资源的价值兼顾。

（三）维持证券市场稳定和谐的治理秩序

证券行政执法和解制度具有及时完结证券监管执法程序，尽快明确和稳定市场预期，减少市场波动的突出作用。和解程序在证监会对违法违规行为的调查期间即可启动，一旦达成和解协议，证监会随即中止调查，和解协议得到履行，调查程序终止。调查程序的及时终止既划分了证券行政执法和解与证券行政处罚的边界，更降低了冗长执法调查程序对行政行为人的负面影响。对上市公司来说，立案调查不仅带来股价下滑，还限制了公司的生产经营和正常融资活动，漫长的调查进程甚至造成公司资金链断裂的风险。对中介机构来说，立案调查将更直接影响该中介机构从事经营服务的资质，对其持续服务能力和声誉造成严重负面影响。因此，相关主体会强烈关注证券执法的时效性。如果证券监管机构不能及时作出处理，市场风险蔓延，不仅不利于稳定市场预期，还会影响投资者信心。[①] 避免案件长期处于执法程序的待决状态，减轻执法对市场影响，是域外证券监管者选择通过证券执法和解结案的重要理由。我国实施证券行政执法和解制度，有利于缩短证券监管者的调查时间，使证券监管者在相同时间内处理更多的证券违法案件。特别是对事实和法律状态不明朗的疑难案件，证券监管机构短期内难以作出行政处罚决定，而通过与被调查对象之间的协商让步，则可以在较短时间内达成证券监管机构无须另行作出行政处罚决定的和解协议。

---

① 肖钢：《积极探索监管执法的行政和解新模式》，载《行政管理改革》2014 年第 1 期。

证券行政执法和解还有利于实现投资者的有效补偿，从而平息证券市场的纠纷。一方面，如果不引进证券行政执法和解制度，则有相当部分因证据问题无法认定、法律关系存在模糊的涉嫌违法行为无法得到处理，因相关行为实际受损的市场参与者无从得到有效赔偿。另一方面，受损投资者通过分配行政相对人交纳的和解金方式获得经济赔偿，使其在没有提起证券民事诉讼、没有请辩护律师、没有漫长等待法院受理、开庭、判决程序的情况下，即可获得补偿，应该说是一种成本较低、收益较高的机制。[①] 有效运用证券行政执法和解机制，不仅妥善处理了行政执法程序，更有效减轻了后续民事赔偿诉讼压力，有利于维持稳定和谐的证券市场秩序。

第二节　证券行政执法和解的制度渊源

证券行政执法和解在“公法私法化”的浪潮下诞生，离不开法学界对传统行政监管和“行政权不得处分”理论的重新认识与突破。行政执法和解作为一种非正式行政方式在行政监管领域的广泛适用，为其在证券监管领域的运用奠定了良好基础。本节对行政执法和解的理论渊源、制度兴起及其在证券监管领域的扩张进行分析。

一、行政执法和解的理论渊源

证券行政执法和解是证券监管机构与当事人以合意方式形成行政法律关系的行为。证券行政执法和解的兴起和发展，在于合意的司法理念向公法领域渗透，在于传统的单向性、命令式行政管理模式向互动性、合作式行政治理模式的转变，核心是法学界对传统行政监管和“行政权不得处分”理论的重新认识与突破。

---

① 席涛：《证券行政和解制度分析》，载《比较法研究》2020 年第 5 期。

总体上看，证券行政执法和解的产生、发展存在两大理论障碍。

第一，行政监管法律关系的不对等性。传统上，行政监管作为国家干预社会经济生活的一种手段，是基于行政监管法律关系中行政机关和被监管对象双方地位不对等性来展开法体系的。这种不对等性决定了“合意”要素在行政监管过程中没有存活空间，证券行政执法和解也就不存在法理基础。随着现代行政监管理论的发展，行政监管法律关系中的不对等性被逐步弱化，证券行政执法和解的产生才具有了法理空间。[①]

第二，“行政权不得处分”理论。该理论认为行政权代表了国家和公共利益，是行政机关的一种职权和职责，行政权运用只能按照规则进行，不得被行政机关随意处分，否则就构成权利滥用或者不作为违法。[②]在严格法治主义理念支配下，行政法律体系中“国家”和“政府”是作为“高权主体”通过自上而下运用政治权威，以命令、强力等方式对社会事务实行单向度管理。[③] 在这一管理模式下，如果由当事人自由约定、选择和处分行政权，将损害公共利益。[④]“行政权不得处分”理论体现了形式主义法治思维，强调依法行政和羁束行政。根据该理论，证券监管机构以行政执法和解手段进行证券执法，无疑构成行政权的“出卖”，背离了其行政职责和监管义务，违反了法治精神。“行政权不得处分”与证券行政执法和解在核心理念上并不兼容。但随着法律实践的发展，行政管理的复杂性、技术性特点显著增加，传统“行政权不可处分”的“机械法治主义思想”[⑤] 也得到现代依法行政观念的调适。

证券行政执法和解得以产生并发展的理论渊源或者说法理依据主要有以下几种。

---

① 章剑生：《现代行政法总论》，法律出版社 2019 年版，第 197 页。

② 张正钊主编：《行政法与行政诉讼法学》，中国人民大学出版社 1999 年版，第 69、71 页。

③ 俞可平：《论国家治理现代化》，社会科学文献出版社 2015 年版，第 2 页。

④ 丁丁、侯凤坤：《我国引入证券执法和解制度的法律争点与解决路径》，载黄元红、徐明主编：《证券法苑（第九卷）》，法律出版社 2013 年版，第 835 页。

⑤ 周佑勇、李俊：《论行政裁量中的和解——以德国法和美国法为观察》，载《行政法学研究》2007 年第 1 期。

（一）机动法治主义

从法治主义的基本要求看，政府权力的活动必须遵守法律，行政权的行使必须在法律已经设定的规则框架内进行。机动法治主义是指不单纯强调约束行政权随意性，而是兼顾行政权的机动性特点的理念。[①] 机动法治主义超越了形式主义法治的合法性导向，坚持行政任务有效履行导向。行政合法性目标被行政正当性目标所超越。换言之，为保障行政机关有效完成行政任务，法律上给予其更大的行政自主决定空间，在不与法律相抵触的情况下，行政机关可以根据法定权限主动追求行政目标的实现。

证券行政执法和解体现了机动法治理论精神。证券行政执法和解作为行政契约的机动性和灵活性体现为：在法律允许的空间内通过合意确定行政法上具体的权利义务及其内容，要求相对人自愿接受限制其自身利益和自由以及政府享有特权的条款，同时考虑个案的特殊性，有区别地实施。从本质上说，机动法治主义理念是政府职能增加后对行政权机动性和行政手段多样性的内在要求，是在符合依法行政基本精神的前提下，对依法行政所作的修正。机动法治主义要在保持行政管理的机动性和约束行政权的随意性之间建立平衡，以保证既能促成行政权完成政府职能任务使命，又控制其不失范。[②]

（二）行政自由裁量权

发端于私法的平等契约观念引入公法的行政管理领域，其前提和空间是行政机关所拥有的自由裁量权。证券行政执法和解实际上就是证券监管机构基于法律授予的行政裁量权，选择与相对人协商合意完成证券执法的一种方式。

行政自由裁量权伴随政府干预社会经济生活力度加强，以及现代行政领域不断拓宽而得到发展，是对传统“行政权不可分”观念的突破。近代行政的一个重要特征是行政权力的迅速扩张，表现为行政机关的巨

① 余凌云：《行政法讲义（第三版）》，清华大学出版社2020年版，第332页。
② 余凌云：《行政法讲义（第三版）》，清华大学出版社2020年版，第333页。

大自由裁量权力。[1] 与此同时，行政机关对自由裁量权的运用并非不受拘束，行政机关在作出行政裁量决定时必须不折不扣、准确地反映立法机关的授权意图，同时受到立法、行政（公众参与、行政政策、执法质量考评）和司法等多方面的控制，比例原则（Principle of Proportionality）和合法预期（Legitimate Expectation）也在控制行政自由裁量权方面发挥重要作用。[2]

（三）公私合作治理

证券行政执法和解属于“公私合作”“协商行政”的行政活动，体现了行政机关对行政效能、民主行政等因素的考量，一旦行政机关接受和解，即意味着其将与行政相对人展开合作，就和解协议的内容进行协商谈判。公私合作治理建立在双方关系（Bilateral Relationship）之上，强调各行政关系主体在监管活动中多元、动态、互动关系。而传统以单方命令为主要表现方式的行政执法手段，则建立在单方权威和服从关系（Unilateral Sovereign and Subordinate Relationship）之上。[3]公私合作治理是政府借助私人力量履行行政任务的治理模式，起到了缓解监管任务扩张与监管资源有限之间紧张关系的作用。与追求合法性控制的传统行政监管理念不同，公私合作的使命在于促进监管任务的有效履行和公共福祉的增进。

具体到证券行政执法和解，证券监管机构选择通过公私协商的方式化解执法纠纷，使公私两方的诉求都得到满足，当事人通过纠正其涉嫌违法行为，消除危害后果，赔偿投资者损失避免了后果更为严重的行政处理，证券监管机构通过主动中止和终止调查，避免陷入长期调查乃至后期繁复的复议诉讼泥潭，双方各退一步进行公私合作达到行政监管任务的最佳履行。可以说，证券行政执法和解是现代行政监管活动对于多元利益追求的产物，体现了高度灵活性，是公私合作治理模式下的一种行政执法行为形态。

---

① 王名扬：《美国行政法（上）》，北京大学出版社 2016 年版，第 407 页。

② 余凌云：《行政法讲义（第三版）》，清华大学出版社 2020 年版，第 179－184 页。

③ 谢小元：《行政和解法律属性之辨析》，载《福建行政学院学报》2016 年第 2 期。

（四）回应性监管

回应性监管是西方国家为回应政府监管过度所提出的一种行政监管理论，其基本内涵是摆脱传统刚性、针对性不足的行政监管手段，根据监管对象的具体情况选择恰当的监管策略或手段，综合运用强制性和非强制性方法、政府监管与非政府监管手段，建立与监管对象的紧密关系，塑造监管对象的主体意识，达到最佳监管效果。①

证券行政执法和解是回应性监管理论在证券监管领域的具体运用，体现在以下几个方面。

首先，回应性监管强调对不同监管对象的差别对待，选择有针对性的监管策略和手段。证券行政执法和解制度使当事人订立并实施针对性整改合规措施，避免证券行政处罚、市场禁入等金钱罚、资格罚的“千人一面”，契合证券市场治理复杂状况。证券行政执法和解可以针对当事人的实际情况“因人施策”，达到市场“标本兼治”的效果。

其次，回应性监管重视协商对话，协调不同的执法策略。回应性监管注重发挥不同执法策略的作用，强调监管者和被监管者的紧密互动。证券行政执法和解的本质是平等协商，强调当事人的自主行动和纠错，有利于缓解监管过程中的对立矛盾，使证券监管机构与被监管对象建立良好的合作关系。

最后，回应性监管除发挥监管主体的作用外，注重激发监管对象自我监管的主体意识，使其主动履行责任进行自治。证券行政执法和解通过给予监管对象以宽大处理的执法激励，通过必要的执法介入，引导监管对象不断加强内控合规，避免违法违规行为的再犯。

二、行政执法和解在行政监管领域的兴起

（一）域外行政执法和解的兴起

在西方，行政执法和解的兴起是市场经济理念，特别是契约理念向

---

① 杨炳霖：《监管治理体系建设理论范式与实施路径研究——回应性监管理论的启示》，载《中国行政管理》2014 年第 6 期；艾博：《监管介入上市公司治理问题研究》，载《资本市场导报》2021 年第 11 期。

公共管理领域渗透的结果。作为传统行政行为之外替代性纠纷解决方法之一，和解（Settlement）的本质是争议当事人通过协商合意方式自行解决纠纷。第二次世界大战以来，随着美国等西方国家（地区）法律至上思潮的兴起，民众诉权意识日益高涨，逐步走向“诉讼爆炸”极端。诉讼量激增、诉讼费高昂、诉讼程序延迟以及其他滥诉弊端，使美国司法系统面临严重危机。为缓解危机，美国开始在纠纷解决中积极运用包括和解、调解、微型审判、简易陪审审判等在内的各种替代性争议解决办法（Alternative Dispute Resolution，ADR），以取代成本更为昂贵、反应更为迟缓的正式诉讼程序，并将体现便捷、高效、合意等价值的ADR模式引入行政监管。在《行政争议解决法》（*Administrative Dispute Resolution Act*）、《替代性纠纷解决法》（*Alternative Dispute Resolution Act*）等立法推动下，美国将和解这一私法争议解决模式逐步运用于环境、能源管制、反垄断等公共执法活动。和解所具有的高效解决争端优点得到逐步认可。美国运用ADR解决行政监管纠纷的模式，纷纷为英国、澳大利亚、我国香港地区等英美法系国家（地区）效仿，并影响至德国、我国台湾地区等大陆法系国家（地区），在国际上掀起“公法私法化”浪潮。

可见，无论是在英美法系国家（地区）还是在大陆法系国家（地区），行政执法和解已被逐渐广泛地引入行政执法领域，成为行政监管的重要手段。以下通过美国环境执法和解、欧盟反垄断经营者承诺两种域外典型行政执法和解制度作为举例说明。

1. 美国的环境执法和解。美国环境执法和解创设于1980年发布实施的《综合环境反应、赔偿和责任法》（*Comprehensive Environment Response, Compensation, and Liability Act*），该法律又被称为《超级基金法》，是美国第一部正式授权联邦政府部门在环境执法领域行使和解权的法律。美国在环境领域的执法和解实践，极大促成了1990年《行政争议解决法》的诞生，同时确立了其他单行法的执法和解制度框架。[①] 实践中，

---

① 于泽瀚：《美国环境执法和解制度探究》，载《行政法学研究》2019年第1期。

美国环保署在环境执法领域广泛适用和解手段解决行政争议，减少了纠纷解决成本，增加了行政效率，维护了社会稳定。美国的环境执法和解可以分为行政主导和解和司法主导和解两类。行政主导和解无须经司法程序，由行政执法主体与潜在责任方协商一致后，经行政机关内部审核同意，颁布合意行政裁决（Administrative Order on Consent）或与潜在责任方达成行政协议即可实施。司法主导和解由行政机关与潜在责任方协商一致后，经检察总长批准同意，将和解协议提交至污染区域所在地区法院，经审查同意后颁布同意令（Consent Decree）予以实施。行政主导和解与司法主导和解两者各司其职，行政主导和解针对已污染环境的清理工作和处理金钱支付相关责任分配问题，司法主导和解则针对金额更大、权利义务关系更为复杂的环境恢复措施。[①] 据美国环保署统计，2017 财年《超级基金法》促使私人个体自愿出资超过 12 亿美元用于清理新的污染区域，责任方同意支付 1.42 亿美元给环保署用于偿付其之前所做的环境清理工作。[②] 可以说，美国环境执法和解制度为美国的生态环境治理作了突出贡献。

2. 欧盟反垄断经营者承诺制度。反垄断经营者承诺制度又称反垄断执法和解制度。欧盟是应用反垄断经营者承诺制度效果最为突出的法域，积累了丰富的理论与实践经验。欧盟委员会在 2002 年第 1/2003 号条例中的第 9 条对经营者承诺制度进行了明确规定。所谓经营者承诺制度，是指欧盟委员会准备作出要求反垄断当事人终止违法行为决定时，如果企业承诺采取特定措施消除涉案行为的消极影响，欧盟委员会认为承诺合适的，可以作出承诺决定（Commitment Decision）。[③] 第 1/2003 号条例赋予了欧盟成员国在适用欧盟竞争法或成员国竞争法时可以接受经营者

---

① 根据《超级基金法》，若和解协议约定了环境恢复措施或者协议金额超过 50 万美元，须提交司法审查。参见于泽瀚：《美国环境执法和解制度探究》，载《行政法学研究》2019 年第 1 期。

② See Enforcement Annual Results Analysis and Trends for Fiscal Year 2017, EPA (February 8, 2018) https://archive.epa.gov/epa/enforcement/enforcement-annual-results-analysis-and-trends-fiscal-year-2017.html.

③ 焦海涛：《论我国对欧盟卡特尔案件和解程序的引入与改造》，载《中南大学学报（社会科学版）》2021 年第 7 期。

承诺的职权。大多数欧盟成员国均制定了与欧盟承诺决定程序相衔接的规则。经营者承诺程序的启动，包括涉嫌垄断的经营者以书面形式向执法机关提出承诺申请和反垄断执法机关依职权启动承诺程序两种，实践中基本采取了第一种启动程序。根据欧盟委员会 2004 年第 04/217 号备忘录规定，考虑采纳承诺的因素包括，经营者承诺能够消除委员会对竞争的担忧程度、案件是否涉及罚款和效率因素。由于反垄断案件的复杂性和专业性，执法机关作出最终承诺决定时，还应当进行专业咨询。为增强经营者承诺制度的透明度，欧盟委员会须在官方杂志上公布相关案件的主要事实、承诺主要内容或所提议行动，还须在官网上公布承诺全部内容。[①] 据统计，欧盟的经营者承诺制度自 2004 年适用以来有 43% 左右的非核心卡特尔案件（卡特尔即反垄断法上的横向垄断协议）以承诺决定的方式结案。[②] 我国《反垄断法》第四十五条就是以欧盟制度为蓝本规定了我国反垄断经营者承诺制度。

（二）我国行政执法和解的兴起

受传统行政法观念的影响，我国长期以来认为行政权力属于法定权力，不能在行政管理活动中自由放弃或转让，因而对“讨价还价”的行政执法和解采取了禁止态度。近年来，随着现代行政监管理论的兴起，我国开始在小范围内试行行政执法和解制度。在中央层面，除证券领域外，我国已在反垄断、反倾销和海关知识产权保护等特定专业领域建立了行政执法和解制度。

一是《中华人民共和国反倾销条例》（以下简称《反倾销条例》）规定的价格承诺制度。我国行政执法和解最早出现在反倾销领域。2001 年通过的《反倾销条例》第三十一条规定了价格承诺制度。2004 年《反倾销条例》修订时对该条予以了保留。该条规定，“倾销进口产品的出口经营者在反倾销调查期间，可以向商务部作出改变价格或者停止以倾销价格出口的价格承诺。商务部可以向出口经营者提出价格承诺的建议。

---

① 殷继国：《论欧盟经营者承诺制度及其实践》，载《价格理论与实践》2013 年第 4 期。

② 焦海涛：《反垄断法承诺制度的适用范围研究》，载《法商研究》2013 年第 2 期。

调查机关不得强迫出口经营者作出价格承诺。”价格承诺制度中，当事人向执法机关作出价格承诺，执法机关与当事人协商解决行政执法纠纷，执法机关不再采取进一步执法行动的制度安排，实质上是行政执法和解的体现。

二是《反垄断法》规定的经营者承诺制度。2008 年《反垄断法》创设了反垄断经营者承诺制度，该法第四十五条规定，“对反垄断执法机构调查的涉嫌垄断行为，被调查的经营者承诺在反垄断执法机构认可的期限内采取具体措施消除该行为后果的，反垄断执法机构可以决定中止调查……经营者履行承诺的，反垄断执法机构可以决定终止调查。”在反垄断执法承诺中接受经营者承诺，可及时制止垄断行为，提高执法效率，节约执法成本。[①] 这是我国第一次在法律层面规定了行政执法和解制度。《反垄断法》的经营者承诺制度有助于消除执法机构和反垄断当事人之间尖锐的矛盾对抗，有利于取得对方的理解和配合，有助于《反垄断法》的遵守和实施。[②]

三是海关知识产权执法终止调查制度。2009 年《中华人民共和国海关关于〈知识产权海关保护条例〉实施办法》第二十七条规定了知识产权执法的终止调查制度。该条规定，“知识产权权利人与收发货人就海关扣留的侵权嫌疑货物达成协议，向海关提出书面申请并随附相关协议，要求海关解除扣留侵权嫌疑货物的，海关除认为涉嫌构成犯罪外，可以终止调查。”海关知识产权执法终止调查制度，包括知识产权权利人与收发货人达成民事和解协议，以及收发货人向海关执法机关申请适用终止调查制度两部分内容，只有成立民事和解前提下，终止调查制度才有可能适用。

在地方层面，各地政府也在地方事务管理层面积极探索行政执法和解。2013 年，泰州市建立了安全检查执法“三不罚”制度。一是首查不罚。在检查中发现企业存在的一般安全隐患，均按规定要求企业期限整

① 焦海涛：《我国经营者承诺制度的适用与完善》，载《当代法学》2012 年第 2 期。
② 刘桂清：《反垄断执法中的和解制度研究》，载《当代法学》2009 年第 2 期。

改到位的，不直接进入立案查处程序。二是隐患及时整改到位不罚。在整改期限结束后，及时组织人员到企业复查，对隐患按期整改到位的，不予处罚。三是不经过“五整改一监督”程序不处罚。[①] 该制度虽没有冠以“行政执法和解”之名，却行“行政执法和解”之实，通过当事人履行整改承诺方式，实现安全检查执法目的。又如珠海横琴新区税务部门试行的税务诚信报告制度，鼓励企业主动向税务部门诚信报告重大涉税事项，若报税时有关税收政策不确定，日后须按规定补缴税款的，可免除罚款及滞纳金。[②]“税务诚信报告制度”有效避免了因国家税收政策尚不明确导致的征纳双方分歧，通过“免除罚款及滞纳金”的方式引导纳税人主动、诚信纳税，培育征纳双方互信的纳税关系，体现了行政执法和解中行政机关通过和解手段化解执法纠纷的制度本质。此外，上海、安徽等地发布并施行的《市场轻微违法违规经营行为免罚清单》，建立起了市场监管领域轻微违法行为容错机制，体现了当事人主动纠错整改免罚的行政执法和解制度精神。

从现行法律、政策规定和实践探索来看，行政执法和解在我国实践中已出现许多不同做法。在监管实践中，当事人主动纠错整改，执法机关与当事人协商一致以解决行政执法纠纷的新型执法方式，无疑可以付出更少行政成本换取更多行政效益，有利于社会效益最大化，符合社会稳定预期。

三、行政执法和解向证券监管领域的扩张

（一）域外行政执法和解向证券监管领域的扩张

行政执法和解在证券监管领域的运用和发展，得益于证券监管领域

---

① 朱勇：《泰州市姜堰区推行“三不罚、三重罚”工作法》，载安全生产商务网 2014 年 4 月 26 日，http：//www. anquan35. com/news/detail – 177715. html。

② 魏蒙：《珠海横琴推出税务诚信报告免责体系》，载新华网 2018 年 4 月 20 日，http：//www. xinhuanet. com/fortune/2018 – 04/20/c _ 1122716851. htm。

的特殊需求。证券违法的隐蔽性、复杂性，当事人的高智商，证据的易逝性等客观情况使证券执法领域相较其他领域更为困难。面对膨胀执法需求和有限执法资源困境，各国证券执法者均有强烈动机引入证券行政执法和解制度。目前，证券行政执法和解制度在美国、英国、德国、澳大利亚、新加坡、我国香港和台湾地区等成熟市场均得到运用，并取得不错成效。其中，美国、德国是通过行政程序法明确授权的立法方式确立了行政执法和解制度，证券监管机构进一步通过制定具体规范方式对在证券领域实施行政执法和解予以落实。英国是通过在金融监管法概况授权的方式实现证券行政执法和解。《金融服务与市场法》授权英国金融服务监管局可以根据证券执法的需要、执法资源等不同情况自主确定执法措施，从而为实施行政执法和解提供执法依据。澳大利亚、新加坡、我国香港地区则通过证券监管机构组织法或证券期货法具体授权的立法模式，授予证券监管当局在执法案件中与当事人达成和解协议以解决执法纠纷的权利，并对行政执法和解的条件和内容作出宏观指导。从比较法的角度来看，美国是最早采用行政执法和解方式处理证券执法纠纷的国家。美国证券执法和解的发展与 ADR 的立法变革与实践紧密联系。早在 1946 年，美国《联邦行政程序法》就确立了执法和解制度，SEC 采取执法和解方式结案的案件比例高达 90%。美国证券执法和解的立法和实践经验，影响并带动了其他国家引入这一执法制度。[①]

分析域外市场经验，行政执法和解被广泛运用于证券监管执法，原因有以下三个方面。

一是执法资源的有限性。证券执法通过查处证券违法违规行为，恢复被扭曲的市场秩序，为投资者提供安全交易环境。强有力的证券执法发挥着证券市场健康运行的“压舱石”作用。随着市场扩容，证券监管机构均将大量资源投入证券执法，执法任务也愈加繁重。但与此同时，

---

① 其他国家（地区）的证券执法和解制度的立法时间大多晚于美国，如英国《金融服务与市场法》的立法时间为 2000 年，澳大利亚《证券和投资委员会法》的立法时间为 2001 年，我国香港地区《证券和期货条例》的立法时间为 2003 年。

证券违法复杂化、新型化、隐蔽化和智能化的特点日渐凸显，案多人少、资源紧张等执法瓶颈问题长期存在。面对繁重、迫切且不断膨胀的执法需求与有限的执法人员、执法手段和执法经费的紧张关系，美国等域外证券监管机构对其监管执法制度本身进行了改革，但更重要的是通过各种途径建立起比正式执法程序更快捷、高效解决纠纷的方式，证券行政执法和解应运而生。

二是公众对纠纷解决多样化方式的接受。证券行政执法和解之所以获得认可，其合理性来源于公众对纠纷解决多样化方式的接受。随着纠纷主体的复杂化、社会关系的多样化、利益冲突的多元化，纠纷解决方式也不能固守单一模式。“诉讼固然能在一定程度上满足当事人和社会主体对于‘正义’的需求，解决纠纷、恢复被侵害的权利，但也需付出相当大的代价。”① 证券行政执法和解通过非正式的和解协商以达成最终的协商商定，体现出了程序的非正式性、保密性和妥协性，有利于节约纠纷解决成本，提高效率，是当事人利益最大化的最优解，对公众来说也是最为理性的选择。

三是监管执法机构的非对抗性执法理念的形成。美国国会曾指出1990年《行政争议解决法》的立法原因为“行政程序已经变得越来越正式化、旷日持久、成本高昂，不仅耗费不必要的时间和资源，也不利于促进在合意基础上解决纠纷，而在私法领域中发展起来的替代性纠纷解决机制适用于行政过程的某些情况下，可以使纠纷得到更有效、成本更小、更趋向于合意的解决。”② 就证券监管来说，在市场发展和监管目标多元的背景下，证券监管的灵活性和机动性诉求日趋强烈。证券行政执法和解突出了非对抗性和当事人高度参与的特征，通过合作的、以利益为基础的协商方式解决监管纠纷，与寻求不拘泥于形式主义和仪式性的证券监管模式高度契合。借由ADR手段的开放性，证券监管当局得以在

① 杨建生：《基于美国ADR对我国行政争议解决的思考》，载《行政与法》2006年第6期。

② 王锡锌：《规则、合意与治理——行政过程中ADR适用的可能性与妥当性研究》，载《法商研究》2003年第5期。

纠纷处理主动回应市场创新和监管变化。

（二）我国行政执法和解向证券监管领域的扩张

近年来，理论界和实务界在对其他领域行政执法和解制度研究基础上，吸收域外成熟市场经验，在我国开展了证券行政执法和解试点。2019年修订的《证券法》将证券行政执法和解试点“升级”为证券行政执法和解制度，纳入法律规范轨道。我国引入证券行政执法和解制度的原因包括以下三个方面。

一是证券市场本身的现实需要。当前，我国证券市场股票发行注册制改革正全面推进。股票发行注册制是基于证券法和上市规则由所有参与注册的行为人承担法律责任约束的信息披露制度，强有力的司法和执法是基本配套条件。[①] 注册制的核心要义，就是通过真实、准确、完整、及时的信息披露，将上市公司的价值判断权还给市场，让投资者自行判断证券投资价值，证券监管机构回归监管本位。在简政放权、放松管制的背景下，证券监管者从证券投资价值的维护者和担保者，转化为证券市场秩序的缔造者和维护者。证券监管的“重心”从前端的证券发行准入，后移到中后段的事中监管和事后违法查处，全面提高我国证券执法有效性已经刻不容缓。此外，近年来，证券市场金融创新的步伐也日益加快，以大数据、区块链、人工智能及为云计算代表的金融科技广泛应用于金融市场，在降低信息不对称，提高金融服务效率的同时，也带来监管和规则手段跟不上的问题。推动构建有中国特色的证券监管执法体制，落实“以信息披露为中心”的注册制监管理念，适应证券市场的金融科技创新，有必要提升执法实效性，妥善处理执法惩罚性、及时性、灵活性、威慑性等关系，积极探索利用证券行政执法和解化解矛盾，促使当事人自觉服法，以应对错综复杂的执法情况，运用有限的执法资源

---

① 聂庆平、杨娅、侯广豪：《注册制改革需要以严格规范的证券法律制度为前提》，载《清华法律评论》2021年第9期。

取得最大化的执法效果，维护资本市场的长期稳定关系。[①]

二是以往证券行政执法手段本身存在的不足。在我国以往的证券执法实践中，执法方式过于刚性和单一，一直受人诟病。首先，对被立案调查的涉嫌违法违规当事人，只有罚与不罚两种选择，缺乏中间地带的选择，执法方式单一。其次，处罚过于依赖金钱罚的方式，高额财产处罚虽然能让违法行为付出沉痛代价，却也存在对相关生产经营主体影响过大，不利于受损投资者从违法者身上寻求民事赔偿，对公司来说，违法成本转嫁给中小股东承担等诸多负面问题。近年来，随着证监会执法力度的加大，高频率、高强度的执法行动使证券执法资源紧张问题更为突出。我国引入证券行政执法和解制度，有助于破解上述执法困境。一方面，证券行政执法和解体现了执法效率和执法包容性。证券行政执法和解以当事人作出并履行承诺方式平息行政争议，避免了案件陷入漫长的案件调查、处罚、复议乃至诉讼程序，节约了执法成本，降低了执法烈度与对抗性。另一方面，证券行政执法和解兼具财产罚（交纳和解金）和非财产罚（履行承诺义务、限制资格、制裁声誉）特点，不仅使违法者受到财产罚的惩处，还进一步整顿了违法者的公司治理、内部控制机制，促进问题有效解决。此外，和解金直接用于补偿投资者损失，有助于解决我国当前行政处罚罚没款上缴国库，投资者难以在后续的民事索赔中充分受偿的问题。

三是立法机关和政府的直接推动。首先，立法机关积极推动行政执法和解方式在行政监管领域的运用。目前，我国已在《证券法》《反垄断法》两部单行立法中专门规定了行政执法和解制度。《行政程序法》的制定已纳入全国人大常委会的立法规划，行政合同和行政执法和解制度将是其中的重要内容，尽管这一行政基本法的出台尚需时日，但对行政执法和解制度在相关行政监管领域的建立具有重要推动作用。其次，国务院及其相关直属部门积极落实和试点证券行政执法和解制度。2013

① 洪艳蓉：《证券执法的制度价值及其实现——来自美国的经验借鉴》，载《北大法律评论》第17卷，北京大学出版社2016年版，第175页。

年，《国务院办公厅关于进一步加强资本市场中小投资者合法权益保护工作的意见》发布，提出要在证券期货领域试点实施行政执法和解制度。经与全国人大法工委、最高人民法院和国务院法制办商议，证监会于 2014 年向国务院正式提出证券行政执法和解的试点请示。以 2015 年《行政和解试点实施办法》出台为标志，证券行政执法和解制度正式试点实施。2019 年修订的《证券法》对证券期货领域的行政执法和解制度作了原则规定，国务院据此出台了《证券期货行政执法当事人承诺制度实施办法》。证监会出台了《证券期货行政执法当事人承诺制度实施规定》，证监会、财政部联合出台了《证券期货行政执法当事人承诺金管理办法》，从操作层面规定了证券行政执法和解制度的实施细节。

第三节　证券行政执法和解的价值基础

证券行政执法和解的制度价值，是指该制度为实现证券监管目标所能发挥的作用。根据国际证监会组织（International Organization of Securities Commissions，IOSCO）的定义，证券监管的目标包括保护投资者，确保市场公正、有效和透明并减少系统性风险。[①] 证券行政执法和解无疑将最终服从和服务于这些目标。证券行政执法和解的价值研究主要是对该制度的理论依据、现实基础和实践作用的研究。目的在于论证证券行政执法和解制度在我国执法体系中的必要性以及在证券监管上的正当性。证券行政执法和解制度充分且灵活运用了证券监管的绝对性与相对性两种惩处手段，体现出弹性监管、公私合作、创新治理等诸多柔性监管价值，蕴含将企业合规作为监管执法激励的因素，是证券监管者提升监管有效性，实现监管善治的积极探索。

① See Objectives and Principles of Securities Regulation, IOSCO (May 2017), https://www.iosco.org/library/pubdocs/pdf/IOSCOPD561.pdf.

一、哲学文化的视角

证券行政执法和解不仅是一个法律问题，还是一个哲学问题、文化问题。证券行政执法和解体现了美国等西方国家的实用主义哲学和文化，也与我国传统的“和合文化”相契合。

（一）基于实用主义文化的分析

在域外市场，证券行政执法和解制度的产生，与当时美国等西方国家盛行的实用主义哲学和文化相契合。强调行动、注重效果、提倡开拓进取是实用主义的显著特征。实用主义认为，凡是有利于人的活动，促使人的行动取得效果的东西，就是有意义和价值的。实用主义是美国十分重要的哲学传统，最早缘起于 19 世纪末。美国实用主义思想强调个体积极务实的行为方式、个人能力的发挥和以人为本的生活态度，提倡“有用即真理”的价值观和哲学思想工具性的思维导向。① 美国哲学家查尔斯·桑德斯·皮尔士（Charles Sanders Santiago Peirce）是第一个将“实用主义”一词引入哲学文献的人，他所提出的“实用主义真理论”认为，一个真实命题与我们认为有用的信念是画等号的。② 威廉·詹姆斯（William James）也是美国实用主义理论的代表性人物，他认为一个假说在且仅在有用的时候，才能被接受为真实。③ 实用主义的另一重要人物约翰·杜威（John Dewey）将实用主义的一般原则推广到政治、教育、宗教、道德等领域，使之为大众所普遍接受。④ 实用主义价值观对于美国社会、政治、经济和文化等方面都产生巨大影响，影响着美国政府在经济领域的监管决策。

---

① 赵鼎新：《从美国实用主义社会科学到中国特色社会科学——哲学和方法论基础探究》，载《社会学研究》2018 年第 1 期。

② 闫玉华、付裕：《美国古典实用主义思想与美国精神》，载《中北大学学报（社会科学版）》2020 年第 1 期。

③ 同②。

④ 罗朝秀：《美国实用主义价值观的清教渊源》，载《南京林业大学学报（人文社会科学版）》2008 年第 4 期。

证券行政执法和解是实用主义思想在证券监管领域的集中体现。在证券监管机构看来，无论是采取传统的彻查证券违法行为的执法方式，还是采取与涉嫌证券违法当事人达成协议以解决执法争端的执法方式，只要能达到相同的目的和效果，均是有价值的执法方式。以行政处罚为代表的传统执法方式，通过查明证券违法行为并给予处罚惩戒的方式制止证券违法行为，消除该行为对证券市场的不利影响，并威慑其他潜在违法者。而证券监管机构与涉嫌违法当事人达成和解协议，同样能够实现制止和纠正证券违法行为、消除该行为对证券市场的不利影响，并且不会影响证券法的整体执法效果。相较而言，证券行政执法和解的成本更低、效率更高。对于某些复杂的证券违法案件，传统的行政处罚无能为力，在付出巨大调查成本之后依然以证券监管机构的失败告终。实用主义哲学中注重效果精神促使美国证券监管机构在监管实践中广泛运用证券执法和解处理执法争端，证券执法和解制度逐渐成为美国证券监管的关键制度。

（二）基于“和合文化”的分析

在我国，证券行政执法和解制度还存在深厚的“和合文化”基础。从孔子的“和为贵”到墨子的“兼爱”，均传达出“制礼以止争”的“和合”文化特质。从“和合”一词的含义看，“和”是指和谐、和平、祥和，“合”是结合、合作、融合。①“和合”倡导以和平与合作精神构建和睦社会关系，展现出中华文化的融合性与包容性，体现了中国独特的社会秩序哲学。“和合”文化有助于解决当今社会存在的各类冲突与矛盾，不仅人与人之间、人与社会之间、人与自然之间的关系要和谐，政府与公民之间的关系、规制主体与规制对象的关系、证券监管机构与涉嫌证券违法的当事人关系也要和谐。和谐建立在民主法治、公平正义、安定团结基础上。面对证券行政执法案件，证券监管机构采取与涉嫌违法的当事人达成和解协议方式结案，改变了传统执法方式简单、粗暴的

① 殷继国：《反垄断执法和解制度：国家干预契约化之滥觞》，中国法制出版社2013年版，第78页。

执法形象，维护了执法主体与执法对象间的和谐关系。

二、柔性监管的视角

随着现代市场经济发展、行政民主化水平不断提高以及法治政府建设不断推进，柔性监管成为许多行政监管机构探索和开展的行政治理创新。学者将监管方式分为两大基本类型：一类是传统的刚性管理方式，另一类是新型的柔性管理方式。[①] 传统的刚性管理方式包括行政命令、行政许可、行政检查、行政处罚等。柔性行政方式是指对应于刚性手段的一大类柔性、非强制性的监管手段，是行政机关实施的不具有强制命令性质的行政活动方式。[②] 行政指导、行政契约、行政奖励、行政调解、行政执法和解等均可纳入柔性监管的范畴。柔性监管作为行政管理方式的创新成果，体现了平等参与、充分互动、自由选择等行政民主性的基本要求，发挥出特殊的监管功效。[③]

证券行政执法和解是建立在柔性监管理念基础上，一种基于双方协商、合意的执法方式。证券行政执法和解对当事人予以相对性的惩罚，目的在于恢复被损害的市场秩序，这种以柔克刚、以退为进的执法，不仅不损害执法的惩罚和威慑效果，反而有利于及时解决问题，维护资本市场的和谐稳定关系。总结来看，证券行政执法和解契合国家治理现代化的改革方向，体现出弹性规制、创新治理、公私合作等诸多柔性监管价值。

（一）柔性监管的主要理论

1. 弹性规制理论。随着市场经济的快速发展，监管需求也在不断扩张。为了实现监管秩序和公共利益，监管机构将越来越多的市场事项纳

---

① 莫于川等：《柔性行政方式类型化与法治化研究》，法律出版社 2020 年版，第 1－2 页。

② 莫于川等：《柔性行政方式法治化研究——从建设法治政府、服务型政府的视角》，厦门大学出版社 2001 年版，第 147 页。

③ 莫于川等：《柔性行政方式类型化与法治化研究》，法律出版社 2020 年版，第 2 页。

入规制范围，出现过度监管态势。但监管机构的“全能型”演变并不代表监管质量的改善，监管事项的扩张却势必造成监管资源紧张，监管效率下降。面对过度监管的现实，不少国家和地区开始探索弹性规制的监管理念。所谓弹性规制，就是指监管对象放松对被监管对象的干预，给予被监管对象更多自主空间。[①] 弹性规制即是通过减少对社会经济活动的刚性干预，以实现对社会的“放权”和“自治”。

弹性规制体现出创新治理的价值。面对行政监管的日益专业化、技术化、信息化和科技化，监管机构对越来越多的经济性领域和社会性领域的规制感到力不从心和执法困难，传统的以行政命令、行政强制、行政处罚等为代表的刚性监管手段已无法满足多样化的行业治理需要。新兴的以行政指导、行政奖励和行政执法和解等为代表的弹性规制手段，则具有更大灵活性和可操作性，更能实现社会优化治理。如 2020 年 12 月，中国人民银行等四部门对蚂蚁集团的监管约谈，就对蚂蚁集团金融业务中存在的垄断、不正当竞争和资本无序扩张问题进行行政指导，督促公司针对经营模式中存在的管理漏洞和制度缺陷进行“去违法化”和“去犯罪化”改造。相比传统刚性的行政命令或处罚，弹性规制这类柔性监管手段更能督促企业产生“脱胎换骨”效果，体现创新治理价值。

2. 服务行政理论。20 世纪 80 年代以来，西方掀起一场公共行政改革浪潮，核心是公共行政从以“政府为中心”的管制模式向“人民为中心”的服务模式转变。“服务型政府”是指“在公民本位、社会本位理念指导下，在社会民主秩序框架下，通过法定程序，按照公民意志组建起来的以公民服务为宗旨的政府。”[②] “服务型政府”的本质属性即是强调公民权利的本位，以“服务行政”为宗旨。[③]“服务行政”具有以下显著特征：政府行政理念为“服务”而非“管制”，行政方式公开透明，政府决策通过公众的广泛参与、协商对话达成，政府官员的角色定位为

---

① 杨建顺：《中国行政规制的合理化》，载《国家检察官学院学报》2017 年第 3 期。

② 刘熙瑞：《“服务型政府”——经济全球化背景下中国政府改革的目标选择》，载《中国行政管理》2002 年第 7 期。

③ 莫于川等：《柔性行政方式类型化与法治化研究》，法律出版社 2020 年版，第 98 页。

服务者。[①] “服务行政”体现了“寓管理于服务”的“服务型政府”价值理念，同时渗透着公众参与的意识。[②] 公众参与是“服务行政”的重要环节，对促进行政监管的民主化、理性化、科学化和规范化，实现政府与社会公众关系的良性互动具有重要作用，体现了柔性监管共同治理、注重效率、保证公平的价值导向。可以说，以公众参与为基础的服务行政为柔性监管方式的运用提供了理论依据。

3. 公私合作理论。公私合作强调监管机构和被监管对象两者间平等、自由地协商合作，不同于执行僵硬化、单方意志的强制行政。随着现代民主行政的发展和行政任务的增加，单凭监管机构的一己之力已不能实现公共事务管理的良善之治，需要社会各方的协同发力。公私合作增加了监管措施的可接受性，提高了被监管对象地位，在现代行政监管中的地位不断凸显。正如学者指出的：“公私合作治理改变了传统行政执法中行政机关与公民之间的命令与服从的对抗关系，形塑了行政机关与公民之间对话、沟通、合作的新型平等关系。”[③] 建立在公私合作基础上的新型监管方式，更容易实现监管机构与被监管对象间的权利义务平衡。监管机构与被监管对象在平等的法律关系基础上沟通、交流和合作，取得意思表示一致，有利于达到公共利益与私人利益全面兼顾的行政监管目标。

（二）证券行政执法和解的柔性监管价值证成

柔性监管机制分为实体机制和程序机制两类。实体机制指直接发生、变更行政监管权利义务关系的机制，如行政指导、行政备案、行政给付、行政奖励等。程序机制是指虽不直接产生行政监管权利义务变更，但设定了监管机构和被监管对象解决争议活动的流程和方式，如行政调解、

---

① 沈荣华：《论服务行政的法治架构》，载《中国行政管理》2004 年第 1 期。

② 公众参与即是社会公众在监管机构行使法定监管权力，从事经济和社会事务管理过程中，充分发挥自身在行政管理中的主体性、自主性和创造性，明确自身参与行政监管的权利和监管机构的责任和义务，广泛地参与到监管过程中。参见莫于川等：《柔性行政方式类型化与法治化研究》，法律出版社 2020 年版，第 101 页。

③ 陈军：《冲击与发展：契约行政与依法行政关系之检视——透过公私合作视角考察》，载《华南理工大学学报（社会科学版）》2015 年第 2 期。

行政执法和解等。证券行政执法和解作为一种程序性的柔性监管机制，给予涉嫌违反证券法律法规的当事人，在积极配合执法调查，承诺纠正违法行为、赔偿有关投资者损失、消除损害或者不良影响的前提下，以协商方式与证券监管机构达成和解协议，避免证券监管机构作出行政处罚的机会。证券行政执法和解的柔性监管价值既体现在其程序形式上，又体现在其法律后果中。

1. 改变了以“强制”为核心的单向监管方式。证券行政执法和解引入了契约行政、民主执法、公私合作等服务行政监管理念。对积极配合调查，主动采取补救挽损措施的被监管对象，监管部门以达成和解协议的方式给予其不予实施行政处罚的宽大处理。这种新型行政监管方式超越了以“调查”“认定”“处罚”为要素的传统证券执法模式，削弱了以“管制”“训诫”“惩处”为中心的传统证券监管理念，通过强调监管机构与被监管对象对话、协商和互利互惠，提高行政监管效率，增强执法社会效果。监管部门与当事人协商以达成和解协议，往往经过多轮谈判，协议条款体现双方充分博弈结果。这种基于公私合作，被监管对象自愿承诺的证券执法方式，有利于被监管对象自觉遵守履行，进而平息行政争议，实现公共利益、社会利益和其他利害关系人利益的统筹兼顾。

通过降低传统行政处罚烈度，证券行政执法和解还避免了过度执法给证券行业创新造成的负面影响。证券行政执法和解为证券行业主体提供了宝贵的创新发展容错机制，宽容在创新过程中因对业务及法规理解差异造成的无心之失，增强行业发展活力。作为一种创新治理手段，证券行政执法和解所体现的这种“弹性规制”的理念，有助于减少对市场创新的刚性干预，给予涉嫌违法违规主体更多反思反省、改过自身的机会，形成监管机构与被监管对象双向互动的良好监管氛围。

2. 体现出以“纠正”为核心的预防监管理念。证券行政执法和解作为证券市场的一种创新治理方式，体现了防控违法、源头治理的监管理念。一方面，在“严监管、强执法”氛围下，我国证券监管部门面临“选择性执法”质疑，监管部门挑选重大典型案例予以查处，容易使那些受罚对象产生“运气不好”的错觉，在经营方式上存在侥幸心理。另一方面，证券违法调查难、取证难、证明难的特点突出，被监管对象容易产生将罚款作为“经营成本”的心态，使监管执法面临失灵失效问题。传统行政调查、行政处罚方式单纯强调让被监管对象付出沉重的金钱代价，体现的是“惩罚性监管”理念。证券行政执法和解更强调被监管对象对违法行为的纠正、整改措施的落实和投资者损害的补偿，体现的是“预防监管”“标本兼职”的源头治理思路。

虽然与行政调查、行政处罚等强制性监管行为相比，证券行政执法和解具有非强制性的柔性监管行为性质，却并不影响其在实践中发挥纠正违法、赔偿投资人损失、消除损害或不良影响、预防违法的功效。以上市公司为例，上市公司之所以有动力选择达成证券行政执法和解，是为了避免遭受更大损失或者付出更为严重的代价。一是资本市场开展投融资活动资质受限。一旦被证券监管机构处于行政处罚，上市公司在资本市场的再融资、并购重组将受到限制，从而造成重大损失。二是失去市场、客户和员工。烦琐冗长的执法程序，让公司的声誉和信誉均受到损失，行政处罚的附带不利后果让公司丧失了政府采购等业务机会，导致市场、客户和员工大量流失。三是股价下跌。行政处罚的不利消息导致公司股价下跌，给公司股东带来重大损失。四是持续不断的强力监管。如果上市公司不同意与证券监管机构达成和解协议，监管机构很可能将其列入重点监管清单，施加更为严厉的监管措施，大大增加公司的合规成本。正是上述种种强有力的激励促成了被监管对象积极落实整改要求，弥补管理、合规上的缺失漏洞，自觉履行和解协议，真正达到证券行政执法能动性和预防性目的。

三、企业合规的视角

企业合规是企业为预防、控制和应对各种法律风险所采取的一种管理机制，包括合规准则、合规机构、合规风险识别防控、合规危机处理等方面。[①] 企业合规缘起于美国，在过去几十年时间内获得快速发展，成为现代公司合作治理制度的重大课题。证券行政执法和解是一种行政监管合规激励机制。企业在证券违法违规行为发生之后，通过与监管机构达成和解协议，承诺在考验期内交纳高额罚款，建立有效合规计划，在考验期结束后，由监管机构对其免除处罚。证券行政执法和解制度的存在，使企业高度重视合规制度，在建立合规机制方面具有强大动力。

我国证券监管体制下，证券监管机构根据《行政处罚法》规定享有行政处罚权，对实施证券违法行为的相关企业采取行政处罚。我国证券执法力度空前加大，但证券监管机构对违法违规行为进行查处，基本上还停留在“通过处罚来威慑潜在违法者”的阶段，“天价”罚单的背后产生了对“严监管、强处罚”的质疑：监管部门的罚没措施，究竟是被用来处罚违法者，还是被作为一种特殊的“营收”手段？2019 年《证券法》的修订使不少证券违法行为的顶格罚款处罚高达违法所得的十倍，“天价”罚单是否已经超出了被处罚人的承受能力而无法得到执行？更为关键的是，那些被认定为实施行政不法行为的企业，在受到巨额罚款后，假如在建章立制、防范违法违规行为方面依旧无所作为，甚至将缴纳罚款作为对违法违规行为的“商业成本”和必要对价，以至于为追求更高的违法利润，而持续不断铤而走险，这种证券监管岂不形同虚设？

证券行政执法和解制度是破解上述执法困境的重要路径。证券监管机构将涉案企业提出的纠正违法行为、消除或者减轻违法行为后果的方案，作为与其达成证券行政执法和解的前提条件，将企业合规引入了证券监管。涉案企业不仅要承诺加强内部管理，还要采取内部整改的具体措施，如此才能换取监管部门对行政调查程序的终止，避免更加严厉的行政处罚后果。作为我国从强制型证券监管模式向协商型、合作型证券监管模式转变的标志，证券行政执法和解制度蕴含丰富企业合规价值，包含着将企业合规作为行政监管激励机制的因素。

---

① 陈瑞华：《论企业合规的中国化问题》，载《法律科学（西北政法大学学报）》2020 年第 3 期。

（一）企业合规的主要理论

1. 公司治理方面。企业合规首先是一种为防范企业法律风险所采取的公司治理方式。企业合规包括合规组织体系的建立、合规工作程序的落实和有效合规计划的实施等方面。企业合规在实现企业的自我监管、商业利益、社会责任、公平竞争等方面具有积极意义。

（1）商业效益理论。有效企业合规计划可以减少违法行为发生的次数，提升企业的商业声誉，吸引更多客户和投资者，使企业获得更大的竞争优势、更多的商业机会和盈利。这些利益又进一步推动企业持续投资完善合规计划，形成良性循环，逐步提升企业市值。[①]

（2）企业社会责任理论。现代公司治理理论认为，企业在盈利之外还应当承担公司社会责任（Corporate Social Responsibility，CSR），根据“利益相关方”理论，企业必须对员工、供应商、消费者、投资者等利益相关方承担一定的 CSR。[②] 随着企业权力和影响力的不断增加，企业合规计划的建立能够促进企业承担更多社会责任，使其具有公共性，促使其在员工平等、客户权益保护、环境保护等方面遵守法律法规。[③] 企业合规使“预防违法”和“发现违法行为”的公共责任从监管机构转移到了企业内部。尽管企业的合规工作并不符合公司追求利润最大化的价值观，但企业仍然需要为此支付成本，这体现了企业的社会责任承担。企业合规还强化了 CSR 的强制力，企业合规体系的建立使 CSR 中的道德要求得到强化，促使社会主体自觉将合规要求上升为公民习惯。[④]

（3）公平竞争理论。公平竞争理念孕育了企业合规制度。公平竞争是市场经济的基本价值理念，美国《反海外腐败法》（*Foreign Corrupt Practices Act*，FCPA）的立法目的在于制止美国企业实施海外贿赂行为，进而影响公平竞争的市场规则。企业合规是实现市场公平竞争

---

① 陈瑞华：《企业合规基本理论（第二版）》，法律出版社 2021 年版，第 110 页。

② 杨力：《企业社会责任的制度化》，载《法学研究》2014 年第 5 期。

③ 邓峰：《公司合规的源流及其中国的制度局限》，载《比较法研究》2020 年第 1 期。

④ 赵万一：《合规制度的公司法设计及其实现路径》，载《中国法学》2020 年第 2 期。

的重要手段，合规理念的确立有助于正向引导企业增强竞争力：企业合规情况成为采购方挑选合作伙伴、投资者选择投资标的、员工选择雇主等的重要因素，有助于企业自觉提升合规管理水平，遵守公平竞争的市场规则。①

（4）公司自治理论。企业合规是公司管理的重要内容，本质上属于公司自治范畴。企业合规目的在于确保企业管理人员及其员工在生产经营中遵守法律规定，促进企业合规与其生产经营相结合，改善公司自治效果。如有效合规计划的构建可以使员工内部监督和举报更为顺畅，同时塑造员工的行为规范，督促企业员工采取合规的方式开展业务，建立良好的行为模式。②

2. 执法激励方面。企业合规在域外市场的兴起，离不开监管部门将企业合规作为激励手段广泛运用于行政执法和刑事追责。对监管机构来说，企业合规是监督和管理企业依法依规经营的一种法律制度。美国诸多联邦政府部门均将合规作为其有效实施市场监管的抓手，如司法部和证监会对反海外贿赂的执法，司法部、商务部、财政部对出口管制的执法，联邦贸易委员会对数据保护的执法等。在执法过程中，这些监管部门常常将实施企业合规计划作为与其达成执法和解协议或暂缓起诉协议（Deferred Prosecution Agreement，DPA）、不起诉协议（Non-Prosecution Agreeemnt，NPA）的重要条件。对涉案企业来说，企业合规是换取监管机构的宽大处罚的机会。企业承诺建立并实施有效合规计划是监管部门与其达成执法和解、DPA 或 NPA 的前提，往往写入具体条款。如在联邦贸易委员会与 Facebook 公司达成的用户隐私保护和解协议中，联邦贸易委员会要求 Facebook 设立独立的隐私保护委员会，任命专项合规官（Compliance Officer），定期向联邦政府提交执法保证、提交合规报告（Compliance Reporting），由外部第三方机构定期就公司隐私保护情况进

① 尹云霞、庄燕君、李晓霞：《企业能动性与反腐败“辐射型执法效应”——美国 FCPA 合作机制的启示》，载《交大法学》2016 年第 2 期。

② 陈瑞华：《企业合规基本理论（第二版）》，法律出版社 2021 年版，第 110 页。

行评估等。[①] 企业合规作为执法激励手段，可以通过社会效益理论和降低执法成本理论证明其价值。

（1）社会效益理论。企业合规计划的施行使企业合规经营的状况得到改善，实现对违法行为的事先预防，避免因违法行为遭受严苛惩处而给企业员工、供应商、合作伙伴、股东等大量利益相关者造成的损害，其他企业也能从涉案企业的合规案例中获得相关经验，产生引导作用，社会各方都能从中受益。以美国反海外腐败的执法为例，美国司法部和证监会通过对少数企业执法，要求它们建立合规计划，不仅从根本上改变了受罚企业的商业行为，更影响、改变了其他众多企业的经营方式，促使其以更加合规的方式经营，阻止商业贿赂发生。

（2）降低执法成本理论。企业合规不仅能为企业预防违法行为，降低业务经营面临的潜在民事和刑事责任风险，更能有效降低监管执法部门的执法成本，节省公共执法资源。企业配合监管机构调查取证，并开展合规自查，以获得对所涉事项的宽大处理，使本应由政府承担的执法成本部分转嫁至企业承担，有利于改变监管执法面临的“高投入、低产出”现状。以美国反海外腐败的执法为例，据统计，美国司法部专门负责 FCPA 调查的官员有 35 名，证监会负责 FCPA 执法的官员有几十名，但上述两部门每年与 FCPA 相关的和解、罚没金额累计高达数十亿美元（2019 年 FCPA 公司案件和解金额约为 26.5 亿元）。美国之所以可以用如此少的司法资源撬动执法成果，主要在于监管部门运用执法激励的方式引导执法对象“主动合规、主动自我检举、主动内部调查、主动开展持续性的合规补救工作，企业甚至为应对执法机关调查，花费数亿美元开展内部调查，并将证据提交执法机关以获得从宽处罚。”[②] 由此可见，企业合规除了可使涉案企业在起诉、量罚中获得利益外，整个执法和司法系统都会因降低执法成本而受益。

---

① See In the Matter of FACEBOOK, INC., a Corporation, Agreement Containing Consent Order, Federal Trade Commission, File No. 0923184.

② 尹云霞、李晓霞：《中国企业合规的动力及实现路径》，载《中国法律评论》2020 年第 3 期。

（二）证券行政执法和解的企业合规价值证成

证券行政执法和解将企业为防范违法风险而建立的合规机制上升为一种执法激励，有力推动了企业合规管理体系的建立。作为涉案企业在交纳高额和解金的同时，须同时承诺采取必要措施加强企业内控管理，并在完成后向证券监管机构提交书面整改报告。从企业合规角度看，证券行政执法和解制度的确立对克服外部监管的局限性，缓解膨胀执法需求和有限执法资源之间的紧张关系；改变传统行政监管机构信奉的“命令—服从”式的管制理念，维护证券市场的可持续发展；实现特殊威慑与一般威慑相结合，达到处罚功能的有效替代等方面均具有重要意义。

1. 外部监管向内部监管的转化。通常来说，对涉案企业处以罚没款，责令其纠正涉案违法违规行为，补偿投资者损失，改善内部治理结构，是涉案企业在证券监管部门施加压力的情况下，被迫接受的监管处分。证券行政执法和解则通过给予涉案企业以宽大处理，避免了监管处分对涉案企业生产经营的影响，激励和督促涉案企业重建和改进企业合规，营造自我监管、自我报告、自我整改的合规文化。对证券监管机构来说，证券行政执法和解将对涉案企业的“外部监管”转变为企业自身的“自我管理”，有助于克服外部监管的局限性，以较少的人力、物力和财力实现企业治理和市场环境的根本性改善。如 SEC 经常向市场主体发布执法倡议，承诺对主动“投案”的违法行为人采取证券执法和解方式结案，给予宽大处理。[①] SEC 以执法倡议的方式惩治违法行为，既节省了证券执法公共资源，又达到促使涉嫌违法行为人自发改善合规状况，

---

① 如一项关于基金销售的执法倡议（Share Class Selection Disclosure）要求投资顾问在一定期限内主动向 SEC 揭露其在销售基金产品时故意隐瞒相关信息，向投资者兜售费率更高产品的不法行为。SEC 承诺与主动报告的投资顾问达成和解并减少和解金额。截至 2019 年 2 月，有 79 名投资顾问向 SEC 主动报告了不法行为，并累计向投资者补偿损失 1.25 亿美元。截至 2019 年 9 月，又有另外 16 名投资顾问向 SEC 主动报告不法行为，向受损投资者补偿 1000 万美元。在和解协议中，SEC 未要求主动“投案”的投资顾问缴纳民事罚款（Civil Penalty），但要求其上缴违法所得。和解协议还进一步要求投资顾问规范基金产品的销售行为，提高产品信息的透明度。参见高振翔：《美国证券执法的重点、难点及挑战——SEC 执法部 2017 年至 2019 年年报解析》，载陈洁主编：《商法界论集（第五卷）》，法律出版社 2020 年版，第 56 页。

在预防、监控和应对市场主体违法方面取得更为理想的监管效果。

2. 个案纠偏向长效长治的转变。传统行政执法强调财产罚的单一归责模式，非财产罚手段仅限于市场禁入、诚信记录等几种。强监管、严执法主要体现在屡创新高的罚没款金额上。证券行政执法和解兼具财产罚和非财产罚措施两方面特征，更强调企业内部合规治理，不仅使相关违法行为人支付高昂罚款，还整顿了公司的内部管理，使受损失投资者获得及时充分赔偿，其他市场参与人、合作伙伴、员工、供应商等利益相关者得到更充分保障，实现惩戒、震慑和警示教育的执法目的。以美国的证券执法和解案例为例，在 Theranos 血液检测公司案中，该公司及其 CEO 在向投资者募集资金过程中，故意夸大公司在科技研发、经营和财务报表等方面的表现。在与美国证监会达成的和解协议中，美国证监会要求公司 CEO 放弃对公司的绝对多数表决权，无偿地将所持超额表决权股份转换为普通表决权股份，并保证其不能在今后的公司股份转让或股份稀释中获益，除非 CEO 向公司其他投资者返还 7.5 亿美元的补偿金。该执法措施有效制止了公司实际控制人滥用其实际控制地位损害投资者利益。[①] 从企业合规角度出发，证券行政执法和解实现了证券执法从一次性纠偏到长效长治的转变。违法企业向监管机构作出有效合规承诺，接受监管机构的持续合规监管，直至满足监管机构的合规要求。在考验期内，监管机构通过派驻合规检察官、提交合规报告、对合规情况进行验收等手段，让企业脱胎换骨成一个依法依规经营的商业组织，使企业发展和市场生态起到长效长治改善。

3. 行政处罚功能的有效替代。证券行政执法和解中，涉案企业交纳高额和解金，证券监管机构就其配合调查、完善合规计划等施加义务，尽管不具有行政处罚的性质，却可以发挥不亚于行政处罚的作用。从企业合规的角度看，证券行政执法和解的生命力在于：其只是避免了企业以“违法者”的名义接受行政处罚，却使企业接受了另一种形式的惩

---

① See Theranos, CEO Holmes, and Former President Balwani Charged With Massive Fraud, SEC Press Release (March 14, 2018), https://www.sec.gov/news/press-release/2018-41.

罚，即通过一系列制度安排，使企业接受了重建合规计划、接受合规监控的补救措施，既防范了企业再次实施违法行为，实现特殊威慑的目的，又通过信息公开对其他企业起到足够警醒，实现一般威慑目的。从证券行政执法和解的惩处效果看，和解金由证券监管机构与涉案企业协商确定，一般无须遵守科处行政罚款的上限规定，因此，可以在有效剥夺违法者违法所得收益的同时，使其付出沉重的金钱代价。同时，行政执法和解具有当事人“认罚悔过”的效果，合规措施的实施迫使涉案企业清除再犯因素，堵塞合规漏洞。此外，一旦企业没有履行和解协议，证券监管机构还保留对其作出行政处罚的权力，实现了行政处罚所无法达到的持续监督效果。

四、监管效用的视角

随着证券行业的创新发展，证券监管机构执法成本越来越高。从监管效用的视角，如果证券监管机构一味追求传统证券执法方式处理违法违规行为，一方面将造成监管资源的过多消耗，另一方面也会使证券行业因得不到及时净化而造成紊乱，危害公共利益。证券行政执法和解能很好地缓释这种压力，其灵活性和弹性执法特点使监管机构和当事人可以及时沟通，通过谈判达成妥协，避免了烦琐的调查程序，既有效解决了执法纠纷，又迅速解决了问题，降低违法违规行为对市场造成的影响。证券行政执法和解是证券监管机构在监管资源有限的情况下，满足日益增多的执法需求的有效方式。从成熟市场实践来看，证券行政执法和解制度已经成为许多国家和地区广泛采用的制度选择和执法模式。如美国、英国、新加坡、德国、巴西等都建立了这一执法模式，我国香港和台湾地区也有专门制度。英国、美国的绝大多数证券违法案件更是以这种方式结案，即使在 2008 年国际金融危机之后，SEC 加大对证券违法案件查处，证券执法和解依然是占据主导地位的执法方式。可以说，证券行政执法和解体现出丰富的证券监管效用价值，充分且灵活运用了证券监管的绝对性与相对性两种惩处手段。

（一）证券监管执法的主要效用目标

1. 恢复被扭曲的市场秩序。证券监管执法通过查处违法行为，运用监管者手中的公权力恢复被扭曲的市场秩序，实现市场公正、有效和透明的证券监管目标。证券监管执法、证券民事诉讼和刑事追责是追究违法违规行为的三种不同手段。首先，相比证券民事诉讼，证券监管执法者的执法动机和能力更强，通常也拥有更雄厚的执法资源支撑。特别是面对上市公司、证券公司等大型违法主体，很难指望在人力、物力和信息都处于劣势的受损投资者，能通过证券民事诉讼这一自力救济方式达到有效惩处违法行为人目的。其次，相比刑事责任追究，证券监管执法能更主动灵活行事，综合采取申诫罚、资格罚、行为罚和财产罚等方式，运用自由裁量权对具体证券违法行为进行有效打击，避免了刑事制裁程序的冗长烦琐，以及因违法追究的刑事化而对证券市场活力造成损害。证券监管执法的这种行政主动性、灵活性特点，使其成为惩戒违法者，恢复被扭曲的市场秩序的重要途径。①

2. 提供安全的交易环境。证券监管执法的另一个重要作用体现在威慑性、预防性上，即防止违法者再犯，给予潜在违法者足够警醒，教育市场各方自觉守法，为投资者提供安全的交易环境。证券监管执法的短期目标是惩戒违法者，恢复被扭曲的市场秩序，长期目标是发挥执法的预防违法功能，实现市场生态的本质改善。证券监管机构不应只是一个惩戒机构，还应当是一个“具有远见的、救济性的、具有预防功能的执行机构”。② 实现证券监管执法的有效震慑，一是要突出重点，发挥执法的最大化效益；二是保持足够的执法张力，松弛有度，不枉不纵。前者指执法者要在有限执法资源限制下，选择最能发挥执法威慑力的执法策

---

① 洪艳蓉：《证券执法的制度价值及其实现——来自美国的经验借鉴》，载《北大法律评论》第 17 卷，北京大学出版社 2016 年版，第 147 页。

② See Report on the Current Enforcement Program of the Securities and Exchange Commission, U. S. Chamber of Commerce (March 2006), https: //www. uschamber. com/report-current-enforcement-program-securities-and-exchange-commission.

略，有的放矢地开展执法行动，避免陷入“一对一”围堵违法者的“猫捉老鼠”游戏。后者指证券执法不能一味追求严厉制裁，要着重市场的长期稳定和安全。一时的“严刑峻法”固然可以大快人心，但如果执法的精确度不足、不能达到市场标本兼治效果，违法者依旧屡罚屡犯，最终也会使投资者丧失信心。

3. 补偿受损投资者损失。补偿投资者损失也是证券监管执法追求的重要目标。传统证券执法主要是单向度的制裁，补偿投资者损失不属于证券执法的服务功能，罚没款所得一般直接上缴国库。受损投资者只能依靠证券民事诉讼这一私力救济方式获得补偿，同时也产生了证券执法“与民争利”的情形。[①] 随着证券执法补偿投资者损失的价值被认识和重视，近来各国证券监管者都开始重新建立执法与投资者之间的直接联系，赋予证券执法以补偿投资者损失的制度价值，较为典型的是美国的公平基金制度。公平基金制度直接将证券执法所获得的罚没款直接用于受损投资者补偿，通过公权力的手段协助投资者损害补偿目的的实现。这一做法既能化解证券行政执法与证券民事诉讼之间的争利冲突，实现公共利益与私人利益之间的统筹监管，又能实质性地实现投资者保护目的，使证券监管执法获得更加充分的正当性。

（二）证券行政执法和解的证券监管效用价值证成

1. 基于法益修复与补偿的分析。证券行政执法和解作为新型的证券监管执法方式，能够平衡好公正与效率的关系，达到矫正市场失灵的效果。

一是证券行政执法和解体现了法益修复的理念。和解当事人在自愿交纳和解金的前提下，积极配合，补救挽损，在一定程度上修复了因证券违法行为破坏的法益。同时，在达成证券行政执法和解过程中，当事人通过加强内部控制、展开整改等合规措施，推动相对人针对管理漏洞

① 陈洁：《证券民事赔偿责任优先原则的实现机制》，载《证券市场导报》2017 年第 6 期。

和制度隐患进行整改，完成了法益损害的补救和修复。[①] 证券违法在本质上也是一种民事侵权，证券行政执法和解督促侵权人实现“恢复原状”和“赔偿损失”。

二是证券行政执法和解是一种相对高效的补偿投资者损失方式。证券民事诉讼是投资者获得补偿救济的主要渠道，但受限于证券民事诉讼救济本身存在的取证难、耗时久、程序复杂、“集体行动困境”等固有难题，投资者获偿效果并不理想。[②] 同时，我国证券民事诉讼又存在受案范围过窄、举证要求严格、审判能力不足、独立性缺乏等突出问题。投资者在诉讼中需要“过关斩将”，包括立案关、审理关、判决关、执行关等，即使赢得诉讼，也要付出高昂律师费用，得到的赔偿未必能填补遭受的损失，因而严重影响了追偿的积极性。[③] 而在证券行政执法和解中，交纳和解金、赔偿有关投资者损失是证券监管机构同意相对人和解申请，据此中止调查，并最终终止调查的前提。证券行政执法和解通过公权力的运用让受损投资者得到补偿，对投资者来说无疑是更为便捷、成本更低的损害补偿方式。

2. 基于执法惩戒与震慑的分析。证券行政执法和解面临的一项批评是，证券监管机构对证券违法行为人网开一面，以达成和解协议的方式代替作出行政处罚，难以发挥行政执法所应发挥的威慑功能，有放纵违法之嫌。事实上，证券行政执法和解通过纠正当事人违法行为，赔偿投资者损失，消除不良影响，落实合规整改等方式发挥了行政执法所固有的惩罚和威慑功能，甚至在惩罚和威慑功能的发挥方面还具有更为理想的效果。

第一，从惩罚功能看，证券监管机构与涉案当事人协商确定的和解金数额即是当事人因涉案行为所支付的代价，其中包括惩罚性金额、没

① 陈瑞华：《论企业合规在行政监管机制中的地位》，载《上海政法学院学报（法治论丛）》2021 年第 7 期。

② 黄辉、黄江东、李海龙等：《证券民事赔偿责任优先的法理逻辑与实现路径》，载郭文英主编：《投资者（第 6 辑）》，法律出版社 2019 年版，第 48 – 50 页。

③ 同②。

收的违法所得，也包括向被害方支付的赔偿金以及向证券监管部门支付的调查费用。从近年来 SEC 的证券执法和解经验看，和解金金额已动辄高达数千万美元，超过 1 亿美元的案件也已十分常见。沃尔玛公司和解案是 2019 年当事人交纳和解金额最大的案件。该案中，沃尔玛公司向 SEC 交纳了 1.44 亿美元和解金。同时，在由美国司法部提起的刑事指控中，沃尔玛公司另外支付了 1.38 亿美元刑事和解金。[①] 这种高额和解金在很大程度上可以发挥“剥夺违法者违法所得”的效果，甚至还会使和解当事人承受远远超过其违法所得的经济代价，使当事人失去了再犯的动机和能力。

第二，从威慑功能看，首先，证券行政执法和解使涉案当事人付出天文数字的和解金代价，这对于潜在违法者来说足以发挥威慑效果。其次，和解执法文书的发布，无疑是对当事人行为的宣告和谴责，降低了企业的声誉和评价。最后，当事人通过履行和解协议规定的纠正违法行为、赔偿受害人、制订并实施整改计划、接受证券监管机构的合规督查等义务，最终获得了证券监管机构终止调查的“奖励”，这将激励其他被调查当事人主动配合调查、纠错挽损，争取获得证券行政执法和解的机会。证券行政执法和解能起到预防、识别和应对证券违法行为的巨大作用。

3. 基于监管成本与收益的分析。按照新制度经济学的观点，制度的作用在于减少交易费用，提升资源配置效率。追求证券监管效益的最大化，应尽可能降低证券监管成本，同时提高证券监管绩效，避免证券监管边际成本超过边际收益。[②] 证券监管的有效性相对于其成本而言，证券行政执法和解有助于减少证券市场的监管执法成本，增加证券监管收益。

从减少成本角度看，若证券监管机构要将所有的违法者一网打尽，无疑将陷入疲于奔命、效率低下的执法困境。随着证券市场的纵深发展，

---

① 高振翔、陈洁：《美国证券执法和解制度镜鉴》，载《证券市场导报》2020 年第 10 期。

② 宋功德：《证券执法和解机制》，载《甘肃行政学院院报》2010 年第 3 期。

违法行为复杂多变且不易察觉，若执法者执意将其一一绳之以法，很可能无功而返，甚至损害执法权威。即便执法者能识别所有违法行为，其有限的执法资源也无法保证其能妥善处置所有的违法行为。证券行政执法和解通过平等磋商就和解协议内容自愿形成合意，减少了传统行政执法方式的强制性、对抗性。在和解协议中，证券监管机构作出停止调查并附条件终止调查的承诺，而被监管对象通常也要作出纠正违法行为、交纳和解金、补偿投资者、落实整改措施等义务的承诺。证券行政执法和解不但减少了证券监管机构在证券监管中须支付的巨额行政调查、强制执行和应诉成本，还减少了被监管对象为此须支付的应对调查、规避处罚、提起复议诉讼等权利救济成本，以及弥补因行政处罚而受损的企业声誉和形象成本。[①] 可以说，证券行政执法和解为证券监管机构高效运用执法资源，将有限监管资源投入最能实现证券监管目标的大要案查处中，提供了一种资源优化配置的有效策略。

从提高收益角度看，证券行政执法和解从三个方面提高了证券执法绩效。

一是提高了证券执法的认同度、可接受度，保证了证券执法的社会效果。证券行政执法和解为涉案当事人开辟了一条积极参与执法、主动弥补过失、免于承担法定责任的渠道，是一项能够妥善处理监管机构与监管对象关系，充分尊重并保护监管对象合法权益的执法制度。证券监管机构与监管对象基于协商谈判，就后者涉嫌的证券违法行为达成共识意见，通过签订和解协议的方式终结案件，有助于维持证券市场和谐稳定关系，促使监管对象自觉履行执法裁决，避免证券监管机构陷入无休止的执法争端而耗费大量执法资源。

二是避免了僵化的行政要求而造成的行政专横，有助于提高执法决定的灵活性和针对性。传统证券监管呈现封闭性、单向度、强制性等典型特征，“对着合法性的标杆，证券监管对象的行为要么违法、要么合

① 宋功德：《证券执法和解机制》，载《甘肃行政学院院报》2010 年第 3 期。

法，非此即彼。”[①] 然而，证券监管复杂性导致了并非所有案件都能查个“水落石出”，即便能查个“水落石出”，证券监管机构也须付出不菲的执法代价。从这个意义上来说，证券行政执法和解聚焦行政处罚等传统监管方式所无力解决的执法难题，体现出证券监管的主动性和能动性，同时基于协商形成双方认可的执法结果，避免行政专横。

三是有助于保护投资者的合法权益。如前文所述，证券行政执法和解通过和解金直接补偿投资者损失的方式，比投资者通过证券民事诉讼获偿来得更为直接，与诉讼机制相比，证券行政执法和解是一种更高效的投资者获偿机制。

第四节 证券行政执法和解的制度构造

证券行政执法和解制度的具体运作包括和解条件、主体、权限、程序、结果、监督、纠纷化解等方面。为保证证券行政执法和解行为的可预期性，证券立法者和监管者需要事先确定和解的基本流程，构建一套证券监管机构与被监管对象双方交涉并形成合意的法律过程。

一、和解适用条件

证券监管机构运用证券行政执法和解手段解决执法争端，必须满足一定的适用条件。证券行政执法和解在实践中应用的深度和广度，一定程度上取决其适用条件规定的宽窄程度。

（一）和解适用条件的规定方式

一是立法者明确规定证券行政执法和解的适用条件，即立法者事先明确规定了可以适用证券行政执法和解的积极条件以及禁止适用的消极条件。规定积极条件的优点是便于证券监管机构以及和解当事人从形式

---

① 宋功德：《证券执法和解机制》，载《甘肃行政学院院报》2010 年第 3 期。

上辨识和掌握适用条件，有利于双方积极通过和解制度结束行政执法程序，缺点在于如果积极条件规定过细、要求过于严苛，则难以回应复杂多变的执法情形，实践中可能较少有完全符合和解适用条件的案件。消极条件的目的是通过划定“负面清单”情形，确保和解制度适用的规范性。优点在于使和解制度适用条件进一步具体和明确，缺点则在于受积极条件与消极条件的“双重挤压”，适用和解制度的空间更小。

二是授权证券监管机构裁量适用条件，即立法上既没有规定证券行政执法和解的积极条件，也没有规定消极条件，而是通过立法授权的方式由证券监管机构自由裁量是否适用和解制度。该模式的优点在于没有了条条框框的限制，有助于充分发挥和解制度功效，缺点在于该模式下，证券监管机构拥有的自由裁量权过大，容易引发道德风险。在实践中，采取授权模式的国家或地区都会总结出较为明确的判断个案和解因素。

（二）和解适用条件的规定内容

按照行政主体对行政职权的自由裁量处分程度不同划分，当前理论形成了“限缩说”和“扩大说”两种不同观点。

“限缩说”又称“限定条件和解”，认为证券行政执法和解的适用范围应当限制在行政机关对相对人的涉嫌违法行为已经依职权开展调查，且行政处罚所依据的事实或法律关系不能确定或非经重大支出不能确定的情形。证券行政执法和解是在不确定状态下适用的一种结案机制。按照职权法定和依法行政原则，证券监管机构开展行政执法和解必须建立在行政调查基础上，只有事实或法律关系满足不确定或非经重大支出不能确定的程度，才能适用和解制度结案。按照“限缩说”的旨意，证券行政执法和解是“两难”困境下的执法选择：要么因为事实不清、证据不足不作出行政决定，要么作出有争议的行政决定，无论何种方式，都不能取得令人满意的执法结果，唯有通过证券行政执法和解缓解证券监管机构的执法尴尬局面。

“扩大说”又称“宽松条件和解”，认为证券监管机构对包括行政处罚权在内的行政职权具有处分权，即对作为与不作为、行政方式、处罚种类和幅度都有自由选择的余地。证券行政执法和解的范围不应局限于“事实或法律关系不明”，而应保持开放性，在事实或法律关系明确的案件中适用行政执法和解同样可以实现执法效率提高、执法资源节约和公共利益维护。同时，证券监管机构的“职权处分权”受到合法性原则、比例原则的约束和法律的严格限制，证券行政执法和解的运行应当遵循自愿原则，且不能违反公共利益。

“限缩说”将行政执法和解的适用范围限制在“情况难查”和“经过必要调查程序”的有限情形，最大限度缩小了证券监管机构与被监管对象之间“讨价还价”的余地，避免出现行政执法和解泛化和被滥用问题，具有一定合理性，但也限缩了证券行政执法和解制度的适用空间。“扩大说”摆脱了行政执法和解适用的限定条件，有利于和解制度在更大范围内得到适用并发挥作用。事实上，在许多已经查明情况的案件中，依旧存在制约执法效率的因素，利用和解机制，当事人将更愿意积极赔偿、自查自纠、努力补救，实现良好执法后果。但“扩大说”客观上也带来了证券监管机构简单执法，通过达成和解协议逃避严肃执法，甚至滥用和解制度以权谋私的隐忧。实践中，《行政和解试点实施办法》采取了“限缩说”观点，导致和解实践极少，难以落地。而为了突破和解困境，《证券法》及《证券期货行政执法当事人承诺制度实施办法》移除了和解制度适用的前提条件，允许所有当事人在案件调查期间申请适用和解制度。

此外，证券行政执法和解是否需要和解当事人承认违法也是准入机制中的关键内容。证券行政执法和解不同于行政处罚，行政处罚基于确凿的事实认定和证据情况，对当事人的违法责任进行明确认定，但证券行政执法和解则允许当事人在不承认违法责任的前提下达成和解协议。从立法例看，存在“既不承认也不否认违法指控”和“承认违法指控和责任”两种模式。允许不承认违法责任的模式有利于鼓励证券行政执法和解的适用，承认违法责任的模式有利于增强证券监管机构的执法权威并获得社会公众的认可和接受。从《证券法》《证券期货行政执法当事人承诺制度实施办法》《证券期货行政执法当事人承诺制度实施规定》等立法规定看，我国行政执法和解制度采用了当事人无须承认违法模式。

二、和解程序规范

证券行政执法和解的基本程序既要保障当事人的程序权利和利害关系人的程序利益，又要确保证券监管机构执法权行使的程序规范。在程序法治视角下，证券行政执法和解要构建公开、公正和有效参与的程序制度，保障当事人在和解申请、沟通协商和最终达成和解协议中的程序权利。[①] 和解制度的程序通常包括以下内容。

（一）和解申请提出

证券行政执法和解是证券监管机构根据相对一方当事人的申请而启动的机制。事实上，提起和解制度适用申请可能发生在两个阶段：一是执法调查阶段，即证券监管机构发现违法违规线索依法启动行政调查程序之后，至行政处理程序作出之前，中间包括立案调查环节、事先告知环节、听证申辩环节等；二是行政决定的争议解决阶段，即申请适用和解制度发生在行政决定的复议或诉讼过程中，和解协议的达成通常需要证券监管机构撤销原行政处理决定。后者属于行政复议和解和行政诉讼和解范畴，不在行政执法和解的讨论范围内。当事人申请适用证券行政执法和解，应当对每一和解事项作出明确意思表示，包括但不限于是否同意纠正涉嫌违法行为、交纳和解金以及其他悔过及整改内容。与此同时，程序参与须以知悉为前提，证券监管机构有必要通过恰当方式告知当事人申请适用和解制度权利。

（二）和解申请受理

当事人提出和解适用申请，证券监管机构依法对当事人是否符合和

---

① 王由海：《论行政和解制度的规范构建——基于行政过程论视角的分析》，载《河南财经政法大学学报》2021 年第 4 期。

解制度的适用条件进行自由裁量，对申请人涉嫌违法行为的基本情况、社会危害，承诺事项履行可能性，达成和解协议对利害关系人及社会公众的影响进行综合判断。如果证券监管机构不受理申请，将继续进行行政调查；如果受理申请，则暂停行政调查和行政处理程序，进入磋商阶段。在受理申请环节，证券监管机构需要判断案件承办人员是否需要回避。回避制度源于避免偏私，体现着程序中立性的价值，在行政活动中，有必要使经办行政执法和解的人员与案件调查人员、案件当事人相分离，避免影响后续和解制度运行的公平性。

（三）和解内容磋商

和解内容磋商是证券监管主体与当事人博弈的过程，双方通常会就涉案事实、证据进行多次讨论，对当事人的具体承诺讨价还价。证券监管机构在磋商过程中反复衡量利益，寻求证券行政执法和解的监管成本、社会成本与法律效果、社会效果间最优平衡。当事人也会在达成和解协议所需要付出的经济代价、合规代价和证券监管机构继续调查所可能承担的法律后果间进行权衡，只有当适用和解制度对当事人的影响更轻，当事人才有动力与证券监管机构达成和解协议，并履行和解义务。和解磋商应当在法律框架内，基于自愿、真实、平等基础开展，不能出现不合理、不合法的磋商内容。

此外，考虑到行政执法和解行为具有极强的参与性与沟通性，和解磋商既要保障证券监管机构和当事人之间有足够合意空间，又要保证受损投资者的利益诉求能够得到恰当反映。证券监管机构作为受损投资者的代理人参与和解磋商，目的在于促使双方达成投资者利益保护的安排，但证券监管机构能否代表投资者为达成和解协议作出让渡自身权益的决策，存在疑问。为避免证券监管机构在和解制度中可能出现的道德风险，有必要保障受损投资者等利害关系人通过听证、投资者会议等方式参与行政执法和解程序，通过告知等方式让证监会知晓投资者的主要诉求，并在和解磋商中尽最大程度维护投资者的利益。广泛的公众参与也能强化证券行政执法和解制度的正当性。

（四）和解协议达成

和解协议属于行政契约的一种。作为一种双方行为，证券监管机构与当事人在平等磋商基础上就和解内容自愿形成合意，一方不能强迫另一方接受和解内容。和解协议是证券行政执法和解的载体和成果，书面协议的达成有助于确保和解内容的确定性和可预期性。[①] 双方缔结书面和解协议，有助于将磋商内容及双方权利义务予以固化。通常来说，和解协议一经订立即生效，如果法律规定协议还须经司法机构或上级行政机构批准，和解协议自批准之日起生效。和解协议的效力包括中止行政调查、替代行政处理决定等，和解协议对双方都产生效力，非经法定事由不得随意变更。作为一项执法决定，证券监管机构所作的证券行政执法和解决定，具有行政行为的法律效力，包括公定力、确定力、拘束力等。[②]

（五）和解结果公布

公开是现代行政的基本要求，也是实现依法行政和限制公权力滥用的重要手段。证券行政执法和解作为一项行政决定，要符合政府信息公开要求。因此，和解信息不涉及国家秘密、商业秘密、个人隐私等事项，应当依法予以公开，自觉接受社会和公众监督。和解的透明度也有利于促进相关第三人主张权益。另外，证券行政执法和解作为契约行为，过度公开将会降低当事人寻求行政执法和解的积极性，也与意思自治的契约属性不符，证券行政执法和解在信息公开的程度、内容、时点和方式与其他证券行政执法决定存在不同。证券行政执法和解的信息公开与保密界限确定是一个复杂问题，需要结合本国证券监管环境、法律制度等实际情况进行综合裁量，在“以公开为原则，不公开为例外”的政府信息公开制度框架下，弥合证券行政执法和解的保密性需求。

---

① 目前，也有研究认为证券行政执法和解的载体不限于协议，证券监管机构可以通过行政处罚等决定文书吸收合意方式，与当事人达成和解协议。参见陈建伟：《证券期货行政和解：要素解构与制度重塑——兼评〈证券期货行政和解实施办法（征求意见稿）〉》，载谢庚、徐明主编：《多层次资本市场研究（第 6 辑）》，中国金融出版社 2020 年版，第 85 页。

② 宋功德：《证券执法和解机制》，载《甘肃行政学院院报》2010 年第 3 期。

三、和解义务履行

和解协议的义务履行是证券行政执法和解发挥其及时补偿投资者损失、修复市场秩序、缓解执法冲突、实现公共利益维护效果的重要环节。和解义务的履行质量决定了证券行政执法和解制度所能发挥的功效。

(一) 和解义务的履行方式

和解协议是证券监管机构与和解当事人意思表示一致达成的行政契约，具有法律上的执行力。和解协议的履行包括自行履行和监督履行两种不同的履行方式。

自行履行是指证券监管机构与和解当事人双方自觉、主动履行和解协议所规定的义务，以实现和解协议所确定的目标。和解当事人按照协议约定的义务交纳和解金、纠正涉嫌违法行为、赔偿有关投资者损失、消除不良影响。证券监管机构按照协议约定及时中止调查，并在和解当事人履行和解义务后及时终止调查。

监督履行分为对当事人的监督履行和对证券监管机构的监督履行两个方面。对当事人的监督履行是指在证券监管机构或第三方监督下，当事人按照和解协议约定的履行方式、履行内容、履行时间履行和解义务，并将履行情况向监督机构报告，由监督机关最终验收的履行方式。在该履行模式下，证券监管机构或第三方机构将指派专门人员监督当事人履行和解义务，当事人需要定期提交和解义务履行的进展报告。经监督机构验收通过后，当事人的和解义务才算履行完毕。而对证券监管机构的履行监督则主要体现在当事人提起诉讼救济方面，如果证券监管机构无正当理由不履行和解协议，当事人可通过诉讼手段维护其合法权益。

与行政机关单方行政行为不同，和解协议一般不存在强制执行。强制执行指的是行政相对人不履行行政机关行政决定时，行政机关所采取的救济方式。从性质看，和解协议基于双方共同的意思表示成立，具有私法上的合意性，不具有公法上的强制性，不能直接作为行政强制执行的根据。从我国《行政强制法》第二条、《行政诉讼法》第九十五条等立法规定看，强制执行对象主要是行政主体单方意思表示作出的行政决定，而非经行政主体与当事人协商沟通最终达成的和解协议。因此，若当事人不履行和解协议，证券监管机构不得强制执行，应当依法终止证券行政执法和解程序，恢复调查执法。

（二）和解义务不履行后果

和解协议达成后，一方当事人不履行或不完全履行协议规定义务，将产生责任承担问题。证券监管机构和当事人的行为均可能导致和解协议的不履行或不完全履行。

1. 当事人不履行。当事人不履行分为因自身过错不履行和非因自身过错不履行两种情形。如果当事人非因自身过错不履行，并不当然导致行政执法和解程序终止。从保障当事人利益和公平原则角度看，证券监管机构理应对当事人的履行期限予以宽限，或在客观上已无法履行的情况下与当事人协商修订协议条款。如果当事人不履行系因自身过错，则需承担和解失败的相应法律后果。

（1）没收和解金。证券监管机构发现当事人所提供的和解申请材料有虚假记载、重大遗漏等情形的，将终止证券行政执法和解程序并重新启动案件调查、审理，当事人根据和解协议交纳的和解金将不予返还。和解金不予返还制度是证券监管机构对当事人违反诚实信用的制裁。从契约法的角度看，在契约达成过程中，合意双方都有义务提供真实、准确信息的义务，当事人向证券监管机构提供有虚假记载或者重大遗漏的申请材料，无疑属于违反先合同义务的缔约过失行为，应当承担缔约过失责任。[①] 证券监管机构不予返还和解金，相当于把和解金等同于过错方向无过错方支付的赔偿金。但需要指出的是，证券监管机构直接没收当事人和解金的制度设计不完全符合契约法，这是因为缔约过失行为发

---

① 白云峰：《证券执法和解行政优益权平衡限缩论——对〈行政和解试点实施办法〉“和解终止条款”的反思》，载黄红元、卢文道主编：《证券法苑（第二十三卷）》，法律出版社 2017 年版，第 134－136 页。

生后一般要先进行定损，过错方再根据损失进行赔偿，而非直接没收过错方交纳的协议价款。但从公共利益角度并结合行政执法和解的行政法属性，不予返还和解金具有以下合理性。

一是赋予了和解金担保当事人遵纪守法、诚实守信的“押金”功能，当事人为骗取证券监管机构信任以达成和解协议，故意提供不实材料，对证券监管执法秩序破坏极大，从保护公共利益的角度看，有必要加重当事人责任以形成震慑。

二是和解金具有行政属性，和解金是当事人从事涉嫌违法行为的经济代价，体现惩处功能。证券行政执法和解是证券行政执法的一种手段，交纳和解金是当事人承担行政责任的一部分。证券监管机构有权依法对当事人交纳的和解金进行处置。

（2）重启行政调查。当事人不履行和解协议将导致和解失败，证券监管机构将继续履行法定监管执法职责，恢复案件的调查、审理程序，对当事人涉嫌违法行为重新进行法律评价，并作出最终的行政处理决定。重启调查程序应当按照法定程序进行，并注意当事人合法权益的保障。特别是当事人在和解程序中的自认、承诺等，证券监管机构不得作为行政处罚的证据。在和解程序中，当事人基于对证券监管机构的信赖，向证券监管机构提供以促成和解协议的事实、证据。若证券监管机构重启行政调查后，将该等事实和证据用于当事人的定责量罚，无疑是对当事人信赖利益的严重侵害，打击了当事人寻求适用和解制度适用的积极性。因此，从保护当事人权益角度出发，证券监管机构在和解程序中从当事人提交材料及供述处掌握了对其不利的证据，应当不予使用。

2. 证券监管机构不履行。证券监管机构同样可能存在不按约定履行和解协议的情形。如协议达成后，证券监管机构本应中止调查却没有中止，或当事人履行完和解协议之后，证券监管机构应该终止调查却没有终止。证券监管机构及其执法人员不履行和解协议，可能需要承担以下两种责任。

一是作为行政机关公职人员的违纪违法责任。证券监管机构工作人员违反程序实施证券行政执法和解，或者滥用职权、玩忽职守，在和解程序中利用职务便利谋取不正当利益，又或者泄露所知悉的有关单位或者个人的秘密，证券监管机构应当给予其行政处分，构成犯罪的，还要依法追究刑事责任。

二是作为和解协议缔约方的不履行责任，主要体现为对当事人的经济补偿。证券监管机构不履行和解协议的责任要基于当事人是否存在过错进行分析。证券监管机构基于当事人的过错依法终止和解制度适用，在实体上和程序上均具有正当性，不构成对和解协议的违反行为。如果当事人不存在过错，证券监管机构因自身过错原因不履行和解协议，需要承担违约责任。若证券监管机构系基于法定理由、公共利益需要不履行和解协议，且当事人不存在过错，则需基于公平原则承担补偿责任。总而言之，无论证券监管机构是否存在过错，非因当事人原因导致的和解制度终止适用，均构成了对当事人信赖利益的侵害，从权利义务平衡的角度，证券监管机构均应给予当事人基于损失的物质补偿。

四、和解救济渠道

证券行政执法和解的双方当事人可能会因和解协议的订立、变更、终止等问题发生争议。化解和处理这些纠纷是确保证券行政执法和解制度顺畅运行的关键。

（一）证券监管机构救济：行政优先权

行政优先权是指行政主体对行政相对人拥有的主导权。[①] 行政优先权具有行政主体单方享有、由严格实体法和程序法进行控制、主要体现为形成权等特征。[②] 证券监管机构采取公法制裁还是私法契约手段进行治理，其根本目的在于维护证券监管秩序和确保公共利益实现，赋予证券监管机构在证券行政执法和解过程中的一定主导权，无疑有助于确保

① 罗豪才：《行政法学》，北京大学出版社 1996 年版，第 54 页。

② 张树义：《行政法与行政诉讼法》，高等教育出版社 2004 年版，第 127－128 页。

和解协议的履行。在证券行政执法和解中，证券监管机构的行政优先权体现在以公权力主体身份单方面享有的强制性权力，主要体现在以下四个方面。

一是监督指导权。作为公共利益的维护者、判断者和裁量者，证券监管机构享有监督、指导当事人达成、履行和解协议的权利，即对于当事人如何签订、履行和解协议履行监督管理责任。证券监管机构与当事人达成和解协议，仅产生中止行政调查程序效果，只有待当事人的和解义务履行完毕，行政调查程序才得以终结，和解协议自达成到履行完毕的过程，受到证券监管机构的监督指导。证券监管机构监督指导权的运用，有助于指导、监督以及督促当事人全面履行和解协议，实现证券行政执法和解的制度效果和公共利益保护。

二是单方变更权。单方变更权是指和解协议达成后履行完毕前，证券监管机构基于公共利益或者其他情况出现，以单方意思表示的形式变更协议内容的权利。尽管和解协议基于合意达成，对双方当事人均产生拘束力和确定力，任何一方不得随意变更协议内容，但为保护公共利益之需，有必要赋予证券监管机构特定情形下的单方变更权，如证券监管机构基于审慎监管原则认为有必要变更和解协议内容的。这种单方变更权行使应受到严格限制，在法律法规规定的范围内谨慎行使。

三是单方终止权。在证券行政执法和解中，证券监管机构除作为与申请人达成和解协议的一方当事人外，还是监管者和执法者。这就要求证券监管者对当事人达成、履行和解协议的情况进行监督，当符合一定条件时，证券监管机构有权终止和解制度适用、解除和解协议。如和解协议达成后、履行完毕前，证券监管机构发现当事人提供的申请材料有虚假记载或者重大遗漏等情形，终止适用和解制度。

四是单方制裁权。单方制裁权是指当事人在达成和履行和解协议过程中，存在过错导致或可能导致公共利益受损，证券监管机构可以依法动用行政优先权对当事人予以惩处。在民事合同中，一方在缔约过程中违反诚实信用存在缔约过错，或者在履约过程中不履行或者存在其他履行过程，另一方可以主张承担缔约过失或者违约责任。考虑和解协议具有公法属性，仅通过缔约过失或者违约责任的追究可能无法实现公共利益保护，有必要赋予证券监管机构额外的必要制裁手段。如当事人不履行和解协议，导致协议无效，证券监管机构重新恢复调查、审理程序。又如证券监管机构向当事人出具终止调查决定书后，发现当事人存在所提供的申请材料有虚假记载或重大遗漏等情形，重新启动案件调查、审理程序，当事人已交纳的和解金不予返还。

尽管基于证券行政执法和解的公益性和达成监管目标的需要，证券监管机构应当具有行政优先权，但如果仅强调行政主体的特权，将破坏和解制度的平等协商的本质，不利于当事人利益保护。证券监管机构优先权的行使有必要平衡当事人利益，保障其救济性权利。

一是告知及说明理由。证券监管机构行使行政优先权，势必对当事人造成权益损害，证券监管机构有必要及时告知当事人，并向其说明理由。

二是陈述申辩。执法机关作出损益行政行为之时或之后听取相对人陈述申辩以及告知其申诉权，是现代法治的基本原则。[①] 证券监管机构行使行政优先权，也应当及时听取申请人陈述及申述意见。

三是诉权等程序保障权。在程序上，行政优先权并不体现为拥有超越司法的最终认定权，基于个体权益保障的原则，行政优先权行使后应当给予当事人司法上最终的程序保障权。

四是获取经济补偿权。如果行政优先权在实体上和程序上都具有正当性，应当赋予当事人获取经济补偿的权利。在契约法上，行政优先权的行使本质上是一种违约行为，但法律将这一行为性质予以合法化，此时的解决方案应是给予当事人一定的物质补偿，以达到证券监管机构与当事人之间权利义务的平衡填补。

（二）当事人救济：和解协议的可诉性

一般来说，当事人对行政执法决定的救济渠道，既包括异议、复议

---

① 王贵松：《论行政裁量理由的说明》，载《现代法学》2016年第5期。

等行政机关内部救济，也包括外部行政诉讼救济。

行政复议方面，我国《中华人民共和国行政复议法》（以下简称《行政复议法》）未将和解协议排除在复议受理范围之外，[①] 但行政机关对此却持否定态度。《中国证券监督管理委员会行政复议办法》（2010 年 5 月 4 日证监会令第 67 号）第八条明确规定，由中国证监会或其派出机构作出的行政和解行为不属于行政复议的申请范围。国务院法制办公室《交通运输部关于特殊政府特许经营协议等引起的行政协议争议是否属于行政复议受理范围的函》指出，“政府特许经营协议等协议争议不属于《中华人民共和国行政复议法》第六条规定的行政复议受案范围。”尽管《证券期货行政和解实施办法（征求意见稿）》第二十条曾规定“中国证监会无正当理由不履行行政和解协议的”，当事人有权提起行政复议，但最终出台的《证券期货行政执法当事人承诺制度实施办法》及《证券期货行政执法当事人承诺制度实施规定》却删除了这一规定。目前，对证券行政执法和解的行政复议依据尚不明晰。考虑行政复议是行政机关内部的一项重要自我纠错机制，从丰富当事人救济渠道，强化对证券监管机构实施证券行政执法和解制度监督的角度，有必要在相关法规中明确将证券行政执法和解纳入行政复议范围。

在行政诉讼方面，法院是监督公权力运行、维护公共利益和保护公民权利的最后一道“防线”，证券行政执法和解应当坚持司法最终审查的原则。但遗憾的是，《证券期货行政执法当事人承诺制度实施办法》和《证券期货行政执法当事人承诺制度实施规定》均未规定当事人享有对和解协议提起行政诉讼的权利。

第一，和解协议属于行政协议的种类之一，具有可诉性。《最高人民法院关于审理行政协议案件若干问题的规定》（法释〔2019〕17 号）明确了行政协议是行政诉讼的受案范围。行政协议是行政机关为了实现行政管

---

① 《行政复议法》第六条仅明确将“农业承包合同”这一类行政合同纳入行政复议范围。该条兜底条款规定，公民、法人或者其他组织认为行政机关的其他具体行政行为侵犯其合法权益的，均可申请行政复议。

理或者公共服务目标，与公民、法人或者其他组织协商订立的具有行政法上权利义务内容的协议。行政协议既包括行政主体与行政相对人订立的关于民事权利义务的协议，如政府采购协议、拆迁补偿协议等，也包括双方订立的关于行政执法和解的协议。和解协议符合行政协议的构成要件。

第二，司法审查是防范公权力滥用的有效手段，也是确保和解协议得到公正履行的权威保障。前已述及，证券监管机构在证券执法和解中享有一定的优先权。行政优先权是凌驾当事人之上的强制性权力，不当行使将会损害当事人的合法权益。行政优先权中证券监管机构单方变更权、单方终止权和单方制裁权的合法性等都需要由司法机关进行监督。此外，证券监管机构不履行和解协议以及其他违反协议的情况，也需要司法机关的介入纠正。在和解程序中，当事人不履行和解协议，证券监管机构基于行政优先权的行使可以对当事人实施制裁，但如果证券监管机构不履行和解协议义务，当事人无法对证券监管机构实施纠正、监督。因此，赋予当事人起诉权，将证券监管机构不履行和解协议纳入司法审查范围，有利于确保当事人的合法权益受到妥善保护。

第三，司法审查可以倒逼证券行政执法和解程序的规范化。证券行政执法和解制度的实施是证券监管机构立足涉嫌违法事实而对涉案当事人是否存在责任，是否承担责任的处理过程，实质是证券监管机构行使行政执法权、履行公权力。司法审查有助于促使证券监管机构更加规范行使执法权。如和解协商规则是否公平、协商过程是否公开、协商各方利益诉求是否得到了充分表达和交涉等，这些程序性问题都可以通过司法审查的介入，倒逼证券行政执法机关予以妥善应对。[①]

第五节 本章小结

遵循从抽象到具体的研究路径，本章对证券行政执法和解的概念特

① 理查德·斯图尔特著，沈岿译：《美国行政法的重构》，北京大学出版社2011年版，第200－202页。

征、制度渊源、价值基础、运行机制等基本理论问题进行了研究。

一、证券行政执法和解的概念特征

证券行政执法和解是证券市场上的一种重要执法机制，涉及证券监管法和行政法两个领域。从证券监管法角度看，证券行政执法和解是国家对证券市场行政执法干预的一种具体手段，用于处理证券监管机构与当事人之间就执法问题产生的监管纠纷。从行政法角度看，证券行政执法和解是一种双向和柔性的行政执法方式，通过当事人自愿承诺及证券监管机构认可实现证券行政监管目的，与传统行政执法方式依据单方意思表示产生效力，具有单向强制力的特征明显不同。从制度特征出发，可将证券行政执法和解界定为，证券监管机构在行政执法过程中，为有效实现证券监管执法目的，与涉嫌违法行为人通过自愿、平等、协商，达成和解协议以代替行政处理决定的一种监管行为。目前，国务院行政法规和证监会部门规章以“证券行政执法当事人承诺”的制度名称代替了“证券行政执法和解”，但这一名称变化无法准确反映该制度的和解本质，也与前期证监会和解试点实践及相关研究存在割裂，无法从根本上起到提升公众认可度的作用。从比较法上看，域外成熟市场大多将这一制度称为“执法和解”或“行政和解”。因此，基于学术研究考虑，本书使用“证券行政执法和解”制度名称。

证券行政执法和解是行政执法和解制度在证券监管执法领域的具体运用。证券行政执法和解具有相对平等性、自愿性、灵活性、合法性、手段多样性等特点，制度定位包括应对证券监管执法的复杂情况、推动证券监管执法目标的全面实现、维持证券市场稳定和谐的治理秩序等。

二、证券行政执法和解的制度渊源

证券行政执法和解制度的兴起和发展，核心是法学界对传统行政监管和“行政权不得处分”理论的重新认识与突破。现代监管法理论弱化了行政监管法律关系中的不对等性关系，使证券行政执法和解制度发展具有了法理空间。证券行政执法和解的理论依据包括机动法治主义理论、行政自由裁量权理论、公私合作治理理论和回应性监管理论等。

在“公法私法化”浪潮下，行政执法和解这一私法争议解决模式逐步运用于西方国家（地区）的环境、能源管制、反垄断等公共执法活动。我国也在小范围试行行政执法和解制度，在反垄断、反倾销和海关知识产权保护等特定专业领域建立起了执法和解的相关制度。行政执法和解在证券监管领域的扩张，其原因包括执法资源的有限性、公众对纠纷解决多样化方式的接受、监管执法机构的非对抗性执法理念的形成等。我国引入证券行政执法和解制度，反映了证券市场的现实需要，得益于立法机关和政府的直接推动，有助于弥补以往证券行政执法手段本身存在的不足。

三、证券行政执法和解的价值基础

证券行政执法和解制度充分且灵活运用了证券监管的绝对性和相对性两种惩处手段，体现出弹性监管、公私合作、创新治理等诸多柔性监管价值，蕴含将企业合规作为监管执法激励的因素，是证券监管者提升监管有效性，实现监管善治的积极探索。从哲学文化的视角，证券行政执法和解体现了美国等西方国家（地区）的实用主义哲学和文化，也与我国传统的“和合文化”相契合。从柔性监管的视角看，证券行政执法和解体现出弹性规制、创新治理、公私合作等诸多柔性监管价值。从企业合规的视角看，证券行政执法和解制度包含着将企业合规作为行政监管激励机制的因素。从证券监管效用的视角，证券行政执法和解是证券执法的一种创新方式，是证券监管者提升监管有效性，实现监管善治的积极探索。

四、证券行政执法和解的制度构造

证券行政执法和解从性质上看属于程序制度，但该程序制度又包括实体和程序两部分内容。适用条件决定了和解制度的运用范围，是实体程序的核心内容。从规定方式看，存在着立法者明确规定适用条件和授权证券监管机构裁量适用条件两种模式。从规定内容看，围绕证券行政执法和解的适用条件是否应当限制在“行政机关对相对人的涉嫌违法行为已经依职权开展调查，且行政处罚所依据的事实或法律关系不能确定或非经重大支出不能确定的情形”，当前理论和实践形成了“限缩说”和“扩大说”两种不同观点。

证券行政执法和解的程序规范包括和解申请、受理、磋商、达成协议、结果公开等环节。和解程序既要保障当事人的程序权利和利害关系人的程序利益，又要确保证券监管机构执法权行使的程序规范。证券行政执法和解要构建公开、公正和有效参与的程序制度，保障当事人在和解适用申请、沟通协商和最终达成和解协议过程中的程序权利。

和解义务的履行是证券行政执法和解发挥其及时补偿投资者损失、修复市场秩序、实现公共利益维护效果的重要环节，履行方式包括自行履行和监督履行，履行主体包括当事人和证券监管机构。当事人因过错不履行的后果包括没收和解金和重启行政调查，证券监管机构因过错不履行的后果包括承担违纪违法责任和支付当事人经济补偿。

和解救济是化解证券行政执法和解双方因和解协议的订立、变更、终止、解除、无效等问题发生争议的渠道。证券监管机构可以通过行使行政优先权实现救济，行政优先权的行使有必要平衡当事人利益，保障其救济性权利。当事人救济则包括行政机关内部复议纠正和外部诉讼两个方面。证券行政执法和解应当坚持司法审查的原则。

第二章　比较法视野下的证券行政执法和解

行政监管活动不仅要求公权力的规范行使，还强调行政灵活性、有效性和成本收益的考量。在域外成熟市场，执法和解是一种普遍运用的执法方式，其兴起源于 ADR 在行政程序中的成功运用。美国率先将行政执法和解制度写入立法。在美国带动下，各国（地区）也都纷纷建立起证券行政执法和解制度，并将这一制度运用于各类证券执法案件处理中。本章考察了以美国、英国、澳大利亚和我国香港地区为代表的英美法系国家（地区）和以德国、我国台湾地区为代表的大陆法系国家（地区）证券行政执法和解制度及其实践，以期为我国相应制度完善和实践优化提供有益经验。

第一节　域外证券行政执法和解的总体情况

一、域外证券行政执法和解的立法概况

从立法轨迹观察，执法和解制度最早出现在美国 1946 年的《联邦行政程序法》（*Federal Administrative Procedure Act*）中。该法第 554（c）条规定，“行政机关应为一切有利害关系的当事人提供机会，使他们在时间、诉讼性质和公共利益允许时，能够提出和考虑和解请求和调整建议；并在当事人不能依协商解决争议时，举行听证并裁决。”1990 年《行政

争议解决法》明确授权和鼓励行政机关广泛运用和解等替代性纠纷解决方式解决行政纠纷，和解成为美国行政程序的重要组成部分。1998 年美国国会通过《替代性纠纷解决法》，这是世界上第一部 ADR 立法，由此也助推了执法和解制度在各行政监管领域的适用。在证券监管领域，SEC 为在证券行政执法领域具体运用和解制度，在其《行为规范》（*Rule of Practice*）和《执法手册》（*Enforcement Manual*）中对证券执法和解的适用条件、步骤程序、和解协议的审查批准、当事人的权利、和解效力、和解与各程序的衔接等作了细化规定。上述国会立法和 SEC 的监管规则构成了目前美国证券行政执法和解的制度体系。

英国证券行政执法和解制度在法律层面并没有直接、明确体现，主要由英国金融服务管理局（Financial Conduct Authority，FCA）在法律授权范围内制定具体规则。《2000 年金融服务与市场法》（*Financial Service and Markets Act* 2000）授予 FCA 广泛权力，其中第 66 条规定若 FCA 认为任何人有违法行为，可以采取罚款等适当处罚措施，并公布该违法行为。根据《2000 年金融服务与市场法》授权，FCA 制定了《手册》（*Handbook*），其中的《决策程序和处罚手册》（*Decision Procedure and Penalties Manual*）和《执法指南》（*Enforcement Guide*）对执法和解的受案范围、提起时间和方式、决策程序、和解类型和和解金额等具体问题进行了规定。英国通过证券监管机构出台规则的形式搭建了证券行政执法和解的制度框架。

澳大利亚将行政执法和解制度称为可执行承诺（Enforcement Undertaking）制度。该制度最早适用于商业贸易、消费者保护等领域。1993 年澳大利亚修改了《1974 年贸易惯例法》（*Trade Practices Act* 1974），引入第 87B 条，在法律层面明确了可执行承诺制度。负责贸易监管的澳大利亚竞争和消费委员会（Australian Competition and Consumer Commission）成为首个运用该执法机制的监管机构。《2001 年澳大利亚证券与投资委员会法》（*Australian Securities and Investments Commission Act* 2001）中的第 93a 及 93AA 条确立了金融监管领域的可执行承诺制度。为更好地让制度落地，提升执法的公开性与透明性，澳大利亚证券与投资委员会（Australian Securities and Investment Commission，ASIC）出台了关于可执行承诺的监管文件，即 ASIC 第 100 号监管指南（Regulatory Guide 100：Enforcement Undertakings）。该指南就可执行承诺适用条件、标准条款、独立专家监督机制以及违约处理等方面作出细化规定。在组织法授权下，澳大利亚证券监管机构通过出台具体规则确立了证券行政执法和解制度。

我国香港地区证券监管工作中运用和解方式处理违法违规案件已有较长时间。在实践基础上，香港证监会基于《证券及期货监管条例》的授权形成了具体的执法和解程序，使执法和解成为一种常规性的执法方式。2003 年修订生效的《证券及期货条例》第 201（3）、（4）条规定，香港证监会可以在实施纪律处分的过程中，与受监管对象达成和解。2004 年，为进一步提高纪律处分程序的透明度，香港证监会印发了《纪律处分程序概览》，明确了纪律处分程序，其中包括就个案达成和解的程序。此外，针对不断收到的诸多有关就个案进行和解的咨询，香港证监会法规执行部于 2005 年发布了《致持牌法团及注册机构的通函——就纪律处分个案达成和解》，解释了证券执法和解的有关问题。2006 年，香港证监会发布《与证监会合作》的指引，明确合作包括就案件与证监会达成和解，体现了证监会鼓励和解、合作的态度。2017 年，香港证监会又分别对《纪律处分程序概览》和《与证监会合作》两份文件作了修订。香港证券行政执法和解制度的法律基础来源于《证券及期货监管条例》。

德国受到英美“公法私法化”浪潮的影响，自 20 世纪七八十年代起开始要求政府从市场中退出，公共治理尽可能由社会自我完成，行政合同、行政指导、行政奖励等非权力行为方式开始被频繁用于处理行政主体与相对人的关系。[①] 1976 年，德国《联邦行政程序法》明确规定行政合同与行政行为具有相同地位，并对公法契约作专章予以规定，行政

---

① 吕林：《行政和解研究》，西南政法大学 2014 年博士学位论文，第 40 页。

机关可以通过缔结和解合同的方式来解决行政纠纷。该法对和解协议的范围、条件、效力和形式等进行了全面规定。近年来，德国联邦金融监管局（BaFin）通过发布监管指引的形式逐步在证券监管领域有限度地适用和解处理执法争议，在税务行政、土地执法等领域，行政执法和解制度已得到广泛运用。①

2001 年我国台湾地区实施的“行政程序法”专章规定了“行政契约”，为行政机关采用行政执法和解方式处理执法争议提供了依据。台湾地区证券行业行政主管机关“行政院金融监督管理委员会”于 2005 年发布“行政院金融监督管理委员会缔结行政和解契约处理原则”，对证券等金融案件适用行政执法和解的主体、范围、程序、效力等问题进行专门规定。

二、域外证券行政执法和解的实践概况

从比较法角度来看，不同国家（地区）的证券行政执法和解实践各异，在适用条件设置宽松的国家（地区），只要能化解执法纠纷、提高执法效率，都可运用行政执法和解方式处理执法纠纷，和解制度得到较好实践发展；而在适用条件设置局限的国家（地区），行政执法和解仅能适用于个别有限情形，和解制度运用受到束缚。总体上，英美法系国家（地区）的证券行政执法和解实践相比大陆法系国家（地区）更为活跃。美国是运用证券执法和解制度处理执法纠纷最为频繁的国家，超过 90% 的证券执法案件经由和解结案，且和解案件公开程度较高，本部分将在比较分析各国（地区）实践的基础上，对美国情况作深入分析。

（一）总体情况

1. 英美法系国家（地区）。SEC 自 1972 年设立执法部后，逐渐将证

① 林明锵：《行政契约》，载翁岳生主编：《行政法》（下），中国法制出版社 2002 年版，第 771－772 页。

券监管的重心转移至证券执法上，通过综合运用民事诉讼、行政裁审以及执法和解等程序，有力打击了违法违规行为。从案件数量看，执法和解程序是美国目前占据主导地位的执法机制，超过90%的证券执法案件经由执法和解结案，一半案件在SEC执法程序启动前就已经达成和解。①

在英国的金融监管中，证券执法和解是一种被广泛运用的执法方式。英国FCA高度重视证券执法和解在节约执法资源、及时补偿投资者、尽快恢复市场秩序等方面的价值，不仅制定了专门和解规则，而且为鼓励当事人尽早和解，建立了罚款折扣计划。根据对FCA官网公布的案件统计，FCA在2018—2019年作出罚款决定的案件共24件，其中19件适用和解程序，占比为79%，取得了良好执法效果。

我国香港证监会早在《证券及期货监管条例》授权其开展执法和解活动以前便存在相关和解实践。自2003年《证券及期货监管条例》修订生效，授予香港证监会执法和解权以来，香港证监会更是积极运用执法和解手段处理各种执法争议。根据香港证监会2005年至2006年年报，该年度内香港证监会与67名当事人达成和解，占所有纪律处分对象数量的68%。②

澳大利亚ASIC并未对证券执法案件中达成可执行承诺的案件比例进行专门统计分析，就可执行承诺案件数量而言，2016年、2017年、2018年分别为23件、23件和20件。③ ASIC希望通过承诺机制，以财产罚和非财产罚相结合的方式，实现对承诺方的制裁以及对受害投资者的补偿。因此，在与承诺方所达成的可执行承诺协议中，往往包含了民事赔偿、返还违法所得、改选公司管理层、改善公司内控制度等内容。可执行承

① SEC委员曾表示，经和解结案的SEC执法案件数量高达98%。（See SEC Commissioner Luis A. Aguilar, A Strong Enforcement Program to Enhance Investor Protection, SEC Speech (October 25, 2013), https://www.sec.gov/news/speech/2013-spch102513laa.）

② 香港《证券及期货事务监察委员会2005—2006年报》，第69页。

③ See Enforceable Undertakings Register, ASIC (August 21, 2021), https://asic.gov.au/online-services/search-asic-s-registers/additional-searches/enforceable-undertakings-register/.

诺制度受到证券市场投资者的普遍欢迎。

2. 大陆法系国家（地区）。德国《有价证券交易法》《证券收购和兼并法》等证券监管立法并未对证券行政执法和解制度进行专门规定。根据 BaFin 发布的监管指南，BaFin 仅允许就行政罚款金额多少进行协商。[①] 虽然条件严格，与 BaFin 达成和解协议所获得的宽减结果却十分诱人，当事人的行政罚款金额最多可以减少约 30%。在执法压力日趋增加的背景下，2018 年，Bafin 在约 64% 的行政罚款案件中与被处罚对象就罚款金额达成了和解协议。[②]

在我国台湾地区，由于规定的和解条件较为严格，行政执法和解制度只适用于案情不明确，继续调查时间长、成本高的情形，所以实践中几乎没有证券执法案件成功运用行政执法和解的案例。

（二）对美国情况的具体分析[③]

根据美国 SEC 执法部发布的执法年报，2019 年财年（2018 年第四季度至 2019 年第三季度），SEC 累计对 862 件证券违法案件采取了执法行动（Enforcement Action），涉及作出执法和解决定的案件数量为 548 件，其中通过行政程序和解 480 件，通过民事诉讼程序和解 68 件。[④] 相关情况如表 2 - 1 所示。总体上，美国证券执法和解呈现出数量多、类型广、惩处力度大、主体多元等特征。

---

① See Information sheet BaFin Securities Supervision's settlement procedure for administrative fine proceedings, Bafin (November 12, 2019), https://www.bafin.de/SharedDocs/Downloads/EN/Merkblatt/WA/dl_wa_infoblatt_settlement_in_bussgeldsachen_en.html.

② See Sanctions imposed in supervisory proceedings, Bafin (February 12, 2019), https://www.bafin.de/SharedDocs/Veroeffentlichungen/EN/Fachartikel/2019/fa_bj_1910_Ahndungsreport_en.html.

③ 高振翔、陈洁:《美国证券执法和解制度镜鉴》，载《证券市场导报》2020 年第 10 期。

④ 案件数据由作者根据 SEC 执法行动公告（包括行政程序案件公告和民事诉讼程序案件公告）梳理。需要说明的是，民事诉讼程序案件公告仅披露了 SEC 提起民事诉讼程序时，与当事人达成和解的情况。此外，SEC 执法行动数量并非执法案件数量，SEC 执法行动包括了决定案件程序的执法行动，如确定召开行政裁审听证会的时间、地点，就违法事项提起民事诉讼程序等；决定案件处理结果的执法行动，如决定案件和解等。[See Division of Enforcement 2019 Annual Report, SEC Reports and Publications (November 6, 2019) https://www.sec.gov/files/enforcement-annual-report-2019.pdf.]

表 2-1　　2019 财年 SEC 和解案件情况　　单位：件、%

案件类型	执法行动案件数量	和解案件数量情况				和解对象情况			和解金交纳情况	
		行政程序和解案件数量	民事诉讼程序和解案件数量	小计	占执法行动案件数量比例	对象为个人的案件数量	对象为机构的案件数量	对象同时包含个人及机构的案件数量	交纳和解金的案件数量	占和解案件数量比例
证券经纪业务违法	154	124	2	126	82	95	29	2	36	29
证券公开发行违法	119	28	33	61	51	29	19	13	15	25
未按要求提交证券注册违法	126	6	0	6	5	0	6	0	0	/
信息披露违法	108	74	8	82	76	38	31	13	57	70
投资顾问违法	250	199	3	202	81	60	121	13	156	77
内幕交易	32	9	13	22	69	22	0	0	21	95
市场操纵	33	9	6	15	45.5	13	0	2	11	73
其他	40	31	3	34	85	8	22	3	33	97
合计	862	480	68	548	63.6	265	228	46	329	60

从案件类型分析，投资顾问违法类案件的和解数量最多，达到 202 件，占和解案件总数的约 37%。其次是证券经纪业务违法类案件，和解数量达到 126 件，占和解案件总数的约 23%。这与 SEC 对以上两类案件采取较多执法行动有关，2019 年，SEC 分别对 240 件投资顾问违法案件和 154 件证券经纪业务违法案件采取了执法行动，占执法行动总数的约 28% 和 18%，是 SEC 采取执法行动数量最多的两类案件类型。

从和解金情况分析，有 329 件和解案件的当事人向 SEC 交纳了和解金（包括追缴违法所得和处以民事罚款），占和解案件总数的约 60%（其余和解案件当事人仅需履行非财产罚的和解义务，如资格限制、市场禁入等）。其中，投资顾问违法类案件中，当事人交纳和解金的案件数量最多，达到 156 件，占该类型和解案件总数的约 77%；其次是信息披露违法类案件，数量为 57 件，占该类型和解案件总数的约 70%。在内幕交易类，违反《反海外腐败法》（FCPA）、自律监管机构违法等其他类违法案件中，当事人交纳和解金的案件比例分别达到 95% 和 97%。

从金额看，沃尔玛公司和解案是2019财年当事人交纳和解金额最大的案件。该案中，沃尔玛公司向SEC交纳了1.44亿美元和解金。同时，在由美国司法部提起的刑事指控中，沃尔玛公司另外支付了1.38亿美元刑事和解金。[①] 和解金是SEC公平基金的重要资金来源，SEC要求当事人交纳高额和解金以达成和解，一方面提高了和解成本，有助于形成执法威慑，另一方面也有助于通过公平基金补偿投资者损失。

从和解对象分析，超过一半和解案件的和解对象包含个人，合计311件，占总和解案件数量的约57%。在过往和解实践中，SEC仅要求违法公司或机构交纳高额和解金，但未追究相关个人的违法责任，引发批评。[②] 这是因为，公司或机构违法的“罪魁祸首”往往是实际决策和执行的个人，追究机构责任并不能有效制止违法行为的发生。而直接追究违法个人责任，既能精准打击违法个人，又能避免对公司或机构的处罚（特别是财产罚）转嫁无辜股东，特别是中小股东承担的“责任循环”困境。在和解案例中，SEC通常对个人采取收缴违法所得、处以民事罚款、限制执业资格或市场禁入等一项或多项和解措施。

第二节　和解条件的比较研究

证券行政执法和解制度运用的深度和广度，一定程度上取决于其适用条件的宽窄。证券行政执法和解条件包括和解制度的适用前提与适用范围两个关键问题。适用前提是指和解当事人是否需要在和解中承认违法或过失，适用范围则是指证券监管机构判断个案是否符合和解条件的具体标准与方法。目前不少国家（地区）通过立法方式具体规定了证券行政执法和解的适用前提与条件，但证券监管机构决定以和解方式处理案件，还须综合考虑诸多具体因素，包括达成和解协议的适当性、投资

---

① See Walmart charged with FCPA violations, SEC Press Release (June 20, 2019), https://www.sec.gov/news/press-release/2019-102.

② See Sonia A. Steinway, SEC "Monetary Penalties Speak Very Loudly," But What Do They Say? A Critical Analysis of the SEC's New Enforcement Approach, 124 The Yale Law Journal 209 (2014).

者保护效果、公共利益和市场秩序的维护情况等。[①]

一、和解前提：和解当事人是否需要承认违法?

认定当事人的违法行为和责任是行政处罚的基本前提，但证券行政执法和解却无须具备这一前提条件。关于证券行政执法和解是否需要当事人承认违法，国际上存在两种模式：一种是“既不承认也不否认违法”模式，当事人无须在和解中承认存在违法或过失；另一种则是“承认违法”模式，当事人须以承认违法作为和解适用条件或前提。前者以美国和澳大利亚为代表，后者以我国香港地区和英国为代表。

（一）“既不承认也不否认违法”模式

允许当事人“既不承认也不否认违法”（Neither Admit nor Deny）是SEC长期奉行的证券执法和解政策。该政策出台背景是当事人在案件和解后，转而在公众面前宣称其并未违法，和解只是规避与监管当局对抗所付出的高昂成本。[②] 为避免这一情况对SEC权威公正的执法形象造成影响，维护和解严肃性，自1972年开始，SEC在和解协议中加入“若和解当事人直接或间接否认违法行为，视同拒绝和解”条款。[③] 根据SEC制定的《非正式和其他程序规则》（*Informal and Other Procedure*），和解当事人不得公开否认违法，但其却可以“既不承认也不否认违法”。[④] 与美国SEC和解实践相似，澳大利亚证券行政执法和解（立法上称为可执行承诺，Enforcement Undertakings）也采用了“既不承认也不否认违法”模式，和解当事人需要在承诺中列明被调查行为的详情及ASIC对该行为性质的认定，并且保证及时停止或纠正该行为，同时承担可能产生的赔

---

① 高振翔：《比较法视野下证券行政执法当事人承诺制度的关键问题研究》，载《经贸法律评论》2022年第2期。

② See Terry Robards, Bank and Broker Accused by SEC: National City and Merrill Lynch Agree to Put End to Investment Unit, New York Times, 7 February 1950, at 52.

③ See Matthew G. Neumann, Neither Admit Nor Deny: Recent Changes to the Securities and Exchange Commission's Longstanding Settlement Policy, 40 Journal of Corporation Law 793, 797 (2015).

④ 17 C. F. R §202.5 (c) (2008).

偿责任。ASIC 并不要求当事人在和解条款中明确承认其过错，但禁止列出否认赔偿责任或未来可能继续从事该行为等抗辩条款。[①]

SEC 得以实现高达 97%（2012 年数据）[②] 的案件和解率，“既不承认也不否认违法”政策功不可没。对 SEC 来说，这一政策引导执法对象更多选择和解结案，而非通过司法程序或行政裁审程序与执法人员对簿公堂，查处案件失败的风险大为降低。同时，“既不承认也不否认违法”政策不要求 SEC 坐实执法对象的所有违法行为才能达成和解，执法效率得到有效提升，SEC 可以将有限的执法资源投入大要案查处，受损投资者也有机会更快从和解金中受偿。尽管和解当事人无须承认违法，却并不影响 SEC 在和解协议中对和解当事人施加各种惩处。研究指出，SEC 在和解程序中对当事人施加的惩处通常比直接处罚要重。[③]

但“既不承认也不否认违法”政策弊端也十分明显。首先，该政策变相放纵了违法行为。2011 年，美国众议院曾就 SEC 和解政策专门召开听证会，议员批评允许和解当事人“既不承认也不否认违法”不利于 SEC 提升执法透明度和责任追究力度。[④] 其次，由于和解当事人无须承认违法，受损投资者无法利用和解当事人在执法程序中已经承认或被证实违法的情况，在随后民事赔偿程序中直接主张当事人存在过错，投资者胜诉获偿概率降低。事实上，证券执法与民事索赔诉讼存在着联动关系。在美国 Parklane Hosiery Co. v. Shore 案中，法院明确指出，若 SEC 已证明被告在相同的违法行为中存在欺诈行为，原告投资者便可在集团诉讼中主张禁反言规则，无须再次证明被告存在欺诈。[⑤]

近年来，美国司法机关对“既不承认也不否认违法”的和解协议审

---

① ASIC, Regulatory Guide 100: Enforceable Undertakings (February 2015), RG 100. 34 – 100. 56.

② See SEC Commissioner Luis A. Aguilar, A Strong Enforcement Program to Enhance Investor Protection, SEC Speech (October 25, 2013), https: //www. sec. gov/news/speech/2013 – spch102513laa.

③ See David M. Becker, What More can be done to deter Violations of the Federal Securities Law?, 90 Texas law Review, 1849, 1852 – 53 (2012).

④ See Matthew G. Neumann, Neither Admit Nor Deny: Recent Changes to the Securities and Exchange Commission's Longstanding Settlement Policy, 40 Journal of Corporation Law 793, 805 (2015).

⑤ See Parklane Hosiery Co. v. Shore, 439 U. S. 322, 335 (1979).

查愈加严格，特别是在 Citigroup 案中，纽约南区联邦地区法院法官 Rakoff 明确拒绝适用“既不承认也不否认违法”政策。该案判决指出，允许和解当事人“既不承认也不否认违法”使法官无法确信涉案事实，并就和解协议是否符合公众利益进行司法判断。在事实不清的情况下，若法院同意和解协议，将使法院成为 SEC 的“橡皮图章”。[①] 尽管这一判决被上诉法院所推翻[②]，但纽约州南区法院的观点得到了其他法院认可，如在 Koss 案中，威斯康星州东区联邦地区法院便沿用了纽约州南区法院在 Citigroup 案中的判决思路，要求和解双方更为充分说明允许当事人“既不承认又不否认违法”的理由及涉案事实情况，以决定是否同意和解协议。[③]

在各方压力下，SEC 于 2012 年宣布限制“既不承认也不否认违法”和解政策适用：如果当事人在同案刑事程序中认可了犯罪事实，则和解当事人须在与 SEC 的和解协议中也承认违法事实。[④] 2013 年，SEC 进一步拓宽了承认违法的范围：除在刑事程序中承认违法情形外，若和解当事人存在严重故意不当行为（Egregious Intentional Misconduct）或以非法手段故意阻碍 SEC 调查行为，和解当事人也需承认违法。[⑤] 从实际情况看，要求当事人承认违法的新政策增加了 SEC 的和解谈判筹码，当事人为避免承认违法，不得不答应 SEC 更多的和解条件。[⑥] 但在执法实践中，

---

① See SEC v. Citigroup Global Market Inc. , 827 F. Supp. 2d 328, 332 – 335 (S. D. N. Y. 2011).

② SEC v. Citigroup Global Market Inc. , 725 F. 3d 285 (2d Cir. 2014). 在该案中，美国联邦第二巡回上诉法院判决指出，只要和解协议是符合法律规定的（Legality）、清晰的（Clear）、能够解决争议的（Resolving the Claims）并且不涉及与当事人的串通（Not Tainted by Improper Collusion），就应该判定和解协议合法有效。纽约州南区法院要求 SEC 证明和解案件的事实争议，逾越了法院职权。

③ SEC v. Koss Corporation. , No. 11 Civil 991 (E. D. Wis. 2011).

④ 刑事程序包括了刑事诉讼、附条件不起诉协议（Non-prosecution Agreements, NPA）和延后起诉协议（Differed Prosecution Agreements, DPA）程序。See Robert Khuzami, Public Statement by SEC Staff: Recent Policy Change, SEC Public Statement (January 7, 2012), https://www.sec.gov/news/public-statement/2012-spch010712rskhtm.

⑤ See Chair Mary Jo White, Deploying the Full Enforcement Arsenal, SEC Public Statement (September 26, 2013) https://www.sec.gov/news/speech/spch092613mjw.

⑥ See Matthew G. Neumann, Neither Admit nor Deny: Recent Changes to the Securities and Exchange Commission's Longstanding Settlement Policy, 40 Journal of Corporation Law 793, 810 (2015).

允许当事人“既不承认也不否认违法”依然是SEC在和解中的主要处理方式。自SEC宣布新和解政策至2017年2月，仅有49家机构和30名个人在和解程序中向SEC承认违法。2014—2016年，仅有1.25%的和解案件当事人向SEC承认了违法。[①]

（二）“承认违法”模式

与美国和澳大利亚不同，我国香港地区的证券执法和解实践则要求和解当事人承认违法行为。在香港地区，与证券监管当局达成和解被认为是对执法对象宽大处理的一种方式。作为一种长期执法惯例，香港证监会往往会对与其合作的执法对象采取宽大处理。香港证监会2006年3月发布的《与证监会合作》文件中，“调查和纪律处分过程的初期便就有关事件承认纪律责任”是受规管人士（即持牌法人或个人）与香港证监会合作的有效情形。[②] 而2017年12月发布的《有关与证监会合作的指引》则再次强调了“承认法律责任”“愿意就违规行为或缺失承担责任”等执法对象与香港证监会合作方式。[③] 因此，香港证监会在考虑与受规管人士达成纪律处分和解时，往往会将当事人承认过错作为重要因素。如佳富达证券公司及陆金和解案中，香港证监会就明确表示，“在同意和解时，证监会曾考虑到佳富达及陆金的合作态度，包括就证监会的纪律处分行动作出和解，及承认缺失，特别是陆金对自己的缺失表示懊悔。”[④] 又如黄星贤和解案中，香港证监会也指出，“证监会经过考虑后认为黄已承认其失当行为并已有悔过之心。”[⑤]

但早期的香港证券行政执法和解实践也存在当事人无须承认违法或

---

① See David Rosenfeld, Admissions in SEC Enforcement Cases: The Revolution that Wasn't, 103 Iowa Law Review, 113, 155 – 170 (2017).

② 香港《与证监会合作（2006年3月）》，第2页。

③ 香港《有关与证监会合作的指引（2017年12月）》，第1页。

④ 《证监会就其纪律处分行动与佳富达证券有限公司及陆金达成和解》，载香港证监会官网2005年8月22日，https://apps.sfc.hk/edistributionWeb/gateway/TC/news-and-announcements/news/doc?refNo=05PR180。

⑤ 《证监会与黄星贤就纪律处分行动达成和解》，载香港证监会官网2004年11月8日，https://apps.sfc.hk/edistributionWeb/gateway/TC/news-and-announcements/news/doc?refNo=04PR207。

过错的案例，如2004年香港证监会第一宗纪律处分和解案，香港证监会便与和解当事人 Raphael Blot 达成了“毋须承认责任”的和解协议。① 由于2005年若干在当事人不承认任何法律责任的基础上达成和解的个案引起了争议，香港证监会在就当事人不承认任何法律责任的个案达成和解时格外谨慎。② 2017年《有关与证监会合作的指引》明确了香港证监会拒绝以非公开形式或在“不承认法律责任”的基础上解决纪律事宜的政策：“鉴于香港现时的市况及向公众问责和发挥实质性阻吓作用的需要，证监会认为，作为一般原则，以非公开形式或在‘不承认法律责任’的基础上解决纪律事宜并不符合公众利益，尤其是及时承认法律责任，因集体诉讼而引致压倒性法律责任的风险，在我国香港地区也不存在。基于这个原因，要求按有关条款解决纪律事宜的建议不大可能获证监会考虑。”③

此外，英国也存在要求和解当事人承认违法的证券执法和解实践。FCA 在与当事人达成的和解协议条款包括对事实的陈述、当事人所承认的任何违法违规行为以及针对该违法违规行为拟采取的行动等内容。④

二、和解范围：实质性和解条件应如何设置?

从比较法角度看，证券行政执法和解的适用条件设置存在两种不同模式：一种是明确规定适用条件的前端准入模式，即只有案件满足特定准入条件，证券监管机构才能适用和解；另一种则是未规定适用条件的后端裁量模式，由行政或司法机关通过和解程序对个案进行裁量。从实践情况看，采取前一模式的我国台湾地区设置了严格的准入条件，却鲜有成功的证券行政执法和解案例，德国证券监管机构仅允许就行政罚款

---

① 《证监会与 Raphael Blot 在付款及毋须承认责任的基础上解决争议》，载香港证监会官网 2004年5月13日，https：//apps. sfc. hk/edistributionWeb/gateway/TC/news-and-announcements/news/doc? refNo = 04PR86。

② 香港《证券及期货事务监察委员会2005—2006年报》，第69页。

③ 香港《有关与证监会合作的指引（2017年12月）》，第5页。

④ 上证联合研究计划第18期课题报告：《证券行政执法实效研究——美国、英国和香港地区的经验与启示》，第38页。

金额多少进行协商，证券行政执法和解制度得到部分运用。而采取后一模式的美国、英国和我国香港地区则从司法传统中发展出了具体审查标准，并将证券行政执法和解制度广泛运用于执法实践。

（一）前端准入模式

德国和我国台湾地区是典型的大陆法系国家和地区，具有系统性编撰行政法典传统，因而也在相关行政立法中规定了行政执法和解的适用条件。在通常情况下，大陆法系国家和地区的行政执法和解（行政契约）只适用于案情不明确，继续调查时间长、成本高情形，如违规情形清楚明确，则直接适用行政处分，不可适用和解。

德国《联邦行政程序法》对行政契约作了总体规定，基于行政法治原则的拘束和对行政主体滥用公权的担忧，德国立法对行政契约的应用规定了严格条件。[①] 德国《联邦行政程序法》第 54 条规定："公法范畴的法律关系可以通过合同设立、变更或撤销，但以法规无相反规定者为限。行政机关尤其可以与拟作出行政行为的相对人，以签订公法合同代替行政行为的作出。"第 55 条规定："第 54 条第 2 句意义上的公法合同，经明智考虑事实内容或法律状况，可借之通过相互让步消除存在的不确定性时，可以签订，但以行政机关按义务裁量认为达成和解符合目的者为限。"根据德国行政法学者的理解，行政契约的达成条件包括：一是存在着有关事实状态或者法律观点的不确定状态；二是这种不确定状态不能查明，或者非经重大支出不能查明；三是通过双方当事人的让步，可以取得一致的认识。[②]

而在证券执法领域，德国 BaFin 规定的行政执法和解情形更为有限：当事人仅能就行政罚款的多少与 BaFin 进行协商并达成协议。根据 Bafin 证券行政罚款程序指引，只有当事人承认具体违法行为，且同意接受 BaFin 行政罚款处罚的情况下，才能与 BaFin 就罚款金额多少进行协商并

① 张红：《破解行政执法和解的难题——基于证券行政执法和解的观察》，载《行政法学研究》2015 年第 2 期。

② 哈特穆特 · 毛雷尔：《行政法学总论》，高家伟译，法律出版社 2000 年版，第 356 页。

达成终结行政罚款程序的协议。[①]

我国台湾地区对行政契约也作了专门规定。“行政程序法”第 136 条规定，“行政机关对于行政处分所依据之事实或法律关系，经依职权调查仍不能确定者，为有效达成行政目的，并解决争执，得与人民和解，缔结行政契约，以代替行政处分”。在证券执法领域，“行政院金融监督管理委员会缔结行政和解契约处理原则”规定了“金融监督管理委员会”与行政相对人缔结行政契约的条件：“行政处分所依据之事实或法律关系经依职权调查仍不能确定，且调查期间不得少于 30 日”。缔结行政契约的考虑因素包括：“金融监督管理委员会”与相对人相对让步之适法性及妥当性；公共利益之维护；利害关系人因和解契约之成立，而可能遭受之损害等。[②]

（二）后端裁量模式

美国、英国和我国香港地区等普通法系国家和地区大多未在前端对证券行政执法和解的受案范围进行限制。美国 1946 年《联邦行政程序法》和 1990 年《行政争议解决法案》对授权联邦行政机构适用执法和解程序处理行政争议作出规定，同时明确当行政争议的解决可能涉及行政先例的确立、公共政策、公共利益、信息公开的必要性等因素时，行政机构不得以和解等非正式程序替代正式的行政程序。[③] 但无论是联邦层面的法律还是 SEC 的《行为规范》或《执法手册》，均未对和解积极条件进行规定。英国的《金融服务及市场法》也未对证券执法和解的案件范围作出限制，根据英国 FCA 的《执法指南》（*The Enforcement Guide*），任何当事人都可以提出和解申请，但只有当和解条款有助于实现法定的监管目的时，FCA 才会与当事人达成和解协议。[④] 我国香港地

① See Information sheet BaFin Securities Supervision’s settlement procedure for administrative fine proceedings, Bafin (November 12, 2019), https://www.bafin.de/SharedDocs/Downloads/EN/Merkblatt/WA/dl_wa_infoblatt_settlement_in_bussgeldsachen_en.html.

② 台湾地区“行政院金融监督管理委员会缔结行政和解契约处理原则”第二条至第四条。

③ 5 U.S.C. § 554 (c) (1); 5 U.S.C. § 571 – 584.

④ FCA, The Enforcement Guide, 5.3, 5.6.

区的《证券及期货条例》同样未对可以进行和解的案件范围作出限制，香港证监会有权根据就维护投资大众的利益或公众利益而言是适当的原则，决定对任何案件和解。[①]

尽管在采取后端裁量模式的国家（地区），几乎所有被调查当事人均可提出和解申请，但证券监管机构是否决定与当事人和解协议，将视乎个案事实情况而定。经过长期实践，这些国家（地区）均发展出了稳定的审查标准，其中美国和我国香港地区的公共利益（Public Interest）标准较为典型，以下作深入分析。

1. 美国。美国有关证券执法和解协议的“公共利益标准”源于法院对衡平法救济（Equitable Relief）的审查要求。[②] 在实践中，为提升和解协议对当事人的拘束力，保障和解协议的执行效果，SEC 经常通过司法程序与当事人达成和解协议，由法院颁布和解同意令（Judicial Consent Decree），让和解协议具备司法效力和更强公信力。SEC 通常在和解协议中一并加入衡平法救济措施（如禁止当事人再犯相同违法行为的禁令），并由法院监督执行。因此，“公共利益标准”便成为美国法院对 SEC 和解协议审查标准，并逐步被 SEC 在无须司法审查的行政程序和解实践中采用。[③] 总结来看，SEC 和法院考虑和解协议是否符合“公共利益标准”的因素包括：一是和解协议措施的性质及实效，如财产罚措施的充分性、合规措施对制止违法的有效性、和解附带后果等；二是个案事实情况，如当事人违法情节、配合执法程度等；三是对受害人和公众影响，如投资者损失情况、公众知情权保障情况、监管利益影响等。

（1）和解措施的性质及实效。和解措施的性质及实效包括和解中的

---

① 香港《证券及期货条例》第 201（3）条。

② 根据美国最高法院判决，原告寻求对被告施加“永久性禁令”的衡平法救济，需证明四个要件：（1）原告受到了不可恢复的伤害（Irreparable Injury）；（2）法律所规定的救济措施，如财产罚措施，均不足以弥补原告伤害；（3）在权衡原告所受伤害和“永久性禁令”对被告的影响后，该衡平法救济依然具有正当性；（4）衡平法救济措施不会对公共利益造成不利后果。[See eBay Inc. v. MercExchange, L. L. C, 547 U. S. 388, 391 (2006).]

③ See Brandon L. Garret, The Public Interest in Corporate Settlements, 58 Boston College Law Review 1483, 1511 – 1516 (2017).

罚没款惩处是否足以公正评价当事人违法行为，合规措施是否能有效预防当事人未来再次违法，和解协议是否设置了保障合规措施得以真正落实的监督机制等方面。如2010年美国银行和解案中，Rakoff法官就曾对和解协议所设置的财产罚措施的充分性和公正性表示质疑。他指出，美国银行在数十亿美元并购案中欺诈了投资者，而和解协议所设置的罚没款仅1.5亿美元，对公司的罚没款最终由现有公司股东而非违法行为个人承担，这将使公众利益受到损害。① 合规措施的有效性也是关注重点，SEC在和解中通常不会考虑与涉案行为无关的补救或合规措施，如和解当事人向无关第三方的慈善捐款。② 对证券欺诈和反海外腐败案件，SEC通常要求和解当事人聘请独立专业的第三方机构进行合规辅导，第三方须向SEC定期汇报当事人合规整改情况，以确保合规措施得以充分落实。③

和解对当事人产生的附带后果（Collateral Consequence），也是SEC和法院评估和解措施对公共利益影响的重要方面。对某些公司来说，证券监管机构的检控及处罚将对其市场声誉、经营资质产生重大不利影响，无辜股东和员工受到牵连。尤其是提供重要公共服务的公司，其歇业倒闭更会引发公众利益受损。实践中这类案件更容易和解结案。④

（2）个案事实情况。个案违法行为的具体情况，如违法情节是否典型，直接处罚处理是否有充足的判例法依据等也是SEC选择和解的考虑要点。SEC主席Jay Clayton在2019年曾指出，对于信息披露、内幕交易和操纵市场等核心领域的部分特殊案件，SEC如需要通过司法程序保障其在判例法传统下获得日后类似案件的胜利，基于公共利益，将放弃和

① See SEC v. Bank of American Corporation, No. 09 Civil 6829 (JSR), 2010 WL 624581 (S. D. N. Y. Feb. 22, 2010).

② See Brandon L. Garret, The Public Interest in Corporate Settlements, 58 Boston College Law Review 1483, 1531 (2017).

③ See Brandon L. Garret, The Public Interest in Corporate Settlements, 58 Boston College Law Review 1483, 1526 - 1527 (2017).

④ See Brandon L. Garret, The Public Interest in Corporate Settlements, 58 Boston College Law Review 1483, 1531 - 1532 (2017).

解程序，转而在司法程序中指控违法行为。[①]

SEC也会着重考虑当事人配合调查的情况，包括当事人配合调查的时点、所处的执法阶段，如是否在调查初期即已配合调查等；配合程度，如是否属于自首，是部分配合还是完全配合，是否主动放弃律师客户保密权（Attorney Client Privilege），是否承诺今后继续配合执法部门的其他调查等；配合效果，如是否达到节省执法资源的实际效果。SEC倾向于与执法过程中采取合作态度的当事人达成和解。[②]

（3）和解对受害人和公众影响。判断和解协议是否符合公共利益的另一方面是和解协议能否充分补偿受害人，最大限度消除违法行为对公众的不利影响。若SEC在和解协议中设置了补偿投资者损失的公平基金条款[③]，则法院有更大可能性认为和解协议符合公共利益。

此外，和解协议是否充分披露了涉案违法行为信息，公众知情权是否得到保障也是法院审查的要点。美国证券法学者指出，目前SEC和解实践存在和解协议条款不透明、和解罚没款计算方法不明晰、违法行为人及违法事实表述含糊等问题。尤其是前述的“既不承认也不否认违法”政策导致公众无法准确知悉涉案行为人的违法情况，法院无法对和解协议是否符合公众利益作出审查。[④]

最后，监管利益也是SEC选择达成和解的考虑因素。如被调查对象为外国公司，SEC选择处罚结案将在跨境取证、管辖权确定、域外裁判执行等问题上面临诸多障碍，且须耗费SEC大量监管资源。对这类案

① See Chairman Jay Clayton, Statement regarding offers of settlement, SEC Public Statement (July 3, 2019), https: //www. sec. gov/news/public-statement/clayton-statement-regarding-offers-settlement.

② See Release No. 34 – 61340, Policy Statement Concerning Cooperation by Individuals in its Investigations and Related Enforcement Actions, SEC Rule (January 2010), https: //www. sec. gov/rules/policy/2010/34 – 61340. pdf.

③ “公平基金”全称为Federal Account for Investor Registration Fund，英文简称为FAIR Fund，中文简称为公平基金，下文将对该制度作进一步阐述。

④ See Brandon L. Garret, The Public Interest in Corporate Settlements, 58 Boston College Law Review 1483, 1535 (2017).

件，和解结案无疑更符合监管利益，也更有利于保护公共利益。[①]

2. 中国香港。香港证监会将证券执法和解协议的“公共利益审查标准”明确写入了立法。《证券及期货条例》第201（3）条明确赋予香港证监会进行和解的权力。根据该条规定，香港证监会针对被监管对象采取纪律行动，如其“认为就维护投资大众的利益或公众利益而言”是适当的，可与被监管对象达成协议。2017年《有关与证监会合作的指引》也强调了执法和解的公共利益标准，若香港证监会认为和解是符合投资大众的利益或公众利益，便会订立第201条协议。作为一般原则，受规管人士的合作行为符合指引规定，证监会将更愿意订立第201条协议。[②]

香港证监会判断公共利益的考虑因素包括：（1）当事人在调查中予以合作的性质及程度，合作方式包括：自发及迅速地向证监会报告任何违规行为或缺失；就违规行为或缺失提供真实及完整资料；承担法律责任；采取纠正措施；自愿放弃对具体文件的法律专业保密权；委托第三方检讨；董事就监管关注事项作出承诺等。[③]（2）和解结果对其他利害关系人和一般投资者的影响，如RBS银行和解案中，香港证监会指出，鉴于和解协议让合资格客户无须经历漫长及昂贵的法律程序，也可取回他们的投资款项，监管机构认为该项协议符合公共利益。[④]（3）有足够的同类案例，可以从此类案例中较为容易地预料当事人可能会受到的处罚。（4）个案其他事实情况。如在大华证券和解案中，香港证监会决定与当事人达成和解，综合考虑了当事人“均承诺改善及遵守大华证券的内部监控程序，以防止该等缺失再次发生”“在以和解方式与证监会解决纪律处分行动一事上表现合作”“以往并无遭受纪律处分的记录”等

---

① See Brandon L. Garret, Globalized Corporate Prosecution, 97 Virginia Law Review 1775, 1838, 1852 – 1853, 1856 (2011).

② 香港《有关与证监会合作的指引（2017年12月）》，第3页。

③ 香港《有关与证监会合作的指引（2017年12月）》，第1–4页。

④ 《证监会及金管局与The Royal Bank of Scotland N. V. 就与雷曼兄弟相关的股票挂钩票据达成协议》，载香港证监会官网，2013年7月18日，https://apps.sfc.hk/edistributionWeb/gateway/TC/news-and-announcements/news/doc?refNo=13PR66。

多个事实情况。[①]

第三节　和解程序的比较研究

证券行政执法和解程序指的是证券行政执法和解制度运作的方式、步骤、顺序和时限。健全的程序规则能够规范证券监管机构行使和解自由裁量权，保护当事人的权利，确保和解程序运作过程的公开、公平和公正。证券行政执法和解程序包括和解启动、谈判、决策和义务履行等环节和内容。

一、和解启动机制

证券行政执法和解程序的启动包括何时可以申请适用证券行政执法和解以及谁可以提出申请两个问题。顺畅的启动程序对充分发挥证券行政执法和解功能至关重要，部分国家（地区）在启动行政执法和解程序前，还专门建立了证券监管机构与当事人沟通机制，鼓励当事人在案件调查初期即提出和解适用申请，以最大限度提升证券执法效率，降低执法成本。

1. 申请时间。各国（地区）一般在规定案件调查程序启动之后，最终处罚处理作出之前，均可启动和解程序。设置相对宽松的申请时间区间，能让申请人有更为充分的时间评估案件适用和解程序的利弊，提高案件适用和解结案的比例。

（1）美国。[②] 当事人可以在 SEC 执法程序启动前的调查阶段提出和解动议。根据 SEC《行为规范》第 240（a）条，证券执法和解申请由当事人提出，当事人可以在知悉 SEC 将要对其提起执法程序（包括司法程

① 《证监会就内部监控缺失与大华证券（香港）有限公司及其负责人员｛X｝以和解方式解决纪律处分行动》，载香港证监会官网，2006 年 3 月 9 日，https：//apps. sfc. hk/edistributionWeb/gateway/TC/news-and-announcements/news/doc？refNo＝06PR39。

② 高振翔、陈洁：《美国证券执法和解制度镜鉴》，载《证券市场导报》2020 年第 10 期。

序或行政程序）或已经对其提起执法程序后的任何时间，以书面方式向SEC提出和解动议（Settlement Offer）。根据SEC调查程序，被调查的当事人可以向SEC递交书面意见，询问调查情况并表达申辩立场，执法人员可以就案件相关情况与当事人进行沟通。[①] 该程序被称为威尔士程序（The Wells Process），当事人往往利用这一程序向执法人员提出和解动议。当事人也可以在SEC执法程序启动后提出和解动议。但基于成本和保密的考虑，部分当事人会选择在执法程序启动前便提出和解动议。据统计，2007—2015年，每年都有50%的证券执法案件在SEC完成调查后，采取正式的执法程序前被和解。[②] 和解动议中，当事人可以向SEC提出愿意达成和解的条件，包括愿意支付的民事罚款（Civil Penalty）金额，同意接受的资格限制，案件公开的内容和时点等。调查部门会将当事人的和解动议以及是否接受和解动议的建议提交SEC，由SEC五人委员会以多数决的方式决定是否接受和解动议。[③]

（2）英国。根据FCA《决策程序和处罚手册》第5.13G条规定，只要双方同意，证券执法和解可在执法程序的任何阶段（从启动调查程序到最终处罚作出前）提起。但是FCA在对案件进行充分的调查并对处罚结果有合理评估之前，不会考虑和解。

（3）澳大利亚。澳大利亚可执行承诺制度的启动，以ASIC已开展调查为前提。根据ASIC第100号监管指南，可执行承诺机制的适用条件为ASIC有理由相信被调查者存在涉嫌违反有关法律法规的情况，且其已对该种情况展开了必要调查。[④] 调查启动至案件提交至行政裁审机构前的任一阶段，被调查者均可以启动可执行承诺机制。[⑤]

（4）我国香港地区。香港证监会可以在纪律处分程序或其后上诉法

① Securities Act Release No. 5310 (September 27, 1972); 17 C. F. R. § 202.5 (c).

② See Urska Velikonja, Securities Settlements in the Shadows, 126 The Yale Law Journal Forum 124, 137 (2016).

③ 17 C. F. R. § 201.240 (c) (3).

④ ASIC, Regulatory Guide 100: Enforceable Undertakings (February 2015), RG 100.17.

⑤ ASIC, Regulatory Guide 100: Enforceable Undertakings (February 2015), RG 100.29

律程序中与当事人就处罚范围和事项达成和解协议。就纪律处分程序和解而言，在案件调查完成，香港证监会发出“建议纪律处分行动通知书”后聆讯前阶段，以及聆讯期间至香港证监会作出最终处分的“决定通知书”发出前两个阶段，当事人均可提出和解建议，其间有 30 日会谈窗口期。[①] 就上诉法律程序和解而言，当事人对香港证监会纪律处分决定不服的，可向证券及期货事务上诉审裁处提出上诉，对上诉裁审处决定仍不服的，可进一步向上诉法庭提出上诉。在上诉阶段，证监会和当事人双方均有权达成和解，当事人寻求和解结案一般需放弃上诉权，和解协议的内容通常以法院同意传票的形式形成法院命令，和解双方还应当对诉讼费用的承担方式达成一致。[②]

（5）德国。德国并未就申请人提请和解的时间作出限制。根据 Bafin 证券行政罚款和解程序说明，和解一方当事人可在执法程序的任何时点向另一方提出和解申请。对和解双方谈判的期限，目前规则未作出限制。但原则上，和解申请的时点越晚，被调查对象所可能获得的罚款宽减金额就越少。[③]

（6）我国台湾地区。我国台湾地区要求证券监管机构启动行政执法和解程序前，须对案件事实或法律关系进行调查。“行政院金融监督管理委员会缔结行政和解契约处理原则”第三条规定，“本会进行行政和解契约之协商程序前，就行政处分所依据之事实或法律关系，应先依职权调查，且调查期间不得少于三十日”。而当事人向证券监管机构提出和解要约的时间，目前规定未进行限制。

2. 申请主体。为防范证券监管机构以和解代替处罚的道德风险，各国（地区）一般规定和解程序的适用申请须由当事人提出，证券监管机

---

① 有关香港证监会纪律处分程序，可参见香港《证券及期货事务监察委员会纪律处分程序概览（2017 年 12 月）》。

② 香港《有关与证监会合作的指引（2017 年 12 月）》，第 5－6 页。

③ See Information sheet BaFin Securities Supervision's settlement procedure for administrative fine proceedings, Bafin (November 12, 2019), https://www.bafin.de/SharedDocs/Downloads/EN/Merkblatt/WA/dl_wa_infoblatt_settlement_in_bussgeldsachen_en.html.

构只有在特殊情况下才允许向当事人提出适用和解程序的要约。

在美国，虽然执法人员可以在调查阶段就和解事项与当事人作事先沟通，和解作为当事人的一项权利，须由当事人提出和解申请。实践中，SEC 并不会等待当事人提出和解申请后再决定是否启动执法程序。[①] 在澳大利亚，根据《2001 年澳大利亚证券与投资委员会法》规定，可执行承诺机制的启动者通常为被调查对象。被调查对象可以在调查阶段开始后向 ASIC 提出，或者在与负责调查的官员协商讨论后提出书面申请。虽然法案并未禁止 ASIC 在调查阶段主动启动可执行承诺机制，ASIC 无权强迫当事人接受可执行承诺要约，或者要求当事人提起可执行承诺要约并最终签订可执行承诺协议。在我国香港，香港证监会认为由证券监管机构主动寻求和解并不恰当，因为这会令公众对监管机构的公信力和索取和解款项的理由提出质疑。[②] 因此，原则上应由当事人向香港证监会提出和解申请，但对于重大复杂案件（如雷曼迷你债券案），出于缩短调查周期、节约监管资源、最大限度维护投资者权益等考虑，香港证监会自身也可以主动提出和解建议，但基本上是特例。

将和解申请主体限定为当事人，其好处在于避免了证券监管机构利用和解制度进行“权力寻租”，其弊端在于限制了和解的充分运用。案件是否适合以和解结案、和解结案是否为案件处理的最优结果，当事人可能缺乏判断力，不能及时有效提出和解适用申请。赋予证券监管机构启动和解程序的主动权，有助于将更多适当案件纳入和解制度，充分发挥和解制度功效。英国、德国和我国台湾地区规定了证券监管机构可以向当事人提出适用和解制度的动议。根据英国 FCA《执法指南》，如果调查结果是拟对当事人进行罚款，FCA 会在调查的早期阶段向调查对象发出信函，即阶段 1 信函。阶段 1 信函的内容主要包括调查的基本事实、

① See Chairman Jay Clayton, Statement regarding offers of settlement, SEC Public Statement (July 3, 2019), https://www.sec.gov/news/public-statement/clayton-statement-regarding-offers-settlement.

② 香港《证券及期货事务监察委员会程序复检委员会呈交财政司司长的二零零四年周年报告》，第 18 页。

涉嫌违法行为的性质、拟处罚的结果以及 FCA 希望在什么时间内达成和解等，有时还会附上 FCA 草拟的处罚决定。[①] FCA 认为，在阶段 1 信函发出后的 28 天内是达成和解的合理时机。根据德国 Bafin 证券行政罚款和解程序说明，原则上，Bafin 的证券监管部门愿意通过和解谈判方式结束证券执法程序，Bafin 和被调查对象均可以提出和解动议。Bafin 甚至可以为被调查对象主动设置和解的窗口时间，被调查对象在这一窗口时间提出的和解申请，Bafin 原则上都应当接受。[②] 根据我国台湾地区“行政院金融监督管理委员会缔结行政和解契约处理原则”第六条，“行政院金融监督管理委员会”和相对人均可就行政和解契约提出要约。“行政院金融监督管理委员会”提出要约的，应经委员会议决议通过，授权由委员或各承办单位提出。相对人提出要约的，应以书面叙明内容及理由。尽管证券监管机构有权提出动议，但还须相对方同意才能启动和解程序。

二、和解谈判机制

证券行政执法和解是证券监管机构与当事人意思表示一致的产物。证券行政执法和解与其他监管行为的最大不同，在于和解决定系基于双方当事人的合意而成立，而非证券监管机构的单方意思表示。和解谈判的目的在于鼓励各方通过对话、交涉、合意的方式解决争议，促进证券监管机构与当事人之间通过沟通而相互理解。各国（地区）对证券行政执法和解的谈判机制并无过多刚性约束，双方当事人可就与和解事项进行充分协商。

1. 美国。[③] SEC 接受当事人的证券执法和解申请后，将授权具体执

---

① FCA, The Enforcement Guide, 4. 32.

② See Information sheet BaFin Securities Supervision's settlement procedure for administrative fine proceedings, Bafin (November 12, 2019), https: //www. bafin. de/SharedDocs/Downloads/EN/Merkblatt/WA/dl _ wa _ infoblatt _ settlement _ in _ bussgeldsachen _ en. html.

③ 高振翔、陈洁：《美国证券执法和解制度镜鉴》，载《证券市场导报》2020 年第 10 期。

法人员与当事人开展和解谈判。在和解谈判中，执法人员通常会就调查发现的涉嫌违法事实和具体指控与当事人进行讨论，并就达成和解的条件进行协商。谈判的主要内容[①]包括：（1）SEC 执法措施的选择，如由 SEC 签发“制止—终止令”（Cease and Desist Order）或者向法院申请“禁止令”（Injunction）；（2）SEC 对当事人指控的内容；（3）和解协议的措辞，通常情况下，执法人员负责起草和解协议的内容，当事人律师负责提出意见，尽量弱化和解协议中对当事人不利的表述；（4）没收违法所得（Disgorgement）的金额；（5）民事罚款的金额；（6）附带后果（Collateral Consequence）的豁免请求（Waiver Requests），SEC 所采取的和解措施，可能给当事人带来不利的附带后果，如使当事人丧失知名成熟发行人（Well-Known Seasoned Issuer，WKSI）资格或者私募发行豁免资格等，当事人可以向 SEC 申请豁免这些不利附带后果；（7）SEC 采取的其他补救措施，如指定第三方独立监督人等。

SEC 和当事人均有达成证券执法和解的动机。对 SEC 来说，和解的好处在于节省执法资源，快速平息争端，解决问题。由于案多人少、资源紧张等执法瓶颈问题长期存在，要实现执法效益的最大化，SEC 需要将执法“枪口”对准最能实现监管目的、案情重大复杂或者具有示范效应的案件。对一般案件，SEC 更愿意采取和解的方式结案，以节省执法资源投入。对当事人来说，和解的好处在于避免声誉罚和经济罚损失，降低诉讼风险、节省因参与 SEC 执法程序所花费的大量时间和金钱。在和解谈判中，当事人有机会争取不公开部分案件事实，尽可能减少负面影响。此外，当事人可以在和解协议中加入“既不承认也不否认违法”的条款，避免因在执法程序中被认定违法而在后续民事诉讼中招致不利的诉讼地位。

SEC 有充分的自由裁量权决定案件是否和解以及和解协议的内容是什么。美国《行政争议解决法》授权联邦行政机构自由裁量决定案件是

---

① 上证联合研究计划第 18 期课题报告：《证券行政执法实效研究——美国、英国和香港地区的经验与启示》，第 25－26 页。

否适用和解等 ADR 方式结案，例外情形包括确立行政先例、涉及政府政策的重大问题、显著影响第三方利益、维持案件处理的一致性、信息公开要求或者管辖权要求等。[①] SEC 主席杰伊·克莱顿（Jay Clayton）曾指出，SEC 考虑案件是否和解的因素包括：诉讼和行政程序的成本；当事人提出和解动议的及时性和有效性；个案中，及时补偿投资者损失的重要性；SEC 获得案件确定性结果的意愿等。[②] 从近年执法情况看，SEC 希望在和解中施加更重的惩罚，通过严厉的和解公告向市场传达监管信号和警示，如更高额的罚没款、更苛刻的资格罚（取消执业资质、暂停营业资格、禁止违法者担任上市公司董事高管等）和更频繁地诉诸应衡平法义务（如完善公司治理结构，强化合规内控体系，聘请独立的审计监督方加强检查等）。[③] 相对地，当事人往往尽力争取在法定范围内恶性最小的定性以及最轻的惩罚。

2. 英国。证券执法和解谈判由 FCA 任命的调查人员与当事人进行，谈判内容包括和解协议的事实陈述内容、当事人所承认的任何违法违规行为以及针对该违法违规行为 FCA 拟采取的行动，如果双方当事人达成一致，FCA 谈判人员将会提出书面的和解条款，并提交 FCA 的和解决策者（The Settlement Decision Maker，SDMs）审议。[④] 和解决策者通常会参与和解谈判以帮助谈判双方寻求可能的和解方案。他们的参与可以推动 FCA 更有效地与当事人达成一致，避免和解决策过程中不必要的拖延。如果和解决策者没有参与和解谈判，他们可以约见和解谈判双方，以便于其审查批准和解协议。如果和解决策者拒绝接受和解协议，他们可以邀请原和解谈判双方进行进一步讨论，以达成其可能接受的和

① 5 U. S. Code § 572.

② See Chairman Jay Clayton, Statement regarding offers of settlement, SEC Public Statement (July 3, 2019), https://www. sec. gov/news/public-statement/clayton-statement-regarding-offers-settlement.

③ 高振翔：《美国证券执法的重点、难点及挑战——SEC 执法部 2017 年至 2019 年年报解析》，载陈洁主编：《商法界论集（第 5 卷）》，法律出版社 2020 年版，第 55 – 58 页。

④ FCA, The Enforcement Guide, 5. 10.

解协议。①

3. 澳大利亚。起草可执行承诺协议过程中，ASIC 与申请人就承诺内容进行谈判。实践中，获得 ASIC 认可的当事人承诺内容通常包括：一是合规承诺，如在第三方专家的指导下，当事人采取特定措施弥补公司治理中的合规漏洞，禁止违法责任人员参与公司治理等；二是补偿受损投资者承诺，当事人承诺采取有效措施填补投资者损失，如个案中没有受损投资者或者填补投资者损失不可行，则承诺将资金投入投资者教育等公益项目；三是纠正违法行为承诺，当事人承诺消除涉案违法行为的不良影响，如及时澄清和纠正不当信息披露；四是放弃保密权承诺，当事人承诺放弃对可执行承诺条款的保密权，允许 ASIC 向公众公开可执行承诺的具体内容。谈判过程中，ASIC 可要求当事人出具将履行可执行承诺的保证书。保证书由当事人的董事会、高级管理人员或实际管理机构出具。此外，ASIC 与当事人就可执行承诺的事项进行协商谈判，不影响其对当事人承诺以外的其他事项进行查处。②

4. 我国香港地区。一般来说，香港证监会收到受规管人士陈述书后才会考虑和解的建议。香港证监会非常审慎地考虑每项和解建议，并会在其认为适当及符合投资大众利益或公众利益的情况下才同意进行和解磋商。和解磋商由香港证监会的案件调查部门负责，磋商由双方在自愿的基础上进行，受规管人士在和解谈判中合作与否是和解程序能否进行的现实基础。此外，除非受规管人士与香港证监会另有协议，否则所有就解决建议进行的商讨都是在“无损权利”（Without Prejudice）③ 的基础上进行。和解双方就和解条款达成一致后，香港证监会会将和解协议文本提交内部决策人员审议。

5. 我国台湾地区。在我国台湾地区，是否开展和解协商及协商的重

① 上证联合研究计划第 18 期课题报告：《证券行政执法实效研究——美国、英国和香港地区的经验与启示》，第 38 – 39 页。

② ASIC, Regulatory Guide 100: Enforceable Undertakings (February 2015), RG 100. 35.

③ 即香港证监会及该名受规管人士都不能在纪律处分程序或在以后的法律诉讼中，提述有关商讨的内容。下文将对“权利无损”原则作进一步论述。

点、范围均由“行政院金融监督管理委员会”的委员会会议决定，由委员会授权委员或各承办单位进行协商程序。在协商过程中，“行政院金融监督管理委员会”应就和解内容征询利害关系人意见、举行听证，并对和解相对人与利害关系人之间民事程序给予合理指导与建议，但不受此约束拘束。根据个案情形及利害关系人受损程度与范围，“行政院金融监督管理委员会”可以要求和解相对人在一定期间内与经利害关系人授权且设立目的为保护证券投资人及期货交易人的财团法人、公益信托或其他公益团体（如“证券投资人及期货交易人保护中心”）进行民事和解。[①]

三、和解决策机制

为有效制约证券监管机构运用自由裁量权，各国（地区）对证券监管机构的和解决策都采取了谨慎态度，规定了严格内部评估和监督制约机制。

1. 美国。[②]

（1）SEC 证券执法和解流程。SEC 可以选择通过行政程序或司法程序与当事人达成证券执法和解，SEC 选择通过行政程序和解的步骤为（见图 2－1）：SEC 接受当事人的和解动议，同时启动行政程序（或者 SEC 先授权具体执法人员与当事人进行和解谈判，根据谈判结果启动行政程序）；执法人员与当事人就和解条件达成一致；执法人员将当事人签署的和解文件以及是否接受和解的意见提交 SEC，由 SEC 最终决定是否和解。多数情况下，执法人员上报的和解都会得到批准。SEC 同意和解后将正式签发和解令（Order）并进行公告，和解公告包括相关事实裁定和法律结论。任何一方对和解不服，可以诉至法院。

---

① 王升义：《刚柔并济，合作共赢——证券行政执法中的和解制度初探》，载刘健勤主编：《商事仲裁（第十一集）》，法律出版社 2014 年版，第 17 页。

② 高振翔、陈洁：《美国证券执法和解制度镜鉴》，载《证券市场导报》2020 年第 10 期。

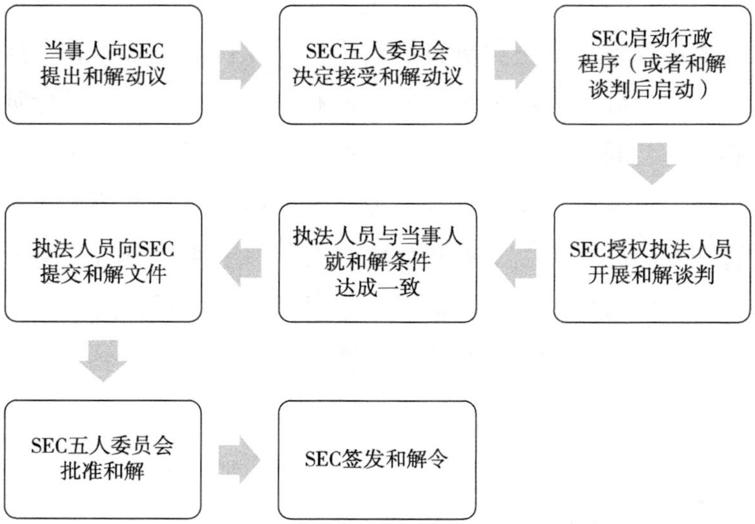

图 2－1　SEC 行政程序和解的流程

SEC 选择通过司法程序和解的步骤为（见图 2－2）：SEC 接受当事人的和解动议，同时向法院提起和解民事禁令诉讼（Settled Civil Injunctive Action）（或者 SEC 先授权具体执法人员与当事人进行和解谈判，根据谈判结果向法院提起诉讼）；执法人员与当事人就和解条件达成一致；

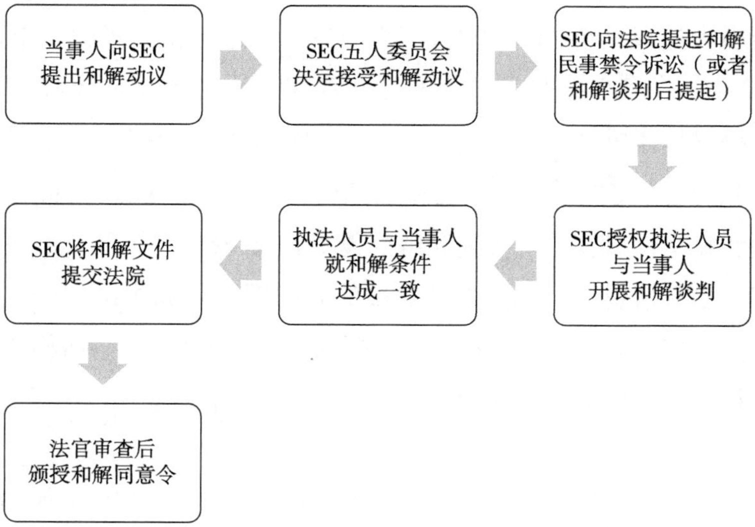

图 2－2　SEC 司法程序和解的流程

执法人员将和解文件提交法官，由法官颁授同意令（Consent Decree）。

2010年《多德—弗兰克华尔街改革和消费者保护法案》（*The Dodd Frank Wall Street Reform and Consumer Protection Act*，以下简称《多德—弗兰克法案》）颁布前，对非SEC注册的公司和个人（包括上市公司及其董事高管、内幕交易行为人等主体）的民事罚款均由法院作出，SEC只能通过民事诉讼程序寻求对相关和解当事人的民事罚款惩处。《多德—弗兰克法案》第929P节授权SEC可以在“制止—终止令”中对所有违反联邦证券法的行为人施加民事罚款处罚。目前，除少部分衡平法救济只能由法院作出外，SEC可以选择通过民事诉讼或者行政程序寻求对和解当事人的惩处。

（2）SEC证券执法和解决策。根据SEC《行为规范》和《执法手册》，当事人应将证券执法和解提议提交至利害关系部门，一般为负责案件调查的执法部（Division of Enforcement），由其负责审查涉及时间、程序性质及公共利益许可方面的事项，并据此向SEC五人委员会提交和解提议及建议。如当事人提起和解申请前，SEC选择通过行政程序和解且已指定听证官，则听证官可以依利害关系部门或和解提议当事人的请求，就和解提议的适当性发表意见。五人委员会是SEC的最高决策机构，负责批准是否接纳当事人的和解申请，授权具体工作人员与当事人开展谈判，并最终批准和解协议。五人委员会以表决方式进行和解决策。[①] 若SEC选择通过司法程序和解，最终的和解协议还要经法院审议通过并颁授同意令。

SEC五人委员会在和解决策前，会综合考虑执法部及其他利害相关部门的意见。2019年，SEC强化了关于统一处理和解相关事项的工作要求。在此之前，当事人为履行和解协议的内容，往往需要采取改选管理层或暂停从事特定业务等行为，由此产生了不符合《1933年证券法》或《1934年证券交易法》相关规则的情况。为此，当事人在向执法部提出和解申请的同时，可能需要向其他部门，如公司融资部提交豁免申请。

---

① See Danne L. Johnson, SEC Settlement: Agency Self-Interest or Public Interest, 12 Fordham Journal of Corporate and Financial Law 627, 647 – 648 (2007).

此前，执法部及上述业务部门往往将和解及豁免请求作为两项独立事件进行审查。实践中，存在和解协议已经生效，但当事人未取得豁免批准的情形。对此，SEC 主席 Jay Clayton 指出，对和解提起及豁免请求的独立审查，可能不会在所有情况下为受害投资者带来最优利益。为解决这一问题，SEC 要求当事方应当就和解事项及相关的豁免请求，同时与所有相关部门（执法、公司融资部等）进行谈判。SEC 将统一审议和解提议及全部相关豁免申请。①

在行政程序中执法人员向 SEC 提交经谈判的和解协议草案，或者在司法程序中 SEC 向法院提交和解文件，行政裁审程序或诉讼程序自动中止。如果 SEC 或法院最终否决和解提议，须及时通知提议和解的执法人员和当事人，并于通知之日起，行政裁审程序或诉讼程序继续（继续进行的程序不会再有和解当事人的和解事项记录）。若 SEC 或法院最终同意和解提议，和解协议经 SEC 或法院发布命令（Order）或同意令（Consent Order）后生效，执法人员和当事人开始执行和解协议。②

2. 英国。

（1）FCA 执法和解流程。FCA 采取了查审分离的执法体制。对违法案件，FCA 调查部门专门负责案件调查工作，FCA 监管决策委员会（Regulatory Decision Committee，RDC）负责审理案件并作出监管处罚决定。RDC 是 FCA 董事会的一个专门委员会。③ 对执法和解，FCA 的工作流程为（见图 2－3）：FCA 任命调查人员，开展案件调查；FCA 调查部门在开展正式调查并掌握案件基本事实后，向当事人发出非正式的初步调查结果（一般以信函形式发送）；当事人可以进行申辩，并选择与 FCA 达成和解；如果达成和解，FCA 将直接作出决定，不再移交 RDC，

① See Chairman Jay Clayton, Statement regarding offers of settlement, SEC Public Statement (July 3, 2019), https://www.sec.gov/news/public-statement/clayton-statement-regarding-offers-settlement.

② 王升义：《刚柔并济，合作共赢——证券行政执法中的和解制度初探》，载刘健勤主编：《商事仲裁（第十一集）》，法律出版社 2014 年版，第 16－17 页。

③ FCA, The Decision Procedure and Penalties manual 3.1.

如果未达成和解，案件将移交 RDC 审理。①

图 2－3　FCA 执法和解流程

（2）FCA 执法和解决策。FCA 的执法和解决定由专门和解决策者作出。和解决策者从 FCA 董事和部门负责人中抽取，一般由两名人员组成，其中一名通常来自执法部门，另一名不得来自执法部门，两名和解决策者将代表 FCA 决定是否就案件达成和解协议。②

此外，FCA 与当事人达成的执法和解协议分为完整和解协议（Complete Settlement Agreement）和重点和解协议（Focused Resolution Agreement）。完整和解协议是指当事人完全接受 FCA 对所有问题的认定，包括事实、责任和处罚。重点和解协议则是指当事人同意 FCA 对大多数事实或责任问题的认定，对有限的问题和处罚提出异议。当达成完整和解协议时，FCA 的和解决策人员将会直接作出和解决定；当达成重点问题和解协议时，案件还需移送 RDC 决定是否作出处罚。③

3. 澳大利亚。

（1）ASIC 可执行承诺流程。在 ASIC 启动调查后，任何公司、个人或可独立承担责任的实体均可以向 ASIC 递交可执行承诺申请。可执行承诺机制的启动以 ASIC 已展开调查为前提，ASIC 基于初步调查事实有理

① FCA, Enforcement Information Guide.

② FCA, The Decision Procedure and Penalties manual 5. 1.

③ FCA, The Decision Procedure and Penalties manual 5. 1. 1G.

由相信当事人存在涉嫌违法情况。但若案件已由专家委员会作出行政裁审决定，ASIC 则不考虑适用可执行承诺制度。ASIC 认为，专家委员会已基于明确的事实对被监管对象违法行为的性质作出认定，因此不宜以可执行承诺替代上述执法措施。ASIC 可执行承诺包括程序启动、谈判决策等关键步骤，具体如图 2 -4 所示。

此外，若 ASIC 选择就当事人的违法行为提起司法程序，当事人在诉讼程序中与 ASIC 达成法院可执行承诺，承诺协议内容须经法院批准。

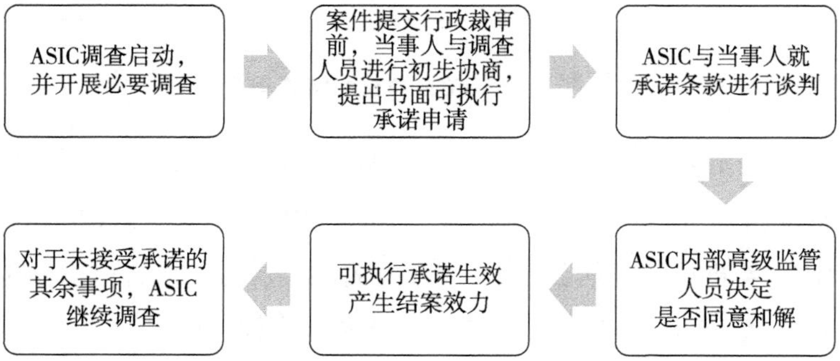

图 2 -4　ASIC 可执行承诺流程

（2）ASIC 可执行承诺决策。ASIC 第 100 号监管指南对可执行承诺的决策程序作了总体介绍，要点包括：一是有意向 ASIC 提出可执行承诺动议的当事人须首先与负责案件调查的 ASIC 官员进行讨论。二是在起草可执行承诺的过程中，ASIC 将与当事人就承诺条款进行谈判。三是当事人正式提出可执行承诺请求，以及经协商谈判后的可执行承诺文本后，ASIC 的高级监管人员将负责决策是否接受可执行承诺。①

4. 我国香港地区。

（1）香港证监会和解流程。香港证监会有权根据就维护投资大众的利益或公众利益而言是适当的原则，决定对任何案件适用执法和解结案。受监管对象可以在香港证监会实施纪律处分的任何时间，或者提起对香港证监会纪律处分上诉的期间，向证监会提出达成和解协议的建议（见

① ASIC, Regulatory Guide 100: Enforceable Undertakings (February 2015), RG 100. 8 - 100. 15.

图2－5）。当香港证监会收到来自受监管对象合乎实际的和解建议后，可能会愿意与该受监管对象进行商讨，但不保证该等商讨会令双方就有关个案达成和解。在进行和解谈判时，证监会在适当和必要的时候，也会咨询其他机构的意见。若双方在纪律处分程序中达成和解，香港证监会将不再作出纪律处分。若双方在上诉程序中达成和解，香港证监会将撤回纪律处分，但与此同时，监管对象需放弃上诉权利。

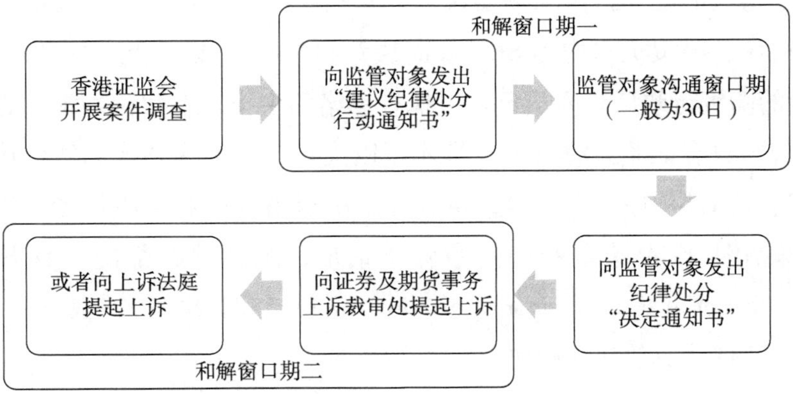

图2－5　香港证监会和解窗口期

（2）香港证监会和解决策。香港证监会的纪律处分由法规执行部下设的纪律科具体负责。证监会内部建立起了对和解建议的审查批准程序，包括三项主要内容：一是和解建议的初步审查由香港证监会法规执行部负责，当和解安排对其他部门产生影响（如负责持牌法团牌照核发的发牌科）的运作产生明显影响时，法规执行部在初步审查过程中会征询这些部门的意见。二是只有高级监管人员可以决定作出和解，香港证监会公布的和解新闻稿也会引述香港证监会主席、行政总裁或法规执行部负责人的表态发言，说明案件和解的意义及对公众的影响。三是如和解建议得到批准，法规执行部应确保将达成和解协议的详细考虑因素及理据记录在个案档案中。[①] 如果受监管对象在上诉阶段与香港证监会达成和

① 邱永红：《香港证券行政执法（处罚）机制研究》，载北大法律信息网，http：//article.chinalawinfo.com/ArticleFullText.aspx？ArticleId＝53373&listType＝0。

解，和解协议还须经法院同意。

5. 各国（地区）和解决策程序特点。总结来看，各国（地区）证券监管机构关于证券行政执法和解的决策机制具有以下特点。

（1）高级别监管人员决策。证券监管机构作出是否适用行政执法和解的决定涉及行政裁量权具体运用，各国（地区）对适用和解制度的决策都十分慎重，往往需要经过内部高层管理人员的评估讨论。在美国，接受当事人的证券执法和解动议，以及最终决定与当事人达成证券执法和解协议，决策机构均为 SEC 最高决策机构五人委员会。在澳大利亚，ASIC 的高级行政监管人员负责可执行承诺的决策。在我国香港，香港证监会规定只有证监会的高级人员才可以决定与当事人达成和解协议，且必须遵守内部程序。在英国，执法和解决定由专门和解决策者作出，和解决策者从 FCA 董事和部门主管中抽取，级别须在部门主管及以上（Executive of at least director of division level），和解决策者代表 FCA 决定是否就案件达成执法和解协议。

（2）和解事项决策与案件调查、和解谈判分离。澳大利亚 ASIC 在决策是否接受当事人可执行承诺申请方面，采取了调查与决策人员分离原则。决策由 ASIC 内部其他高级行政监管人员作出，调查或谈判人员不参与决策审议。美国也采取了证券执法和解决策与调查谈判分离的模式。美国 SEC 与当事人的和解谈判由 SEC 授权的具体执法人员进行，若和解经由司法程序，和解的最终决策人是联邦地区法院法官，若和解经由行政程序，和解的最终决策人则为 SEC 的五人委员会。英国 FCA 的和解决策者虽然有执法部门人员加入，但该名执法人员不会直接参与证据的搜集。同时，另一名和解决策者不得来自执法部门，可以有效监督和解决策的公正性。

（3）决策理由留痕并适度公开。以我国香港为例，根据香港证监会的内部程序，决策人员须根据一份标准的核对清单，列出在商议及决定是否达成和解协议时的考虑因素，包括应否在没有承认过错的基础上达成和解、当事人的合规及诚信记录等。决策人员须全面考虑与当事人达成和解协议对投资者可能构成的风险，不能轻易接受任何和解建议。如和解建议得到批准，有关达成和解协议的详细考虑因素及证据等都将记录在案。虽然和解协议文本不公开，但香港证监会会通过发出新闻稿的方式公开当事人的涉嫌违法事项、证监会所关注的事项并说明和解理由，从而使业界和公众知晓哪些行为是证监会所否定的。

四、和解效力机制

和解效力是指和解协议生效后，对当事人双方和第三人产生的效力。尽管各国（地区）规定不同，总结来看，行政执法和解具有结案效力、先例效力和限制当事人权利的效力等。同时，证券行政执法和解不能排除司法机关的刑事追责和受损投资者的民事追偿。

（一）结案效力

作为执法决定类型的一种，证券行政执法和解具有终结行政执法程序的结案效力，证券监管机构不得再就相同违法事项进行调查或处罚。英国 FCA 认为，执法和解是一种由 FCA 作出的监管决定，与通过 RDC 作出处罚的执法方式本质上没有区别。[①] 通过和解谈判，当事人开展和解整改并认过认罚，FCA 把对当事人的惩处幅度降低，双方通过彼此让步快速了结执法程序。在澳大利亚，ASIC 与当事人达成的可执行承诺协议包含了行政处罚的主要内容，在协议生效后视同行政处罚，产生结案效力。实践中，ASIC 适用了更为灵活的处理方式，允许承诺方就案件中的部分事项与其达成可执行承诺。而对于当事人未作出可执行承诺的其余事项，ASIC 可继续展开调查。[②] 在美国，《联邦行政程序法》规定，行政机关不一定必须接受当事人提出的执法和解方案，但是如果和解方案被行政机关接受，该方案就成为一项行政决定。围绕和解事项的相关

---

① FCA, The Enforcement Guide, 5.2.

② ASIC, Regulatory Guide 100: Enforceable Undertakings (February 2015), RG 100.35.

调查也宣告终结。[①]

（二）确定效力

和解协议是证券监管机构和当事人对既有执法争议的确认，只有在特殊情况下才能修改。澳大利亚 ASIC 允许满足特定条件的承诺方变更或撤回可执行承诺。为防止承诺方滥用上述权利，草率作出可执行承诺，ASIC 严格限制了承诺方变更或撤回承诺的条件。唯有在承诺方履行承诺已不切实际，或签订承诺协议的基础已发生重大变化的情况下，ASIC 才会考虑更改承诺协议的相关内容。[②] 我国台湾地区也有类似规定。“行政程序法”第 147 条规定，“行政契约缔结后，因有情事重大变更，非当时所得预料，而依原约定显失公平者，当事人之一方得请求他方适当调整契约内容。如不能调整得终止契约。”

（三）先例效力

不同国家（地区）对行政执法和解决定是否具有先例效力存在不同规定。根据澳大利亚 ASIC 第 100 号监管指南，ASIC 接受当事人可执行承诺是基于特定案情，不应被视为对今后监管行动具有约束力的先例，即 ASIC 接受当事人就不当行为作出的承诺，不表示其将在其他类似案件中接受另一人就不当行为作出的承诺。[③] 我国香港地区也有类似规定，香港证监会 2017 年《有关与证监会合作的指引》指出，“即使本会基于多项特定事实而愿意藉第 201 条协议与受规管人士解决某宗纪律事宜，但如果另一宗个案情况不同，本会便未必会认为适合采取同样的做法。”[④] 但在英国，执法和解决定具有先例作用。FCA 非常重视决策的一致性，根据其《执法指南》，后续和解案件的处理必须考虑在先已作出的和解决定。FCA 认为，如果其不遵守在先和解决定的先例约束，将引发公众对其滥用和解权力和同案不同处理的质疑。[⑤]

---

① See Title 5 of United States Code.

② ASIC, Regulatory Guide 100: Enforceable Undertakings (February 2015), RG 100.48 – 100.54.

③ ASIC, Regulatory Guide 100: Enforceable Undertakings (February 2015), RG 100.13.

④ 香港《有关与证监会合作的指引（2017 年 12 月）》，第 4 页。

⑤ FCA, The Enforcement Guide, 5.22.

（四）限制当事人寻求执法救济的效力

达成和解意味着当事人放弃就执法争议寻求听证、复议和诉讼等其他救济的权利。美国 SEC《行为规范》第 240（c）条规定："一旦和解提议被 SEC 接受，那么提出和解提议的一方就放弃了（i）参加所有依据制定法规定的将要开始或者已经开始的听证的权利；（ii）要求提交拟议中（Proposed）的事实裁决（Finding of Facts）与法律结论（Conclusions of Law）的权利；（iii）参加由听证官主持的程序并得到所作出的初始结论的权利；（iv）参加听证之后的所有程序的权利；和（v）请求法院进行司法审查的权利。"此外，提交和解提议的当事人还进一步放弃了"声称委员会在整个程序或者某一部分中对和解协议的考虑或讨论存在偏见或预判的权利"。英国和我国香港地区的执法和解协议也会加入"和解当事人放弃就和解事项提起进一步申辩和上诉的权利"条款。

（五）不具有排除刑事追责的效力

一般来说，行政执法和解不具有排除司法机关以特定刑事处罚为内容提起刑事诉讼的效力。根据美国 SEC《行为规范》第 202.5（f）条规定，SEC 与当事人所达成的和解协议，并不影响司法机关对当事人提起刑事指控。换言之，SEC 对已经或未来可能涉嫌刑事犯罪的案件可以适用和解程序。已达成和解的当事人也不排除未来存在追究刑事责任的可能。实践中，当事人与 SEC 的证券执法和解谈判，当事人与刑事检控部门的辩诉交易协商协同进行，以期尽快解决所有问题。澳大利亚 ASIC 也采取了可执行承诺效力与刑事执法相脱钩的模式。ASIC 就被调查事项与申请人达成的可执行承诺协议，其效力仅适用于解决此前调查程序中承诺方的相关权利主张，而不影响已经或未来对承诺方提起的任何刑事指控。可执行承诺生效后，刑事机关仍然可以对申请人提起相应的刑事诉讼程序。

（六）不具有排除第三方民事赔偿救济的效力

证券监管机构与当事人达成证券行政执法和解，与受损投资者针对当事人提起民事赔偿诉讼，是两个相互独立的程序。和解协议不及于双方当事人外的第三人，不具有排除其他利益受损者寻求其他救济的效力。因此，受损投资者可以就未通过和解金赔偿程序获得赔偿的部分，再行请求民事损害赔偿。美国 SEC 不禁止受损投资者在获得和解金补偿之后，向法院提起证券民事赔偿诉讼或集团诉讼。澳大利亚 ASIC 与当事人达成的可执行承诺也不构成对第三方民事赔偿救济的限制。ASIC 可执行承诺生效后，任何因当事人行为而产生损失的投资者，均可就其损失中未获得补偿的部分请求民事赔偿。

第四节　和解内容的比较研究

证券监管机构与当事人达成的和解协议本质上是行政契约。其主要内容为当事人为避免行政处罚，取得结案处理结果所承诺履行的义务，包括向证券监管机构支付和解金或交纳罚款，向投资者赔偿损失及采取有针对性的合规整改举措等。和解协议内容的有效性决定了行政执法和解制度所能发挥的执法效果。①

一、和解金措施

和解金体现了证券行政执法和解的惩罚性，和解金金额的大小决定了和解当事人付出的经济代价，受损投资者的获偿程度，政府所得罚金，以及产生的社会效果等。在我国香港地区，和解金表现为和解金的征收，在美国和英国则表现为民事罚款（Civil Penalty）和违法所得（Disgorgement）的罚没。

（一）我国香港地区的和解金征收制度

香港证监会采取和解手段处理执法争端的目标在于鼓励当事人与监管机构合作和采取一定措施（例如交纳和解款项、对受害人作出赔偿），

---

① 高振翔：《比较法视野下证券行政执法当事人承诺制度的关键问题研究》，载《经贸法律评论》2022 年第 2 期。

从而令法律程序得以尽快完成，与施加有足够的阻吓及惩罚力度的制裁两者之间取得平衡。[①] 当事人支付和解金的对象为香港证监会。和解金数额在当事人自愿支付的基础上，与香港证监会协商确定。香港证监会在参照罚款限额，考虑与涉案行为的危害程度相称，具有保障作用及阻吓力等因素基础上，向当事人提出和解款项主张。[②] 为鼓励当事人及早与香港证监会合作解决个案争议，香港证监会将纪律处分程序分为三个阶段，并规定当事人越早达成和解所获得的宽减越多（见表 2－2）。作为一般原则，若受规管人士与香港证监会合作并在第一阶段达成和解协议，香港证监会可将所施加的制裁宽减最多 30%；若在第二阶段达成和解协议，制裁宽减最多 20%；若在第三阶段达成和解协议，制裁宽减最多 10%。此外，若受规管人士向证监会提供特殊及重大的合作，可能获进一步宽减制裁。[③]

表 2－2　　中国香港早期和解宽减后果

和解所处的纪律处分阶段	宽减后果
第一阶段：由侦察到失当行为或监管缺失至发出建议纪律处分行动通知书为止	制裁宽减最多 30%
第二阶段：由发出行动通知书至受规管人士作出书面陈述以回应行动通知书的期限为止	制裁宽减最多 20%
第三阶段：由作出陈述的限期届满至发出决定通知书为止	制裁宽减最多 10%

（二）美国和英国的民事罚款（Civil Penalties）、违法所得（Disgorgement）罚没制度

在美国和英国，监管机构根据自身职权直接作出的处罚，往往适用范围有限，而对于很多市场违法行为，监管机构需要通过司法机关根据民事程序（Civil Proceedings）作出处罚，故称为民事处罚。[④] 在美国立

① 香港《证券及期货事务监察委员会 2005—2006 年报》，第 69 页。

② 香港《证券及期货事务监察委员会 2005—2006 年报》，第 66 页。

③ 香港《有关与证监会合作的指引（2017 年 12 月）》，第 6.7 至 6.10 条。

④ See Verity Winship, Fair Funds and the SEC's Compensation of Injured Investors, 60 Florida Law Review 1103, 1111 (2008).

法中，民事罚款（Civil Fine）、民事金钱罚（Civil Money Penalty）和金钱罚（Money Penalty）通常混用，它们之间没有严格区分。①

根据立法授权，美国 SEC 可以在行政和解程序或司法和解程序中向当事人主张民事罚款和返还违法所得。② 民事罚款和违法所得性质上相当于和解金，均是和解当事人为达成和解所付出的经济代价。根据 1990 年《证券执法救济和小额证券改革法》，SEC 民事罚款制度采取了三级量罚结构：第一级（如不涉及欺诈）罚款为每宗违规行为每名自然人 5000 美元及机构 5 万美元；对于涉及欺诈或罔顾他人行为的第二级罚款，每宗违规行为每名自然人 5 万美元及机构 25 万美元；对于涉及欺诈并导致他人损失的第三级罚款，每宗违规行为每名自然人 10 万美元及机构 50 万美元。③ 罚款金额还会随着通货膨胀的变化定期调整。④ 实践中，SEC 可以通过对违法行为宗数的灵活认定（如受害人数量法、欺诈文件数量法等），向和解当事人主张大额民事罚款金额。⑤ SEC 确定民事罚款金额需要考虑的因素包括：存在欺诈、欺骗、操纵行为或对法规要求的蓄意违反或罔顾其后果；受害人损失情况；不当得利的程度；违法记录；预防的需要；配合执法情况；当事人的赔付能力等。⑥ SEC 在和解个案中还特别考虑了调查成本和若 SEC 成功控告，当事人所需支付的罚金等情

---

① 黄辉：《香港证券市场失当行为审裁处制度及其启示》，载郭文英、徐明主编：《投资者》（第 1 辑），法律出版社 2018 年版，第 184 页。

② SEC 原先只能申请联邦法院，对违法行为人处以民事罚款，或通过禁令的附带救济判处行为人违法所得。1990 年《证券执法救济和小额证券改革法》将这两种处罚权直接赋予了 SEC。SEC 有权通过其行政程序，对券商、投资顾问等注册对象处以罚款，并没收违法所得。但对于非注册对象（包括上市公司及其董事高管、内幕交易行为人等主体），SEC 则无权进行民事罚款。2010 年《多德—弗兰克法案》对 SEC 执法权作了进一步扩张，授权 SEC 可以在行政程序中对所有违反联邦证券法的行为人施加民事罚款处罚。[See 15 U. S. C. § 77t (d) (1), 78u (d) (3) (A), 80a – 12 (e) (1), 80b – 9 (e) (1); Dodd-Frank Act, § 929P (2010).]

③ See 15 U. S. C. § 78u (d) (3) (B).

④ 美国于 1990 年通过了《联邦民事罚款通货膨胀调整法》，该法要求监管机构对于罚款的上下限数额根据通货膨胀进行适时调整。

⑤ 颜欣：《证券法中的罚款制度：中美比较研究》，载北京大学金融法研究中心主编：《金融法苑（2014 总第九十二辑）》，中国金融出版社 2014 年版，第 50 – 67 页 。

⑥ 肖宇：《证券行政执法和解金的确立与分配规则探析》，载《暨南学报（哲学社会科学版）》2015 年第 6 期。

况。SEC 认为，处以大额民事罚款是证券执法和解中有效的补救措施。[①]

英国 2000 年《金融服务与市场改革法》授权 FCA 对任何人的违法行为采取民事罚款措施。英国 FCA 将民事罚款运用于执法和解实践中，并专门制订了鼓励早期和解的罚款折扣计划，最高折扣金额可达 30%（见表 2－3）。[②] 该计划提高了 FCA 的和解效率，目前，FCA 和解谈判期限一般仅 28 天。[③]

表 2－3　　英国 FCA 早期和解罚款抵扣计划

和解协议类型	罚款折扣
同意所有问题的认定，包括事实、责任和处罚	30%
同意事实和责任认定，但不同意处罚	30%
同意事实认定，但不同意责任和处罚认定	由 FCA 监管决策委员会在 15% ～30% 的折扣幅度内进行裁量
同意大部分事实、责任和处罚认定（保留有限的争议问题）	由 FCA 监管决策委员会在 0～30% 的折扣幅度内进行裁量
不同意所有的事实、责任和处罚认定	0

（三）对域外和解金实践的分析

1. 和解金的性质。和解协议的重要内容是当事人交纳和解金。和解金是指当事人为适用行政执法和解而交纳的资金。域外市场的不同实践体现出和解金的两种定位。第一种是将和解金等同于行政处罚中的罚没款。如美国和英国的证券监管机构根据立法授权，在证券执法和解程序中对当事人处以民事罚款和没收违法所得，并在和解协议中写入相应的罚没款条款。当事人在证券执法和解程序中交纳的和解款项与在处罚程序中缴纳的罚没款并无本质区别：一是法律依据相同，如在英国，和解程序和处罚程序的民事罚款依据均为 2000 年《金融服务与市场改革

① See George L. Miles, Let Judges Judge: Advancing a Review Framework for Government Securities Settlements Where Defendants Neither Admit nor Deny Allegations, 46 Connecticut Law Review 1111, 1138－1139 (2014).

② FCA, The Enforcement Guide, 5.4.

③ FCA, The Enforcement Guide, 5.19.

法》。二是考虑因素相似，如在美国，和解程序和处罚程序的民事罚款都须遵守1990年《证券执法救济和小额证券改革法》规定的三级量罚原则。三是款项使用目的相同，如在美国，和解程序和处罚程序的民事罚款和违法所得均纳入公平基金分配投资者或上缴国库。

第二种则是和解金区别于行政处罚中的罚没款。和解金作为当事人为适用证券行政执法和解而主动付出的经济代价，由证券监管机构与当事人通过谈判确定，不适用行政罚没款中关于数额法定的规定。如我国台湾地区"行政程序法"对"行政处分"和"行政契约"分别进行了规定，行政和解契约适用的规则不同于行政处分，行政和解契约的订定相对人自愿接受执行之约款。又如我国香港地区，当事人支付的和解款项不同于罚款和违法所得，和解款项建议由香港证监会根据具体案情、公众影响程度、和解所处的执法阶段等考虑因素提出，经和解双方协商确定。香港证监会程序复检委员会曾在2004年指出，和解与罚款之间有着具体的差别，"和解是由当局酌情决定而在双方同意下进行"，"罚款是对违反某些发牌规定或失当行为所作出的一种制裁，而引致作出这个罚则的事实，会载列于有关人士的遵从规定记录内。"①

事实上，和解金的不同定位与特定国家（地区）的法治环境、证券监管实践密切相关。如在美国，SEC执法和解与处罚的界限并非泾渭分明，许多在处罚程序适用的具体措施在和解程序中同样适用。和解的最大特征在于证券执法过程增加了协商、谈判要素。因此，和解中的和解金可以等同于处罚中的罚没款。但在我国台湾地区，行政处分程序与行政契约程序是两个具有显著区别的行政程序，适用不同的法律规范。因此，和解金不能等同于罚没款。

2. 和解金的用途。国际上对和解金的用途存在两种不同模式，有的将和解金用于补偿第三人损失等公益目的，有的则将和解金直接上缴国库。一是美国的补偿投资者模式，即通过公平基金形式向受损投资者进

---

① 香港《证券及期货事务监察委员会程序复检委员会呈交财政司司长的二零零四年周年报告》，第21页。

行补偿，如有剩余可用于投资者服务、教育，只有满足损害补偿等公益目的后，才能将和解金上缴国库。二是德国的上缴国库模式，即和解金不是用于补偿相关受害人损失而是直接上缴国库，这也是多数国家（地区）的做法。该模式下，投资者损失由当事人直接赔偿，而非由证券监管机构将当事人交纳的和解金“二次分配”至受损投资者。如在我国香港地区，当事人向香港证监会支付和解款项与赔偿受害人损失是两项不同的和解义务，当事人赔偿受害人损失是一项单独的和解义务，和解协议中予以专门规定。在香港证监会的监督下，当事人直接向受害人履行赔偿义务，当事人向证券监管机构支付的和解款项则上缴国库。

上述两种模式各有利弊，补偿投资者模式发挥了证券监管机构公共执法补偿的作用，通过证券监管机构对和解金的“二次分配”，补偿效率性和公正性得到提升，当事人充分获偿更有保障。但证券监管机构具体介入和解金分配，不可避免增加了补偿成本。而上缴国库模式下，投资者获偿取决于民事赔偿诉讼的结果以及当事人主动补偿投资者的自觉程度，获偿具有不确定性。但这种补偿模式更为直接，也更有利于避免和解金的监管风险。具体应当采取何种模式，取决于法律法规是否授权证券监管机构以公共补偿职责，是否建立了较为完备的证券民事赔偿诉讼机制等因素。

二、投资者补偿措施

证券行政执法和解的重要目的是提高执法效率的同时，更好地保护投资者合法权益。美国通过公平基金制度，使通过证券执法和解程序收缴的民事罚款和违法所得可以直接分配给受损投资者，开辟了投资者获得有效救济的新渠道。其他国家（地区）也有和解当事人补偿受损投资者的不同实践。

（一）美国公平基金制度

公平基金由 2002 年《萨班斯—奥克斯利法案》（*Sarbanes-Oxley Act*）

创立。该法第308条规定，对违法行为人追缴的违法所得、民事罚款可以纳入一个基金，由SEC制订分配计划，经法院审查后分配给证券欺诈中的投资者。[①]公平基金制度广泛运用于SEC案件和解实践，不少SEC和解决定或法院和解同意令均明确写入“公平基金条款”。[②] 在SEC和解决定中，“公平基金条款”包括基金创设金额、资金来源、账户设立、管理规范、和解当事人缴款期限、资金分配等内容。通常情况下，SEC和解决定作出后10天内，和解当事人须将相应民事罚款、违法所得资金划转至公平基金账户；SEC和解决定作出后30天内，和解当事人须向SEC提交初步的资金分配计算方案；SEC批准方案后60天内，和解当事人须向SEC提交支付文件（Payment File），包括每名受损投资者的姓名、每名受损投资者获偿金额、最低补偿标准说明等内容。最终补偿分配应当在SEC批准支付文件的90天内完成。[③]

1. 资金来源。实践中，一个SEC证券执法案件设立一个公平基金，以违法行为人的名称命名该基金。资金来源于SEC对该违法者追缴的违法所得、民事罚款、判决前利息，以及这些资金在分配前的利息收入。1971年，美国联邦最高法院在Texas Gulf Sulphur Co. 案中以判例形式确立了SEC可以在司法程序中将内幕交易违法行为人的违法所得分配给投资者。[④]其后1990年《证券执法救济和小额股票改革法》（*The Securities Enforcement Remedies and Penny Stock Reform Act*）将追缴返还违法所得制度拓展至SEC行政裁审程序。2002年《萨班斯—奥克斯利法案》以立法形式正式确立了公平基金制度。2010年《多德—弗兰克法案》对公平基金制度作了完善，规

---

① See 15 U. S. C. § 78c（a）. 但根据该法案规定，只有当SEC要求违法者归还违法所得才能将民事罚款向受害人分配，假如没有要求违法者归还违法所得，那么SEC只能将民事罚款上缴财政部，而不能予以分配。2010年《多德—弗兰克法案》第929B条进一步规定，仅有民事罚款也可以成立公平基金，使公平基金制度的适用范围得到进一步扩大。

② 如在前述美国银行案中，为让法院同意颁布和解同意令，SEC和当事人在和解协议中加入了专门用于补偿美国银行股东损失的和解基金条款。[See SEC v. Bank of American Corporation, 2010 WL 624581（S. D. N. Y. Feb. 22, 2010）.]

③ See In the Matter of Monomoy Capital Management, L. P. , SEC Administrative Proceeding File No. 3 –19764.

④ See SEC v. Texas Gulf Sulphur Co. , 446 F2d 1301, 1307 –1308（2d Cir. 1971）.

定仅有民事罚款也可以成立公平基金，公平基金适用范围进一步扩大。

2. 资金管理。公平基金由 SEC 依职权设立。为加强对公平基金的管理，SEC 于 2006 年制定了《公平基金与吐赃计划规范和实践规则》（*Rules of Practice and Rules on Fair Funds and Disgorgement Plans*）。规则第 1100 条规定，SEC 或听证官（通常是行政法官）作出没收违法所得或者民事罚款决定，可以同步要求将相关罚没款用于设立公平基金，补偿投资者损失。通常来说，SEC 执法部在启动执法程序前会就是否设立公平基金提出建议。

学者指出，SEC 或听证官是否决定设立公平基金，会着重考虑资金“循环”问题和分配成本问题。[①] 前者是指对信息披露欺诈的上市公司处以罚没款并设立公平基金，受害投资者得到的赔偿均来自公司现有股东的腰包（而非制造欺诈的公司管理层），相当于金钱“从彼得的腰包进入保罗的腰包（Robbing Peter to Pay Paul）”[②]，不能达到矫正违法的效果，反而使无辜股东受到伤害。后者是指如果 SEC 或听证官认为分配计划的管理成本相对于可能获得罚没数额过高，或者由于潜在申请者的数量问题使分配给受害投资者是不合理的，应当将罚没款直接上缴财政部。如果案件不涉及以上问题，SEC 将优先采取设立公平基金的方式处理。

目前，美国公平基金可通过司法程序的方式设立，也可以依照行政程序的方式设立。统计显示，2002—2013 年设立的 243 个公平基金中有 100 个是通过行政程序设立的，其他则是依照司法程序设立的。[③]

SEC“公平基金收集和分配办公室”（The Office of Collection and Distribution）专门负责公平基金的收集与分配，并开发了一套基金的分

---

① See Urska Velikonja, Public Compensation for Private Harm: Evidence from the SEC's Fair Fund Distributions, 67 Stanford Law Review 331, 375 (2015).

② See Barbara Black, Should the SEC be a Collection Agency for Defrauded Investors?, 63 The Business Lawyer 2, 317, 331 (2008).

③ See Urska Velikonja, Public Compensation for Private Harm: Evidence from the SEC's Fair Fund Distributions, 67 Stanford Law Review 331, 347 (2015).

配记录和追踪系统（Phoenix System）以确保公平基金分配的有效性。[①] SEC 或听证官有权自由任命任何人（包括 SEC 工作人员）作为基金分配的管理人，也有权将其解任。SEC 往往从其批准的管理人名单中选任管理人。如果管理人是 SEC 工作人员，则无权获得报酬。如果管理人（包括税务管理人）不是 SEC 的工作人员，则可以因其服务而获得合理的费用。该项费用先从基金的利息收入中支付，不足的由基金支付。此外，为保证基金管理人忠实、勤勉履行职责，SEC 要求定期对公平基金进行财务审计。每个季度的前十天对公平基金进行一次审计。当公平基金终结运行前，也需进行一次最终审计。[②]

3. 资金分配。资金分配是公平基金运作的核心。SEC 对公平基金的分配方式、金额具有自由裁量权。根据公平基金设立程序的不同，SEC 提出基金设立意向，由 SEC 内部的听证官（行政程序）或法院法官（司法程序）进行处理。每一只基金分配一次，如不足分配，则按比例分配，如分配后尚有剩余，将用于投资者教育等公益项目或上缴财政部。SEC 会雇用顾问负责设计分配方案，同时会雇用基金管理人负责相应的程序事宜，如发布公告、向适格请求者邮递材料、处理相关请求、准备账户、准备纳税申报以及分配基金。

《公平基金与吐赃计划规范和实践规则》详细规定了公平基金分配规则，分别是分配计划的提交和计划内容（第 1101 条）、公平基金的支付（第 1102 条）、提议计划的公示（第 1103 条）、提议计划的通过、修改或不通过（第 1104 条）、计划的管理（第 1105 条）、异议的权利（第 1106 条）等。以行政程序设立的公平基金为例，其归集与分配的程序一般是（见图 2 -6）。

（1）SEC 或听证官裁决以追缴当事人的违法所得和罚款创立一只公平基金。

---

① See Division of Enforcement 2017 Annual Report, SEC Reports and Publications (November 2017), http://www.sec.gov/reports.

② 杨文尧天、何海锋：《投资者公平基金的制度功能与运作机制》，载郭锋主编：《金融服务法评论》，法律出版社 2019 年，第 434 -447 页。

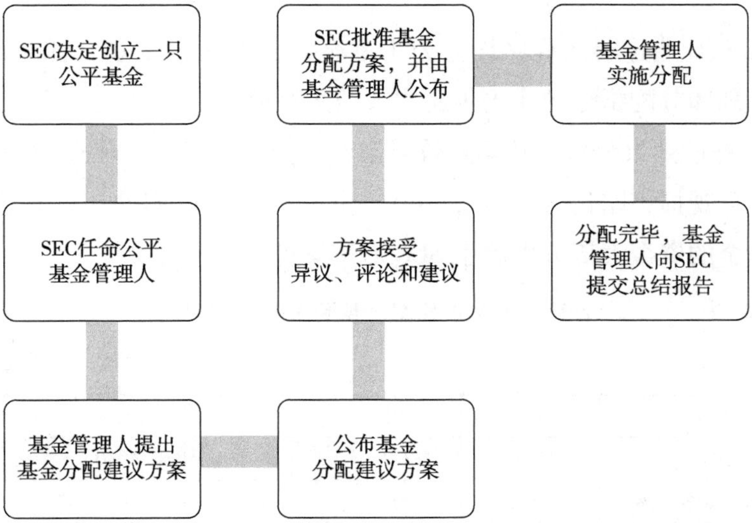

图 2-6　通过行政程序设立的公平基金收集与分配示意图

（2）SEC 任命管理人，管理人提出基金分配建议方案，分配建议方案包括资金储存的账户、投资方式，补偿投资者的类别及通知方式，提出、同意补偿请求及处理争议程序，投资者提出请求的最终日期，基金运行的最后时间及剩余资金处理办法，基金管理人酬劳等。

（3）分配建议方案公布，接受异议、评论和建议；接受异议、评论和建议期间届满后的 30 日内，SEC 将以发布命令的方式作出是否批准该方案的命令。如 SEC 作出实质性修改，应当在此公告，并征求意见。

（4）SEC 批准分配方案后，基金管理人公布分配方案并实施分配。首先由 SEC 发出通知，符合要求的适格投资者应在规定的时间内向基金管理人提出索赔请求。基金管理人综合考虑适格投资者所购买的股票数量，购买、出售和持有股票的时间等要素，确定投资者可以获得的赔偿数额。若基金管理人发现适格投资者过多，或者运转公平基金的费用过高，公平基金不足以抵销相关费用或补偿所有投资者时，公平基金不再分配给投资者，而是在抵充相关费用后上缴财政部。

（5）分配完毕，基金管理人提交总结报告，由 SEC 审核。如基金有剩余，SEC 裁定将其上缴财政部。之后，SEC 裁定基金终止，管理人职责终止。[①]

若 SEC 通过司法程序设立公平基金，公平基金设立、管理人任命、分配计划和分配指令的作出等还均须经法院批准。

4. 补偿效果分析。从实践效果来看，美国投资者近年通过公平基金获得了可观损害赔偿（见表 2－4），由于 SEC 和解案件比例高达 90%，公平基金的资金大部分来源于 SEC 和解案件。

表 2－4　　2015—2019 年 SEC 补偿受损投资者情况[②]

单位：亿美元、%

年份	2019	2018	2017	2016	2015
金额	11.97	7.94	10.73	1.40	1.58
占罚没款金额比例	27.5	20.1	28.3	3.4	3.8

同时，公平基金已成为弥补美国证券集团诉讼不足的重要组成部分，在补偿投资者损失上发挥重要功能。公平基金的本质是通过公权力的介入对私益损害进行公共补偿，能够有效克服私人民事诉讼不足。美国证券集团诉讼主要针对财务欺诈案件。据 2006—2010 年数据，美国 60% 的证券集团诉讼针对财务欺诈提起，90% 的证券集团诉讼赔偿款支付给了财务欺诈案件受害人。[③] 对于财务欺诈以外的证券违法案件，如不当证券发行、内幕交易、市场操纵、投资咨询人及经纪人违法等，证券集团诉讼发挥的作用有限。这些案件中，有的是因为潜在损失不大，律师并没有太大的激励提起集团诉讼（如潜在损失较小的投资经纪人违法案件）；有的是很难达到提起集团诉讼的条件，极易被驳回（如内幕交易、市场操纵案件具有极强隐蔽性，很难被投资者发现，就算发现因果关系也较难证明）。对这些案件的投资者损失补偿，公平基金发挥重要作用。

---

① Urska Velikonja, Public Compensation for Private Harm: Evidence from the SEC's Fair Fund Distributions, 67 Stanford Law Review 331, 343 (2015).

② 高振翔：《美国证券执法的重点、难点及挑战——SEC 执法部 2017 年至 2019 年年报解析》，载陈洁主编：《商法界论集（第 5 卷）》，法律出版社 2020 年版，第 63 页。

③ Urska Velikonja, Public Compensation for Private Harm: Evidence from the SEC's Fair Fund Distributions, 67 Stanford Law Review 331, 356 (2015).

研究表明，信息披露违法之外的其他证券违法案件，公平基金补偿金额占到投资者补偿总金额的77.7%以上，远超证券民事诉讼所能获取的金额，其中内幕交易案件的公平基金补偿比例更是达到100%（见表2-5）。此外，超过一半（53.2%）的公平基金分配对象是无法通过并行私人民事诉讼程序获得补偿的被欺诈投资者。[①] 在绝大多数公平基金涉及的案件中，借助公平基金成为投资者获得补偿的唯一渠道。

表2-5　美国公平基金在各类证券违法行为中补偿效果（2003—2013年）[②]

单位：件、%

案件类型	公平基金补偿案件数量	同步提起集团诉讼的公平基金补偿案件数量	同步获得集团诉讼补偿的公平基金补偿案件数量	集团诉讼补偿比例	公平基金补偿比例
证券经纪人违法	47	34	16	18.6	81.4
内幕交易	15	2	0	0	100
投资顾问违法	61	32	19	9.6	90.4
发行人信息披露违法	69	68	59	84.5	15.5
市场操纵	9	2	1	3.3	96.7
市政证券	6	2	1	15.8	84.2
证券发行	19	7	4	22.3	77.7

总结来看，美国公平基金补偿具有以下特点和优势：一是公平基金独立于民事诉讼，具有较大灵活性。公平基金属于证券公共执法，与属于证券私人执法的民事诉讼并行不悖，受损投资者在证券民事诉讼中获得赔偿不影响其在公平基金中申请补偿。二是公平基金避免了证券民事诉讼存在的“集体行动困境”缺陷问题。由于证券法中的违法行为具有

① Urska Velikonja, Public Compensation for Private Harm: Evidence from the SEC's Fair Fund Distributions, 67 Stanford Law Review 331, 369 (2015).

② Urska Velikonja, Public Compensation for Private Harm: SEC's Fair Fund Distribution, Harvard Law School Forum on Corporate Governance (April 30, 2014), https://corpgov.law.harvard.edu/2014/04/30/public-compensation-for-private-harm-secs-fair-fund-distribution/#:~:text=My%20paper%2C%20Public%20Compensation%20for%20Private%20Harm%3A%20Evidence, of%20money%20to%20harmed%20investors%20through%20fair%20funds.

涉及面广、取证难、证明难等特征，受损投资者往往抱有“搭便车”心态，主张损害赔偿的积极性不高。公平基金的介入能在很大程度上缓解上述问题。三是公平基金有利于投资者获得更为有利的补偿标准。证券民事诉讼中，原告方需要证明自己的受损情况，判赔金额往往不能覆盖实际受损金额的情况。公平基金则可以通过 SEC 运用自由裁量权选择最有利于投资者的补偿标准。

（二）其他国家（地区）的投资者补偿机制

澳大利亚和我国香港地区也均在证券监管机构的行政执法和解指引中明确规定了受损投资者补偿机制。

在澳大利亚，ASIC 不会向可执行承诺当事人主张和解金征收等财产罚措施，但可执行承诺协议通常包括民事赔偿、非法所得返还相关内容。根据 ASIC 第 100 号监管指南，ASIC 将结合对涉嫌违法行为可能适用的财产罚则，以及承诺当事人通过该行为所获利润或避免的损失数额，确定应赔偿投资者的具体金额。对于可以确定具体受损投资者的案件，承诺当事人将直接向受损投资者支付款项。而难以确定受影响群体的，ASIC 则要求承诺当事人将相应金额投入与其行为相关的投资者教育计划或社会团体等项目。①

在我国香港，当事人赔偿投资者损失是独立的执法和解措施。根据 2017 年《有关与证监会合作的指引》，若当事人“就受影响投资者的损失迅速向他们作出全额赔偿”，香港证监会将更有可能与当事人达成和解协议。② 加皇投资管理（亚洲）和解案中，加皇公司就多个非证监会认可基金向客户提供投资意见，同时存在内控合规方面的缺失。根据和解协议，加皇公司向所有“合资格客户”提出回购建议，回购价相当于投资本金 100%，并向“合资格前客户”作出赔偿。同时，香港证监会

① ASIC, Regulatory Guide 100: Enforceable undertakings (February 2015), RG 100. 35.

② 香港《有关与证监会合作的指引（2017 年 12 月）》，第 2 页。

还对加皇公司作出谴责并罚款400万港元。[①]

三、合规整改措施

通过证券行政执法和解制度督促当事人建立一套有效防范、识别及应对合规风险的治理体系，对于及时解决问题，恢复市场秩序，避免类似违规行为的再次出现意义重大。各国基于自身执法体制的不同特点，规定了不同的合规措施及其落实机制。

（一）合规整改措施的主要表现

1. 资格禁入或限制。资格禁入是指在一定期限乃至终身剥夺行为人担任一定职务（一般为上市公司的董事或高管职务）或从事证券业务（如证券经纪、证券审计、证券法律执业等）的资格。资格禁入或限制对约束违法行为人的专业行为，形成对社会公众的良好行为引导至关重要，属于合规措施的范畴。根据1933年《证券法》第20（b）条和1934年《证券交易法》第21（d）条，SEC发现当事人从事或可能从事违反本法规定的行为，有权在具有管辖权的法院提起诉讼，申请永久或临时的禁令（Injunction）或者限制令（Restraining Order）。SEC经常寻求在法院颁布的和解同意令中加入禁令条款。禁令的威慑力体现在对当事人相关资格禁入，其作用在于提醒公众对违规行为的注意，推动公司完善合规体系避免违法行为再犯。对于SEC注册的证券市场从业人员或机构（如券商、投资顾问、投资公司以及全国性证券交易场所），SEC可以径行通过行政程序实现资格禁入，不必寻求法院禁令。[②]

---

① 《证监会谴责加皇投资管理（亚洲）并罚款400万港元》，载香港证监会官网2012年8月16日，https：//apps. sfc. hk/edistributionWeb/gateway/TC/news-and-announcements/news/doc？refNo = 12PR86。

② 例如，1934年《证券交易法》第15（b）（4）条和第15（b）（6）条赋予SEC对券商实施纪律处分的权利，1940年《投资顾问法》第203（e）条和第203（f）条赋予SEC对投资顾问实施纪律处分的权力，1940年《投资顾问法》第9（b）条赋予SEC对投资公司实施纪律处分的权力。

香港证监会也将对责任人的资格禁入条款写入和解协议。如在百裕证券和解案中，根据和解条款，百裕证券公司的相关责任人员的牌照被分别吊销1个月、3个月和1年。[①]

2. 改组公司董事高管。证券行政执法和解中，证券监管机构可以通过撤换对涉案事项负有责任的董事会或高级管理层成员、任命独立董事等方式实现公司内部治理结构改善。如美国特斯拉和解案中，公司董事长兼CEO在社交软件中连续发布关于公司私有化计划的不实信息，且公司欠缺针对董事高管的信息披露的管理制度。为与SEC达成执法和解，特斯拉公司促使原董事长辞去职务，并改组公司董事会，增加两名独立董事。[②]

3. 制订专项合规计划。为与证券监管机构达成和解协议，当事人往往需要制订旨在提升公司合规能力的专项计划。合规计划包括合规组织体系、管理体系、风险识别和防控体系等方面。一个有效的合规计划应当在违规事项发生后，实现对违规人员的有效惩戒、对合规漏洞的有效填补、对违规后果的有效修复。合规计划的制订与实施可以促进公司形成良好的商业行为准则，防止公司再次出现类似违法行为。[③]

澳大利亚和我国香港地区的证券监管机构均将和解在指明时间内就第三方所识别的合规漏洞作补救，确保有关缺失不会再犯等作为可执行承诺协议或和解协议的基本内容，并把相关要求写入执法规范。[④] 美国SEC虽未在执法规范中写入合规措施，其通过法院颁发司法禁令及附带救济（Ancillary Relief）或自身签发行政“制止—终止令”方式，要求

---

① 《证监会与百裕证券有限公司、钟天明、辛德胜及陆劲昌就纪律行动达成和解》，载香港证监会官网2005年4月18日，https://apps.sfc.hk/edistributionWeb/gateway/TC/news-and-announcements/news/doc?refNo=05PR103。

② See Elon Musk Settles SEC Fraud Charges; Tesla Charged With and Resolves Securities Law Charge, SEC Press Release (September 29, 2018), https://www.sec.gov/news/press-release/2018-226.

③ 陈瑞华：《企业合规制度的三个维度——比较法视野下的分析》，载《比较法研究》2019年第3期。

④ ASIC, Regulatory Guide 100: Enforceable Undertakings (February 2015), RG 100.35；香港《有关与证监会合作的指引（2017年12月）》，第3-4页。

当事人按照 SEC 规定的条件和期限实现合规操作。

（二）落实合规整改措施的监督机制

1. 专家监督机制。澳大利亚 ASIC 通过独立专家（Independent Expert）制度实现对承诺事项的执行监督，即由独立专家监督并向 ASIC 报告承诺当事人的执行情况。根据第 100 号监管指南，ASIC 通常会根据承诺当事人的合规历史、内控机制情况及履行承诺事项的复杂程度，决定是否任命独立专家。① 一般来说，对承诺当事人需要实施大规模、复杂投资者补偿计划事项，ASIC 将指派独立专家对承诺方履约情况进行监督，并将上述专家条款写入可执行承诺协议。在 ASIC 未直接指派的情况下，申请人也可以自己任命独立专家，但须取得 ASIC 的同意。独立专家应当同时满足专业性和独立性的任职要求。② 独立专家将就其所监督的事项起草调查报告，并提交 ASIC 审议。ASIC 在对报告内容进行审核后，可以选择向公众披露报告摘要或相关内容。

此外，美国和我国香港地区也存在由和解当事人聘请"特别专家"（Special Professionals）或外部合规专家等措施，监督和解当事人合规行为的实践。③

2. 行政监督机制。证券监管机构是和解协议缔结的当事人，有权要求另一方当事人严格履行和解义务，并在其不履行时采取措施。我国台湾地区"行政院金融监督管理委员会缔结行政和解契约处理原则"第 15 条规定，"相对人违反行政和解契约者，本会除得起诉或径行强制执行外，亦得解除或终止契约。但契约另有约定者，从其约定。前项本会解除或终止契约之情形，本会得依法续行调查，并得拒绝相对人再次向本会提出缔结行政和解契约之请求。"在美国、英国和澳大利亚等英美法

---

① ASIC, Regulatory Guide 100: Enforceable Undertakings (February 2015), RG 100.57－100.58.

② 就专业性而言，独立专业应当具备监督承诺执行的经验及资源，对特定行业还应具备相应执业资格或技术专长。就独立性而言，ASIC 着重考察独立专家与承诺方之间的关系，以及独立专家是否建立了一定机制妥善处理利益冲突。

③ 上证联合研究计划第 18 期课题报告：《证券行政执法实效研究——美国、英国和香港地区的经验与启示》，第 13 页；香港《有关与证监会合作的指引（2017 年 12 月）》，第 3－4 页。

系国家，当事人违反和解协议承诺，相关违反构成重大或持续性违约，证券监管机构有权向法院提起诉讼，由法院强制当事人履行协议，并采取违约惩处措施。

3. 司法监督机制。美国 SEC 可以通过司法程序与当事人达成执法和解协议，由法院颁授和解同意令，和解协议据此具备司法效力，当事人和解义务的履行受法院监督。获颁授同意令的 SEC 和解协议，具有藐视法庭的禁制效果（Contempt Power），当事人违反和解协议的内容，SEC 可以以藐视法庭的罪名向法院起诉追究当事人责任。

与 SEC 和解制度相似，澳大利亚 ASIC 也可选择通过司法程序与当事人达成可执行承诺，使可执行承诺协议具备司法效力。ASIC 选择向当事人提起有关处罚的民事诉讼（Civil Litigation）后，ASIC 与当事人达成由法院监督执行的可执行承诺协议（立法上称为法院可执行承诺，Court Enforceable Undertaking）将具有禁制（Contempt）效果。协议达成后，ASIC 撤回其在法院提起的民事诉讼，ASIC 和当事人各自承担有关诉讼费用。当事人违反法院可执行承诺内容将视同违反法院的禁制令判决，受到藐视法庭责任追究。[①]

第五节 各方利益保障机制的比较研究

证券行政执法和解的内容除属双方真实意思表示外，还须不损害国家利益、社会公共利益或者他人合法权益。客观地讲，证券监管机构在适用和解制度的过程中可能存在滥用裁量权的情况，对私方当事人的妥协可能会以牺牲公共利益为代价。防范公权力被滥用，一方面须对证券监管机构实施和解制度的程序作出严格规范，另一方面也要对保障和解制度中各方利益的机制作出规定。事实上，构建公开、公正和有效参与的各方利益保障机制同样起到防范行政自由裁量权被滥用的作用。各国

① ASIC, Regulatory Guide 100: Enforceable Undertakings (February 2015), RG 100.94 - 100.98.

证券行政执法和解实践均强调对各方利益的保障。[①]

一、和解当事人保障:“权利无损”原则

为保障和解当事人权利，英美法系国家强调了行政执法和解的商讨是在“无损权利”的基础上进行。“无损权利”原则是指除非和解当事人与执法当局另有协议，执法当局与和解当事人都不能在以后的行政或者司法程序中，提及和解商讨相关内容，但就是否达成和解协议一事出现任何争议除外。例如，香港证监会在其发布的《纪律处分程序概览》中指出，“证监会透过协议解决纪律处分程序，相关商讨都是在‘无损权利’的基础上进行的。”[②] 英国 FCA《执法指南》第 5.9 条也指出，和解中当事人所作的承认、陈述或与和解谈判有关的书面文件，不得作为执法部门提交处罚部门或者法庭的证据。[③]“无损权利”原则保障了和解当事人的自由陈述权，促使和解当事人在协商中就涉嫌违法事项与监管当局充分交换意见，而无须担心因不利陈述遭受监管当局的后续指控。“无损权利”原则还防范了监管当局滥用和解制度，从被调查对象中套取“自认口供”。但需要指出的是，“无损权利”原则仅约束和解协议双方，对第三人（如受损投资者）并不适用。因此，如果和解当事人在证券监管机构公开的案件公告或协议中承认了违法或过错，受损投资者仍然可以将相关事实、和解当事人承认违法情况作为证据用于后续民事索赔诉讼。

二、受损投资者保障：第三方参与制度

证券行政执法和解不能通过牺牲第三方利益来换取行政目的的实现。我国台湾地区专门规定了和解第三方参与制度，包括听证制度和第三人

① 高振翔:《比较法视野下证券行政执法当事人承诺制度的关键问题研究》，载《经贸法律评论》2022 年第 2 期。

② 香港《证券及期货事务监察委员会纪律处分程序概览（2017 年 12 月）》，第 14 页。

③ FCA, The Enforcement Guide, 5.9.

书面同意制度。对因已经遭受违法行为损害的第三方，证券监管机构应当通过听证等方式征求其意见。“行政院金融监督管理委员会缔结行政和解契约处理原则”第7条规定，“本会于行政和解契约协商过程中，应就所欲和解之内容征询利害关系人之意见或举行听证”。对因行政执法和解的成立而可能遭受损害的第三方，和解协议须经该第三人书面同意。“行政程序法”第140条规定，“行政契约依约定内容履行将侵害第三人之权利者，应经该第三人书面之同意，始生效力。”

此外，美国SEC《执法规范》也就利害关系人提交声明制度作了规定，利害关系人提交的声明应转交恰当的部门主任或地区主任，并抄送展开调查的SEC工作人员，并明确与之相关的具体调查。如果SEC工作人员建议启动执法程序，利害关系人的所有声明均应与工作人员备忘录共同转交SEC。[①]

三、社会公众保障：信息公开制度

行政执法和解的信息公开对保障公众知情权，发挥社会监督功能至关重要，也有利于证券执法可视性，给潜在违法者一种警示。但和解程序本身又具有保密性，和解全过程的公开不利于和解协议的高效达成，也不利于提升当事人申请适用和解制度的意愿。对和解信息公开，不同国家（地区）的实践存在差异。

美国和我国香港地区主张行政执法和解信息适度公开。美国以SEC和解决定书或法院判决书的方式公开和解信息，不会直接披露和解协议全文。实践中，SEC和法院文书对和解信息披露较为详细，除了公开和解的结果，还附上较为详细的和解说明，包括达成和解的基本事实、理由、依据和最终采取的惩处措施等。原则上，香港证监会对每一个和解个案都会在网站进行公告，说明涉嫌违规事实、和解协议具体内容（特

① 17 C.F.R. § 202.5 (c).

别是涉及投资者补偿方面）、香港证监会与当事人达成和解的理由、当事人所受惩处等，但和解协议不公开。

澳大利亚和英国则更强调行政执法和解信息的充分公开。澳大利亚ASIC在其第100号监管指南中，规定了ASIC不得与承诺方达成秘密可执行承诺。[①] 除涉及商业秘密、个人隐私等事项可免于公开外，ASIC与承诺当事人所签订的可执行承诺协议及当事人履行协议的情况应当在ASIC网站公开，供公众查阅监督。即使承诺当事人已全面履行协议各项义务，也不得从ASIC中删除此前的承诺履行的义务。而英国FCA则在其《执法指南》中明确规定了执法和解案件公开要求，同时还强调了和解案件的先例作用。[②] 为保持决策的一致性，FCA通过和解方式所作的处罚决定，对后续类似案件处理具有约束作用。

第六节　本章小结

证券行政执法和解作为一项舶来品，为解释其来龙去脉，有必要对域外成熟市场的证券行政执法和解实践进行研究剖析。本章从证券行政执法和解的适用条件、和解程序、和解内容、各方利益保障机制等关键问题入手，从世界范围内选取了美国、英国、澳大利亚、我国香港地区四个英美法系国家（地区）和德国、我国台湾地区两个大陆法系国家（地区），对其证券行政执法和解的制度演进及基本架构、实践活动进行比较研究。本章的研究既为后续对我国证券行政执法和解制度的检讨打下坚实基础，也为我国制度完善提供了经验借鉴。

一、和解条件

在和解适用前提上，“既不承认也不否认违法”是当事人寻求适用

① ASIC, Regulatory Guide 100: Enforceable Undertakings (February 2015), RG 100.43.

② FCA, The Enforcement Guide, 5.22.

行政执法和解的主要动机之一，也是大部分国家的证券执法和解政策，但要求当事人承认违法或过失体现了证券监管机构从严执法的趋势。从SEC证券执法和解实践看，无须当事人承认违法的和解政策，其正当性在于较高的执法效率和较低的执法成本。而批评却也在于该政策削弱了执法权威和公信力，不能带来公正结果。从根本上说，美国和我国香港和解政策转向原因在于允许所有和解案件当事人“既不承认也不否认违法”，难以实现投资者保护的证券监管目的。这一政策下，违法者无须被认定违法和过错，和解惩处成为了没有法律和道德否定性评价的单纯“商业成本”（Cost of Doing Business）。[①] 要求和解当事人在一定的情形下承认违法，至少在三个方面改善了投资者保护：一是提高了受损投资者民事索赔胜诉概率，二是提升证券监管机构的执法威慑力，三是强化了监管当局在适用和解制度中的谈判地位和能力。以当事人承认违法或过错作为和解适用前提也存在一些负面问题，如降低被调查对象寻求适用和解的动机，证券监管机构须投入更多执法资源，案件处理的时效性降低等。

在和解适用范围问题上，前端准入模式和后端裁量模式代表了设定适用条件的两种不同取向：前者鼓励行政机关谨慎行事，实行有限度的以契约代替处分；后者鼓励行政机关尽量以和解代替处分。前端准入模式通过严格适用条件设置，避免了证券监管机构滥用自由裁量权问题，但由于条件设置严苛，和解适用范围有限，其积极价值难以充分发挥。后端裁量模式虽有利于和解实施，但条件设置宽松，又容易造成监管机构裁量权过大，引发社会公众对和解放纵违法行为的质疑。证券行政执法和解的适用条件设置需要根据监管环境、监管目标、公众接受程度等具体情况作决定，在强调松绑行政裁量权激活和解实施的同时，确保和解制度运作是在法治主义原则和法律规则的指引下运行，兼顾效率追求与公正要求。

---

① See Matthew G. Neumann, Neither Admit Nor Deny: Recent Changes to the Securities and Exchange Commission's Longstanding Settlement Policy, 40 Journal of Corporation Law 793, 805 (2015).

二、和解程序

证券监管机构适用行政执法和解必须受到程序法的约束和规范。和解程序的启动包括何时可以申请适用和解以及谁可以提起申请两个问题。各国（地区）一般规定案件调查程序启动至处罚作出期间，均可启动和解程序。灵活的和解启动时间设置可以让和解申请人充分评估案件适用和解的利弊，提高案件适用和解的比例。同时，为避免道德风险和利益冲突，各国（地区）一般规定和解适用申请须由当事人提出，证券监管机构只有在特殊情况下才允许向当事人提出适用和解制度的要约。

和解谈判是达成和解协议的关键环节。各国（地区）对证券行政执法和解的谈判机制并无过多刚性约束，双方当事人可就和解事项进行充分协商。和解谈判的内容包括证券监管机构拟作出的执法选择，对当事人的指控内容，当事人承诺履行的和解义务等。

和解事项决策涉及证券监管机构自由裁量权的行使。各国（地区）对证券监管机构决策适用和解制度都规定了较为严格的内部评估和监督制约机制。和解决策权由高级别监管人员行使，以确保和解适用决定的权威性。同时，为降低决策外部干扰，和解事项决策往往与案件调查、和解谈判分离，调查或谈判人员一般不参与决策审议。此外，决策理由需要留痕并通过公告等形式向社会适度公开。

和解效力是指和解协议生效后对当事人双方和第三人产生的效力。从各国（地区）规定来看，行政执法和解具有结案效力、先例效力和限制当事人权利的效力。一旦证券监管机构与当事人达成和解协议，围绕涉案事项的执法程序宣告中止，当事人履行完毕和解程序后执法程序终结，当事人需要在和解协议中放弃部分权利并履行一定的和解义务。部分国家（地区）的和解决定还具有约束证券监管机构后续执法行动的先例效力。此外，行政执法和解不对司法机关的刑事追责和受损投资者的民事追偿构成限制或障碍。

三、和解内容

证券行政执法和解具有惩罚和纠正的双重制度价值，不仅使违法者受到财产罚惩处，还进一步整顿违法者的公司治理、内部控制机制，促进问题的有效解决，是实现执法效果与保证执法效率、节约执法资源的“双赢”制度设计。和解协议内容既要体现对当事人的惩罚性，突出执法的市场威慑力和警示作用，又要体现当事人主动认错、纠错的过程，突出执法的教育与补救功能。各国（地区）的和解协议一般包括和解金措施、投资者补偿措施、合规措施等条款。

和解金措施是和解制度惩罚性的主要体现，本质上均是对和解当事人的经济制裁，反映了和解当事人所需付出的经济代价。对和解金的定位，美国和英国将证券执法和解金等同于行政处罚中的罚没款，证券监管机构根据立法授权，将罚没民事罚款和违法所得制度运用于证券执法和解。而我国台湾地区和香港地区则将和解金区别于行政处罚中的罚没款，两者性质不同、法律依据不同、适用规则也不同。对和解金的用途，美国通过公平基金形式向受损投资者进行补偿，如有剩余，可用于投资者服务或教育或上缴国库。德国、我国台湾地区和香港地区则直接将证券执法和解金上缴国库，不用于受损投资者赔偿。和解金不同用途影响着当事人下一步是否还要继续承担责任，也体现出监管目的是以金钱罚为主还是以保护投资者优先。①

投资者补偿措施、合规措施则是当事人为得到案件适用和解处理所采取的纠正举措，体现了证券行政执法和解在补偿投资者损失，修复市场秩序等方面的作用。美国在投资者补偿损失领域具有丰富实践，其独特的公平基金制度在资金来源、资金管理、资金分配等问题上形成了相对成熟的做法。合规措施包括资格禁入或限制措施、改组公司董事高管、

---

① 肖宇：《证券行政和解金的确立与分配规则探析》，载《暨南学报（哲学社会科学版）》2015年第6期。

制订专项合规计划等内容。为确保当事人履行合规义务的效果质量，各国（地区）还探索出了第三方专家监督、行政监督、司法监督等履行监督机制。

四、各方利益保障

从各国（地区）情况看，“权利无损”原则、第三方参与制度和信息公开制度构成了对和解当事人、受损投资者和社会公众等各方较为完整的利益保护机制。“权利无损”原则促使和解当事人可以就涉案行为的事实情况与证券监管机构充分沟通，而无须担心和解协议谈判失败后，相关陈述或者承认在以后的有关程序中被作为对其不利证据。这一原则旨在鼓励当事人通过谈判解决争议的商事纠纷解决，对提升证券行政执法和解效率，促进问题及时解决起着重要作用。第三方参与制度包括在和解适用过程中听取受损投资者等利害关系人意见制度和利害关系人书面同意制度，对于确保证券监管机构与当事人达成的和解协议不损害案外第三人的合法权益，避免和解道德风险有着重要意义。信息公开保障了公众外部监督与问责，是行政执法和解证成其合法性的关键。但达成和解协议以双方协商为前提，遵循自愿和意思自治的私法原理，又需要一定的保密性来确保其有效性。信息公开需要把握适度原则，在确保行政执法和解的正当性和有效性之间取得平衡。

第三章　我国证券行政执法和解的制度现状与问题检讨

尽管在域外成熟市场，证券行政执法和解手段已得到普遍运用，在我国证券监管实践中却还是一种新的执法手段。我国证券行政执法和解制度产生于国务院的授权探索实践，经历了部门规章“试点”，到正式纳入法律规范的发展历程。制度构造和具体运行体现了我国证券监管执法体制的“集中统一”和“查审分离”特征。试点实施以来，我国证券行政执法和解的制度供给不断充实，证监会却在实践中较少采用这一执法方式结案。2019 年新修订的《证券法》将证券行政执法和解制度写入法律。根据《证券法》授权，2021 年 10 月，国务院以行政法规形式将证券行政执法和解制度更名为证券行政执法当事人承诺制度，并对这一制度作了具体规定，证监会、财政部随后出台配套规章。现阶段，发挥我国证券行政执法和解的制度效能和空间还很大。本章从我国证券监管执法体制的基本构造出发，对我国证券行政执法和解的制度框架与实践情况作评析。在此基础上，探讨了我国移植证券行政执法和解制度过程中面临的问题及成因。

第一节　我国证券监管执法体制框架

证券行政执法和解是证券监管执法的一种具体方式，对证券行政执法和解制度的分析建立在证券监管执法体制之上。经过探索实践，我国建立起了全国集中统一的证券市场监管体系，形成了以查审分离为核心的证券执法体制。

一、“集中统一”的证券监管体制

（一）“集中统一”的证券监管体制演变

我国证券监管体制经历了从“地方监管为主，中央各部委多头监管”到“以证监会为主的集中统一监管”的演变历程。[①] 证券市场初创阶段，证券发行交易活动局限于上海、深圳等地方，上海、深圳等地方政府各自承担辖区范围内证券市场管理职责，同时接受中国人民银行、中国经济体制改革委员会等中央部委指导。1992 年 10 月，为加强证券市场宏观管理，统一协调股票、债券、国债等有关政策，国务院成立了国务院证券委员会（以下简称证券委），负责制定证券监管的宏观政策。同时，成立中国证监会作为证券委的执行机构，具体行使证券监管职能，其他相关部委和地方政府提供协助。证券市场形成各部门共管的多头管理局面。

1997 年 11 月，全国金融工作会议决定对金融业实行分业经营和管理。全国集中统一的证券期货监督管理体系正式开始建立。在中央层面，1998 年 4 月，国务院撤销证券委，职能划入证监会，证监会成为全国证券期货市场的主管部门，为国务院直属的正部级事业单位。同时，中国人民银行的证券经营机构监管职能也划归证监会。在地方层面，1997 年 8 月，国务院决定将沪深证券交易所划归证监会直接管理。1998 年 8 月，国务院批准《证券监管机构体制改革方案》，授权证监会在地方设立派出机构，此前由证监会授权，行政上隶属于各省市地方政府的地方证券监管机构收归证监会统一领导。

1998 年 12 月，全国人大审议通过《证券法》，明确规定国务院证券监督管理机构对证券市场的管理职权，依法对全国证券市场实行集中统

① 曹里加：《证券执法体系比较研究》，北京大学出版社 2008 年版，第 206 页。

一监督管理。至此，“集中统一”的证券监管体制在我国正式确立。

（二）“集中统一”证券监管体制的内涵

我国集中统一的监管模式契合了自身政治经济体制特点与证券市场发展现实。我国证券市场在政府的推动下建立发展，新兴加转轨的特征明显，市场机制存在的缺陷与风险需要统一、权威的证券监管机构对证券市场进行集中监管。集中统一的证券监管体制树立了市场监管的权威性，有利于我国证券市场的长期健康发展。① 我国“集中统一”的证券监管体制具有以下特征。

1. 集中统一的监管机构。集中型证券监管模式的主要特征是由立法或行政机关授权的国家证券监管机构对证券市场实施统一管理，各种自律性组织，如证券交易所、行业协会等只起协助作用。根据《证券法》，证监会是我国证券市场政策的制定机构和执行机构，证券市场的规则体系由证监会为中心构建。在中央层面，国务院将证券监管职责统一划归证监会，证监会集证券市场的发展者与监管者角色于一身，体现出全能型证券市场监管机构特征。在地方层面，证监会采取垂直领导的监管模式，在地方设立派出机构并授予其监管执法权。派出机构负责区域内的证券监管事项，有利于统筹考虑各地方发展差异造成的监管差异，降低中央直接监管成本，同时确保地方证券监督管理机构能准确贯彻证监会意志，不受地方政府的政策影响。

2. 集中统一的监管事权。证监会的机构定位为国务院直属事业单位，按照《证券法》规定集中行使证券行业的行政立法权、市场管理权、稽查执法权等监管权。一是行政立法权。证监会依法制定有关证券市场监督管理的规章、规则，依法行使审批或者核准权。证监会制定的规范准则和业务细则往往成为证券市场运行至关重要的依据。二是市场管理权，包括行为管理和主体管理两部分。行为管理是指证监会依法对证券的发行、交易、托管、登记、结算等行为进行的监督管理。主体管

---

① 宁金成：《我国证券市场监管模式的选择与创新——自律与他律监管模式的诠释与安排》，载《公民与法》2011 年第 6 期。

理是指证监会依法对证券自律管理组织（如证券交易所、证券登记结算机构、证券业协会等）、证券发行交易主体（如证券发行人、上市公司、证券投资基金管理机构等）、中介机构（如证券公司、证券投资咨询机构、资信评级机构、会计师事务所、律师事务所等）等市场参与主体进行管理，依法制定从事证券从业人员的资格标准和行为准则。三是稽查执法权。证监会依法对违反证券市场法律法规的行为进行查处。

证监会的监管权涵盖了证券市场的事前准入、事中监管、事后处罚等各个环节，包括市场主体、资质、行为等各个方面，跨越股票、债券、基金等多个证券品种。监管事权的集中统一有利于提升证券监管的专业性、协调性和效率，发挥信息集中优势，达到相对节省社会资源，减少耗散的作用。

3. 强有力的监管方式。证券活动具有复杂性，不能仅依靠当事人双边或多边的合同约定来保障整个交易流程的安全，强制性法律规则体系的存在十分必要。证券监管机构通过强制厘定必需的证券监管手段和法律细节，形成上行下效、集中统一的监管方式。强制性证券法律规则包括对证券公开发行和证券交易的强制性信息披露、证券违法行为的禁止、对上市公司收购若干环节的规范等。

实施强制性证券法律规则的手段包括法律手段、经济手段和行政手段三类。法律手段分为立法手段和执法手段，根据法律授权，证监会对证券发行、交易、信息披露等内容制定规范细则，并肩负执法机关职责。经济手段包括市场宏观调控政策的拟定，机构投资者发展，上市公司培育以及证券公司等行业主体的规范发展。行政手段包括行政指令和行政指导，如证监会对某一问题的临时规定、通知或具有某种导向的信息宣传等。

在市场经验、监管动力等方面，我国证监会具有较强的监管市场的能力。相比证券交易所、证券业协会等行业自律组织，证监会监管权来源于法律授予，有更多的惩戒措施和强有力的宏观调控的工具，行政执法威慑力较大。证监会代表国务院对证券市场进行监管，能够超脱于市场中的各类主体的复杂利益纠纷而坚持公共利益的导向。①

二、“查审分离”的证券执法体制

（一）“查审分离”的证券执法体制演变

证券执法是证券监管的重要组成部分。自证监会1992年成立以来，我国证券稽查执法制度经历了从“查审一体”到“查审分离”的不断完善过程。1995年11月，证监会设立稽查部（1998年9月改名为稽查局），专司证券市场违法违规案件的调查处理。这一时期，我国证券执法采取“查审一体”体制，证券执法领域的案件立案、听证、审理、处罚工作由稽查局统一负责，法律部、会计部两个部门参与把关。

2002年，证监会发布《关于进一步完善中国证券监督管理委员会行政处罚体制的通知》（证监发〔2002〕31号），将证监会内部行政调查权与审理处罚权分开，案件调查由稽查部门负责，案件审理由法律部负责，同时设立非常设的行政处罚委员会，由证监会有关部门负责人兼任委员。行政处罚委员会的工作机构设在法律部，由法律部案件审理执行处承办日常工作。行政处罚委员会实行合议制，通过举行审理会和听证会，履行审理和听证职责。对于案情简单、事实清楚、处罚较轻的案件，可以采取简易程序，不提交行政处罚委员会，由法律部审理并提出处理意见。

2006年，证监会借鉴域外成熟市场“行政法官”制度经验，重新组建了相对独立的行政处罚委员会及其办公室，专司证券违法违规案件审理。按照这一制度设计，证监会立案调查的案件全部交由专职的行政处罚委员会委员审理。审理遵循“主审—合议”制原则，主审委员审查案件的事实和证据，主持听证，根据法律规定提出处理意见，经合议委员集体讨论决定后作出处理建议。在证券监管机构内部设立相对独立的机

① 张玮：《集中还是竞争——证券市场监管模式分流的考察与解释》，载《安徽行政学院院报》2019年第1期。

构履行审判处罚职责，不仅是我国行政执法体制的重大创新，也是我国金融监管执法体制的重大变革。

近年来，证监会在坚持“查审分离”体制基础上，积极寻求完善案件调查体制的路径。一是调查体制方面，2007 年，证监会合并原稽查一局（负责调查欺诈发行证券、虚假陈述等违法违规案件）和稽查二局（负责市场操纵、内幕交易等违法违规案件查处）为稽查局（首席稽查办公室），同时设立稽查总队，进一步增强案件调查力量。2013 年，证监会发布《关于进一步加强稽查执法工作的意见》（证监发〔2013〕49 号），对证监会内部稽查执法工作进行了分工，稽查局负责受理线索的立案交办，案件调查工作的协调、督导、评价，交办案件的统一复核移送等工作。稽查总队、上海稽查支队（2014 年合并至上海专员办）、深圳稽查支队（2014 年合并至深圳专员办）具体承办大案要案类（A 类）案件调查工作，各地派出机构承办辖区案件和常规案件类（B 类）、简单案件类（C 类）为主。二是审理体制方面，2010 年，证监会决定在上海证监局、广东证监局、深圳证监局三家派出机构开展行政处罚试点工作，在授权范围内组织对“自办案件”的立案、调查、审理、处罚和执行工作。在此之前，证监会所有调查案件均由行政处罚委员会进行审理并处罚。2013 年，证监会将行政处罚权的范围扩大至全部派出机构。对纳入自办范围的案件，原则上由派出机构审理、处罚，但大案要案、疑难复杂案件和可能对当事人权益造成重大影响的案件仍由行政处罚委员会审理、处罚。从 2017 年开始，证监会建立巡回审理工作机制，先后在上海证券交易所、深圳证券交易所和中国金融期货交易所设立巡回审理办公室，派驻执法人员对两交易所上市公司相关违法违规案件开展行政处罚审理工作。巡回审理工作机制对推动证监会行政执法与交易所一线监管有机衔接，促进资本市场监管资源科学调配和统筹安排具有重要意义。

（二）“查审分离”的证券执法体制内涵

“查审分离”是证监会在长期监管执法实践中探索发展的执法制度。

“查审分离”的本质是证监会调查与处罚权力的相互制约。[①] 考虑证券违法案件所涉金额往往巨大，判罚结果对当事人的财产和人身权利可能产生重大影响。设置独立的审理机构，调查部门不参与案件裁决，让审理机构可以基于一种客观、中立的立场，执行并解释法律规定，使裁判排除不必要干扰，案件处理结果更加公平、公正和合理。“查审分离”体现着丰富的法治内涵。

1. 行政执法引入司法元素。“查审分离”体制下，调查部门与审理机构间保持相对距离。审理机构秉持中立、无偏的立场，赋予相对人参与和理性争辩的机会，使市场主体对监管执法的法治化形成明确、稳定的预期。我国“查审分离”的证券执法体制设计借鉴了西方“行政法官”的经验，审理人员基于“法官视角”，对调查证据进行全盘审视，向调查部门提出审理疑点，并就当事人的申辩理由进行客观公正分析，通过“庭审化”方式提高行政处罚质量。

2. 审理人员的专业化。审理人员专业化是“查审分离”体制创新的优势之一。基于资本市场的特殊性，行政执法面临的制度供给不足将是一种常态。“查审分离”的职责分工使审理人员得以专注于案件的定性量罚。行政处罚审理工作的专业性，有助于更好地实现证券监管目标。同时，在快速创新的市场环境里，专业化也有助于缓释由于法律规则的滞后性导致的市场“规则空白”。[②]

3. 权力的监督制衡。证券监管权力的行使必须受到制约，“查审分离”体制是遵循权力运行分工制约的具体表现。通过处罚审理机构的专门化，审理人员的专职化、专业化，审理机制的准司法化，在证监会内部形成权力的相互监督制约机制。调查部门和审理部门从不同角度对违法事实认定和法律适用进行把握，弥补执法环节的不足与漏洞，最大限度提高执法的科学性与公允性。审理部门对个案量罚裁审的“法律审”

---

① 许志峰：《证券执法 查审分离提高处罚质量》，载《人民日报》2015 年 8 月 24 日，第 010 版。

② 程丹：《查审分离 让权力晒在阳光下》，载《证券时报》2015 年 8 月 24 日，第 A02 版。

“事实审”“程序审”有助于实现对调查部门的监督制约。而对审理机构的监督和制约则在内部通过建立审理制度、签批程序、问责制度、公开制度、人事管理制度等机制来实现，在外部通过行政复议和司法审查实现。

“查审分离”是我国证券监管执法体制的突出特征，是“权力晒在阳光下”的具体体现。监管机构内部实行调查和审理分开，分段行使执法权杖，避免了执法权力过分集中的弊端。“查审分离”体制对将当事人各项程序权利落到实处，提高案件审理质量、效率和效果具有重要意义。

第二节 我国证券行政执法和解的规范评析

我国证券行政执法和解制度经历了规章“试点”和纳入法律规范两个阶段。当前，我国形成了以《证券法》为基础，国务院《证券期货行政执法当事人承诺制度实施办法》、证监会《证券期货行政执法当事人承诺制度实施规定》和证监会、财政部《证券期货行政执法当事人承诺金管理办法》相互配套衔接的证券行政执法和解制度体系，具体制度设计体现出“集中统一”和“查审分离”的证券监管执法特点。

一、我国证券行政执法和解的制度演变

（一）试点实施阶段（2005 年 3 月至 2020 年 3 月）

随着我国行政法制建设的日益完善，强调通过公权力机关和当事人合作以解决行政纠纷的行政执法和解制度在我国逐渐兴起。早在 2006 年，中共中央办公厅、国务院办公厅发布《关于预防和化解行政争议健全行政争议解决机制的意见》，要求“积极探索和完善行政和解、行政诉讼和解制度”，随后行政复议、行政诉讼、反垄断执法等领域开始探索建立和解制度。而证券行政执法和解制度的试点建立则得益于国务院

2013 年发布的《关于进一步加强资本市场中小投资者合法权益保护工作的意见》。该意见明确提出要“探索建立证券期货领域行政和解制度，开展行政和解试点”。2014 年，证监会主席肖钢在《中国行政管理》杂志上发表署名文章“积极探索监管执法的行政和解新模式”，指出行政执法和解制度符合现代行政法治的基本价值取向，建立证券期货行政执法和解制度核心在于投资者救济及和解权力制约，并呼吁在有关行政执法和解制度的法律规定正式出台前，可以经过必要的批准程序先行试点。[①] 2014 年底，国务院批准证监会在证券期货行政执法领域开展行政执法和解试点工作。2015 年 2 月 27 日，证监会正式发布《行政和解试点实施办法》，通过规章形式确立了证券行政执法和解的目的、法律关系、适用范围与条件、和解程序。2 月 28 日，证监会、财政部联合发布《行政和解金管理暂行办法》，对和解金的补偿原则、补偿方案与具体管理作出规范。《行政和解试点实施办法》与《行政和解金管理暂行办法》组成了我国试点实施证券行政执法和解的主要法律架构。

我国证券行政执法和解制度以试点方式发现问题，总结经验，待立法条件成熟，再正式建立法律制度。这种由部门规章“试点”的法律发展模式，虽然能在较短时间推动证券行政执法和解制度改革取得突破，却与“重大改革必须于法有据”的法治要求不符，存在适用瓶颈问题。

首先，授权机制与法治原则不符。《行政和解试点实施办法》和《行政和解金管理暂行办法》以国务院的行政决定、命令作为授权依据，虽然与我国的行政立法授权体系并不冲突，但行政决定和命令具有政策性、不稳定性，是非正式的法源，不具有明文规定的法律约束力。从本质上讲，这种授权机制与法治原则不符。

其次，法律位阶过低。行政执法和解作为一种新型行政管理法律关系，有必要由全国人大常委会提供法律规范依据。在部门规章中规定行政执法和解制度存在着法律位阶过低，难以有效规范行政执法和解行为，

---

① 肖钢：《积极探索监管执法的行政和解新模式》，载《行政管理改革》2014 年第 1 期。

妥善处理行政执法和解权与行政处罚权等其他行政权关系问题。

法律依据不足可以通过政策层面寻求理论支持，证券期货市场的飞速发展对监管工作的创新性提出较高要求，由于法律规定固有的滞后性以及我国强调慎重、成熟的立法传统，证券市场的很多监管制度创新难以等待正式法律的确认。可行的做法是：在依法行政精神的指导下，由证券监管机构先行“试点”，制定部门规章或者规范性文件，实践检验成功后，再推动立法部门将成熟的监管规则上升为法律规定。在我国香港地区，香港证监会在《证券及期货条例》（2003 年 4 月 1 日生效）赋予其执法和解权利前，一直都有就纪律处分行动达成执法和解的案例。尽管如此，法律依据不足的缺陷仍是将来必需解决的问题。《证券及期货条例》明确授权之前，香港证监会尽管认为其有权实施监管和解，但实际上也认为“和解措施缺乏正式承认”是其监管制度的不足之处，因此其大力推动立法部门在《证券及期货条例》中明确予以授权。我国证券行政执法和解制度的试点实践也面临类似问题。证监会作为行政监管机关，行使行政基本法所赋予的权力仅是行政监管、行政执法，并无行政执法和解。

（二）纳入《证券法》规范阶段（2020 年 3 月以来）

经过近五年试点实践，证券行政执法和解制度正式纳入《证券法》规范。2019 年 12 月，全国人大常委会通过了新修订的《证券法》，该法于 2020 年 3 月正式生效实施。新修订的《证券法》第一百七十一条规定了证券执法领域的终止调查制度，该条关于证监会对涉嫌证券违法的单位或者个人中止调查、终止调查和恢复调查的规定，在法律层面搭建了我国证券行政执法和解制度的基本框架，同时授权国务院规定证券行政执法和解的具体办法。

为做好配套衔接，2020 年 8 月，证监会发布《证券期货行政和解实施办法（征求意见稿）》。该征求意见稿根据《证券法》规定对《行政和解试点实施办法》进行了针对性的修订完善。《证券期货行政和解实施办法（征求意见稿）》在总结证券行政执法和解试点工作经验基础上，完善了和解申请、和解适用范围和条件、和解启动程序、和解金确定因素、和解金管理使用等内容。

但《证券期货行政和解实施办法（征求意见稿）》只是部门规章效力层级，不符合《证券法》有关国务院出台行政法规对证券行政执法和解制度予以明确的要求。在《证券期货行政和解实施办法（征求意见稿）》的基础上，证监会又形成了《证券期货行政执法当事人承诺制度实施办法（送审稿）》，经司法部审查后上报国务院审议。2021 年 10 月，国务院正式公布《证券期货行政执法当事人承诺制度实施办法》，证券行政执法和解制度有了行政法规层面的实施依据，得以正式落地实施。为做好制度层面的衔接配套，2022 年 1 月，证监会出台了《证券期货行政执法当事人承诺制度实施规定》，证监会、财政部联合出台了《证券期货行政执法当事人承诺金管理办法》，对相关规定做了进一步细化完善。

二、我国证券行政执法和解的制度内容

（一）《证券法》规定

《证券法》第一百七十一条在参考《反垄断法》经营者承诺制度①基础上，规定了我国证券监管领域的行政执法终止调查制度，其实质就是证券行政执法和解制度的体现。证监会基于特定的执法目标与涉案当事人达成协议，对原本的行政调查、行政处罚职权作出变通处理。证监会和涉案当事人在自身可处分范围内就特定事项达成妥协，实际上构成行政执法和解。

从法律规范分析，新《证券法》第一百七十一条是一个完整规范，

① 《反垄断法》第四十五条："对反垄断执法机构调查的涉嫌垄断行为，被调查的经营者承诺在反垄断执法机构认可的期限内采取具体措施消除该行为后果的，反垄断执法机构可以决定中止调查。中止调查的决定应当载明被调查的经营者承诺的具体内容。反垄断执法机构决定中止调查的，应当对经营者履行承诺的情况进行监督。经营者履行承诺的，反垄断执法机构可以决定终止调查。有下列情形之一的，反垄断执法机构应当恢复调查：（一）经营者未履行承诺的；（二）作出中止调查决定所依据的事实发生重大变化的；（三）中止调查的决定是基于经营者提供的不完整或者不真实的信息作出的。"

符合证券行政执法和解的构成要件和法律后果。[①] 按照具体法条是否可以作为独立请求权依据，法条分为完全法条和不完全法条。完全法条具备构成要件和法律效果两个要素，可以单独使用，不完全法条只能在与其他法条结合使用时才能产生法效果。[②]《证券法》第一百七十一条规定的证券行政执法和解构成要件和法律后果（见表 3－1）包括：

（1）时间：国务院证券监督管理机构对涉嫌证券违法的单位或者个人进行调查期间。

（2）主体：被调查的当事人。

（3）行为模式和对应的法律后果：一是被调查当事人提出“书面申请”，承诺在国务院证券监督管理机构认可的期限内纠正涉嫌违法行为，赔偿有关投资者损失，消除损害或者不良影响的，国务院证券监督管理机构“可以决定中止调查”。二是被调查当事人“履行承诺”，国务院证券监督管理机构“可以决定终止调查”。三是被调查当事人“未履行承诺”或者“有国务院规定的其他情形”，国务院证券监督管理机构“应当恢复调查”。

表 3－1　《证券法》第一百七十一条规定的构成要件和法律后果

时间要件	主体要件	行为要件	法律后果
国务院证券监督管理机构对涉嫌证券违法的单位或者个人进行调查期间	被调查的当事人	书面申请，承诺在国务院证券监督管理机构认可的期限内纠正涉嫌违法行为，赔偿有关投资者损失，消除损害或者不良影响的	国务院证券监督管理机构可以决定中止调查
		被调查的当事人履行承诺的	国务院证券监督管理机构可以决定终止调查
		被调查的当事人未履行承诺或者有国务院规定的其他情形的	国务院证券监督管理机构应当恢复调查

根据上述规定，《证券法》第一百七十一条赋予了证券监管机构选择行政执法方式的“程序裁量权”：案件调查期间，证监会无须实质评

① 席涛：《证券行政和解制度分析》，载《比较法研究》2020 年第 5 期。

② 卡尔·拉伦茨：《法学方法论》，陈爱娥译，商务印书馆 2004 年版，第 137－138 页。

价案情难易、事实是否清晰，便可根据当事人申请酌情适用证券行政执法和解制度解决纠纷。[①] 这使证券行政执法和解制度获得了单纯解决纠纷、弥补损失、提升执法效能的空间，有利于涉案当事人尽快排除执法调查引发的不确定状态。

同时，第一百七十一条还授权国务院出台证券行政执法和解的具体办法，并规定"国务院证券监督管理机构决定中止或者终止调查的，应当按照规定公开相关信息"。从政府信息公开角度，中止或者终止调查是国家行政机关就特定监管事项作出的影响被调查当事人权利义务的单方行为，属于对外发生法律效力的行政决定，其信息公开应当遵守国务院关于证券行政执法和解的具体办法和《政府信息公开条例》规定。

虽然《证券法》第一百七十一条是一个独立完整的规范，但从制度的可操作性、可执行性分析，该条仅对证券行政执法和解制度作了原则性规定，存在着概念抽象、可操作性不强等问题。要实施证券行政执法和解制度，还必须结合证券行政执法和解的具体办法。证券行政执法和解制度实施适用国务院行政法规《证券期货行政执法当事人承诺制度实施办法》和证监会配套出台的相应行政规章。

（二）《证券期货行政执法当事人承诺制度实施办法》规定

2021 年 9 月 8 日，国务院常务会议审议通过《证券期货行政执法当事人承诺制度实施办法》，以行政法规形式对证券行政执法和解制度作了规定，自 2022 年 1 月 1 日起施行。《证券期货行政执法当事人承诺制度实施办法》全文共计 22 条，尽管《证券期货行政执法当事人承诺制度实施办法》未明确区分具体章节，其内容可分为总体规定、申请与受理、沟通协商、协议签署及履行和其他规定五个部分。《证券期货行政执法当事人承诺制度实施办法》将"行政执法和解"称为"行政执法当事人承诺"，"和解协议"称为"承诺认可协议"，"和解金"称为"承

---

① 胡大路：《程序裁量视角下的证券执法当事人承诺制度——〈证券法〉第一百七十一条的规范分析》，载彭冰主编：《金融法苑（2022 总第一百零八辑）》，中国金融出版社 2022 年版，第 34－36 页。

诺金”。为确保全书表述统一，以下仍使用和解相关表述。

在总体规定方面，《证券期货行政执法当事人承诺制度实施办法》对和解制度（行政执法当事人承诺制度）进行了界定（第二条）。[①] 这一定义与《证券法》第一百七十一条规定一致，与《证券期货行政和解实施办法（征求意见稿）》和《行政和解实施试点实施办法》对“证券行政和解”的界定相同。《证券期货行政执法当事人承诺制度实施办法》同时确立了和解制度目的为保护投资者合法权益、维护市场秩序、提高行政执法效能（第一条），基本原则为公平、自愿、诚信，不损害国家利益、社会公共利益和他人合法权益（第三条）。为确保公平公正适用和解制度，《证券期货行政执法当事人承诺制度实施办法》同时要求中国证监会确定专门部门负责行政执法和解工作，与案件调查部门分别设置，并加强对这一制度实施过程中的监督（第四条）。

在申请与受理方面，《证券期货行政执法当事人承诺制度实施办法》列明了当事人申请适用和解制度所应提交的申请书及相关申请材料内容（第六条），并以负面清单形式规定了六种排除受理情形（第七条）。但排除受理情形规定相对原则和抽象，如“当事人涉嫌证券期货违法行为情节严重、社会影响恶劣”，“国务院证券监督管理机构基于审慎监管原则认定不适用行政执法当事人承诺制度的其他情形”，反映了证监会在申请受理环节，具有较大自由裁量权。如何确保受理标准的一致性，有待立法予以明确。在案件受理环节，证监会须对案件涉嫌违法情节是否严重、社会影响是否恶劣，对具体个案能否适用和解制度进行裁断，但《证券期货行政执法当事人承诺制度实施办法》仅给予证监会作出受理或不予受理决定时间20个工作日（第八条），时间是否充足有待实践观察。此外，《证券期货行政执法当事人承诺制度实施办法》还规定了证监会受理申请后，在与当事人签署承诺认可协议前（即和解协议），不

---

① 《证券期货行政执法当事人承诺制度实施办法》第二条规定，“国务院证券监督管理机构对涉嫌证券期货违法的单位或者个人进行调查期间，被调查的当事人承诺纠正涉嫌违法行为、赔偿有关投资者损失、消除损害或者不良影响并经国务院证券监督管理机构认可，当事人履行承诺后国务院证券监督管理机构终止案件调查的行政执法方式。”

停止对案件事实的调查（第九条），这让证监会在整个和解程序中始终处于对当事人的优势地位。尽管当事人自收到证监会案件调查文书之日起至作出行政处罚决定前，均可以申请适用行政执法和解（第五条），但只有在证监会对案件进行一定调查基础上才有可能受理当事人申请，否则可能削弱证监会采取和解措施的正当性。这是因为，若证监会受理和解申请后，随着调查继续深入，发现案件存在其他不适宜采用和解制度的因素，无疑使证监会处境变得尴尬。

表3-2　《证券期货行政执法当事人承诺制度实施办法》规定的不予受理和解（当事人承诺）申请的情形

序号	排除受理情形
(1)	当事人因证券期货犯罪被判处刑罚，自刑罚执行完毕之日起未逾三年，或者因证券期货违法行为受到行政处罚，自行政处罚执行完毕之日起未逾一年
(2)	当事人涉嫌证券期货犯罪，依法应当移送司法机关处理
(3)	当事人涉嫌证券期货违法行为情节严重、社会影响恶劣
(4)	当事人已提出适用行政执法当事人承诺的申请但未被受理，或者其申请已被受理但其作出的承诺未获得国务院证券监督管理机构认可，没有新事实、新理由，就同一案件再次提出申请
(5)	当事人因自身原因未履行或者未完全履行经国务院证券监督管理机构认可的承诺，就同一案件再次提出申请
(6)	国务院证券监督管理机构基于审慎监管原则认为不适用行政执法当事人承诺的其他情形

在沟通协商方面，《证券期货行政执法当事人承诺制度实施办法》规定了证监会可就适用和解事项与当事人进行协商沟通，具体内容包括当事人涉嫌违法行为造成的损失、损害或者不良影响情况以及其他适用和解制度的相关事项。为鼓励当事人积极提出和解申请，保障当事人程序权利，当事人提交的材料以及在沟通协商时所作的陈述，只能用于实施行政执法和解（第十条）。《证券期货行政执法当事人承诺制度实施办法》同时还规定了沟通协商时限（六个月，再次延长不得超过六个月）、具体协商程序（当面协商、制作笔录、参与沟通的执法人员不得少于两人）以及回避程序（第十一条和第十二条）。

在协议的签署及履行方面，《证券期货行政执法当事人承诺制度实施办法》规定和解协议应当载明的具体事项（第十三条），这包括适用和解制度的事由、涉嫌违法行为的主要事实、当事人承诺采取的具体措施、和解金数额及交纳方式、当事人履行承诺的期限、保障当事人商业秘密、个人隐私等权利的措施等内容。《证券期货行政执法当事人承诺制度实施办法》列明了和解金数额确定应当考虑的因素（第十四条），包括投资者因当事人涉嫌违法行为所遭受的损失，当事人因涉嫌违法行为可能获得的收益或者避免的损失，当事人可能被处以罚款、没收违法所得的金额，签署和解协议时案件所处的执法阶段等。和解金数额可能高于或者低于投资者所需补偿的数额。对此，《证券期货行政执法当事人承诺制度实施办法》明确，向投资者支付的赔偿总额不得超过涉及案件当事人实际交纳并用于赔偿的和解金总额。投资者已通过其他途径获得赔偿的，不得就已获得赔偿的部分向和解金管理机构申请赔偿（第十八条）。

在其他规定方面，首先，证监会作出中止调查或者终止调查决定，均需出具决定书，并予以公告，终止调查决定发生案件行政程序终结的法律后果，证监会不得对同一违法行为再次重新调查（第十五条）。但《证券期货行政执法当事人承诺制度实施办法》未对中止调查或者终止调查决定书所应当记载的事项作出规定，证监会出台的配套规章对此也未作规定。这相当于赋予了证监会对信息公开内容的裁量权，可能不利于公众知情权和监督权保障。其次，为防范道德风险、利益冲突和执法不公，《证券期货行政执法当事人承诺制度实施办法》还建立了集体决策制度，讨论决定制度实施过程中的重大事项，经相关负责人批准后执行（第十七条）。对证监会工作人员违反规定适用和解制度，或者侵犯当事人商业秘密、个人隐私的行为，《证券期货行政执法当事人承诺制度实施办法》也规定了相应法律责任（第二十条）。对当事人在和解程序中的失信行为，《证券期货行政执法当事人承诺制度实施办法》规定相关行为须纳入诚信数据库，按规定实施联合信用惩戒（第十九条）。

总体来说，《证券期货行政执法当事人承诺制度实施办法》从三个方面夯实了《证券法》规定的证券行政执法和解的法律基础。

一是明确基本流程。证券行政执法和解流程包括申请与受理、沟通协商、签署协议、中止调查、履行协议、终止调查六个步骤。

二是严格限定适用范围。为防止和解制度演变为当事人“花钱买平安”，《证券期货行政执法当事人承诺制度实施办法》明确了不适用和解制度的情形，证监会经审查并集体决策后方能决定案件能否适用和解制度。与此同时，《证券期货行政执法当事人承诺制度实施办法》吸收了和解试点实施以来制度生命力不强的教训。实践中大量案件无法进入和解程序，除案件受理时点要求、特定案件类型等原因外，严格的适用条件也是不可忽视的。对此，《证券期货行政执法当事人承诺制度实施办法》删除了行政和解试点阶段仅适用于涉嫌实施虚假陈述、内幕交易、操纵市场、欺诈客户这四类证券欺诈案件的限制，删除了证监会派出机构不适用和解制度的限制，而是采取负面清单形式规定了适用和解制度的消极条件，无疑是对严格适用条件的放宽。从消极条件来看，证券行政执法和解制度不适用必须通过行政处罚来打击或遏制的恶性违法案件，或是需要通过公开处罚来确立执法标准、体现执法导向的案件。[①] 适用证券行政执法制度可以获得当事人积极配合、提前排除纠纷、提高结案速度、节省执法资源、直接赔偿受害投资者的机会，但同时也丧失了阐释法律、公开违法事实、明确执法标准的机会。

三是建立健全制约机制。《证券期货行政执法当事人承诺制度实施办法》通过建立内部制约机制、优化和解公告机制、严格约束适用范围，明确法律责任等措施防止制度滥用。尽管个别制度细节仍值得商榷，《证券期货行政执法当事人承诺制度实施办法》出台对推动证券行政执法和解制度实施具有重要意义。

---

① 胡大路：《程序裁量视角下的证券执法当事人承诺制度——〈证券法〉第一百七十一条的规范分析》，载彭冰主编：《金融法苑（2022 总第一百零八辑）》，中国金融出版社 2022 年版，第 39 页。

（三）证监会配套规章规定

《行政和解试点实施办法》和《行政和解金管理暂行办法》均是证监会在2015年试点实施证券行政执法和解时颁布的部门规章。《行政和解试点实施办法》从和解原则、和解适用范围与条件、和解实施程序、和解金的管理和使用等方面对证券行政执法和解制度作了系统规定。《行政和解金管理暂行办法》则具体明确了和解金管理、使用问题。

《证券法》第一百七十一条对证券行政执法和解制度作了专门规定，证监会据此对《行政和解试点实施办法》进行了修改完善，起草形成了《证券期货行政和解实施办法（征求意见稿）》，及时回应了社会公众对原证券行政执法和解制度适用范围过窄、启动程序受阻、当事人权益保障不足等质疑。

在《证券期货行政和解实施办法（征求意见稿）》基础上，国务院出台了《证券期货行政执法当事人承诺制度实施办法》。证监会进一步出台了《证券期货行政执法当事人承诺制度实施规定》，同时联合财政部出台了《证券期货行政执法当事人承诺金管理办法》，对具体操作实施规则予以规定。《证券期货行政执法当事人承诺制度实施规定》与《证券期货行政执法当事人承诺金管理办法》相互衔接配套，对证券行政执法和解制度进行了完善优化，有助于加强证券行政执法和解制度实施。

按照时间脉络，以下从适用条件、适用程序、和解金管理使用三个方面对证监会在各个时期出台的规章进行具体分析。

1. 适用条件。

（1）《行政和解试点实施办法》规定。《行政和解试点实施办法》第六条、第七条规定了证券行政执法和解的适用范围与条件。其中，第六条第一款规定了可以适用和解的四种情形，第二款规定了试点期间不适用和解的一种情况。第七条明确了不得适用和解的三种情况。具体如表3－3所示。

表 3-3 《行政和解试点实施办法》规定的和解适用范围与条件

可以和解的情形（同时满足）	不可以和解的情形（满足之一）
中国证监会已经正式立案，且经过了必要调查程序，但案件事实或者法律关系尚难完全明确（第六条第一款第一项）	行政相对人违法行为的事实清楚，证据充分，法律适用明确，依法应当给予行政处罚的（第七条第一项）
采取行政和解方式执法有利于实现监管目的，减少争议，稳定和明确市场预期，恢复市场秩序，保护投资者合法权益（第六条第一款第二项）	行政相对人涉嫌犯罪，依法应当移送司法机关处理的（第七条第二项）
行政相对人愿意采取有效措施补偿因其涉嫌违法行为受到损失的投资者（第六条第一款第三项）	中国证监会基于审慎监管原则认定不适宜行政和解的（第七条第三项）
以行政和解方式结案不违反法律、行政法规的禁止性规定，不损害社会公共利益和他人合法权益（第六条第一款第四项）	中国证监会派出机构负责查处的案件，试点期间不适用行政和解程序（第六条第二款）

由表 3-3 可见，《行政和解试点实施办法》规定的和解受案范围十分有限，只有在四个积极条件（事实或者法律关系尚难明确、符合监管目的并有利于投资者保护、相对人愿意采取补偿措施、和解结案合法适当）和四个消极条件（未达到处罚标准、不涉及刑事追诉、不违反审慎监管要求、不由派出机构负责查处）同时满足的前提下，证监会才有可能与相对人达成证券行政执法和解。关键是第六条第一款第一项规定："中国证监会已经正式立案，且经过了必要调查程序，但案件事实或者法律关系尚难完全明确。"该规定目的在于避免证监会在案件事实难以查清、法律关系难以界定的案件中付出过高的行政成本，节约行政资源，给予证监会查明案件事实的更多主动权。同时，防止当事人通过和解方式逃避行政处罚，降低违法成本。但该规定也造成了和解适用条件过严，受案范围过窄问题，实践中和解制度未得到充分适用。

（2）《证券期货行政和解实施办法（征求意见稿）》规定。案件类型上，《证券期货行政和解实施办法（征求意见稿）》删除了《行政和解试点实施办法》规定的"涉嫌实施虚假陈述、内幕交易、操纵市场或者欺诈客户等违反证券期货法律、行政法规和相关监管规定的行为”等和解案件类型，与《证券法》保持一致。

适用条件上，《证券期货行政和解实施办法（征求意见稿）》将积极条件调整为案件已经过必要的调查程序，并且符合下列条件之一：案件事实难以完全明确；法律适用难以完全明确；当事人已经或者承诺采取有效措施，纠正涉嫌违法行为，赔偿有关投资者损失，消除损害或者不良影响；采取行政执法和解有利于保护投资者合法权益，提高执法效率，恢复市场秩序的其他情形。消极条件调整为以下几个方面：被调查当事人的行为涉嫌证券期货犯罪，依法应当移送司法机关处理的不得和解；对于惯犯、累犯等不得和解；当事人就同一案件重复申请和解的，不适用和解程序（见表3－4）。同时，删除了派出机构查处的案件不得和解的规定。

和解适用条件的修改是本次修改的核心。《证券法》第一百七十一条未将调查的难易状态，或者事实和法律状况作为当事人申请证券行政执法和解条件。《行政和解试点实施办法》设定的严格适用条件与《证券法》规定不符。《证券期货行政和解实施办法（征求意见稿）》对和解的适用条件大幅放宽，不再要求和解案件必须“案件事实或者法律关系尚难完全明确”，更加侧重发挥行政执法和解在节约执法资源、尽快补偿投资者损失等方面的综合性作用。

表3－4　《证券期货行政和解实施办法（征求意见稿）》规定的和解适用范围与条件

可以和解的情形（满足之一）	不可以和解的情形（满足之一）
案件事实难以完全明确（第四条第一项）	当事人的行为涉嫌证券期货犯罪，依法应当移送司法机关处理的（第五条第一项）
法律适用难以完全明确（第四条第二项）	当事人曾因证券期货犯罪被判处刑罚，执行完毕未逾三年，或者曾因证券期货违法被行政处罚，执行完毕未逾一年的（第五条第二项）
当事人已经或者承诺采取有效措施，纠正涉嫌违法行为，赔偿有关投资者损失，消除损害或者不良影响（第四条第三项）	当事人已经申请行政和解，但因不符合条件未被受理，没有新情况、新事实、新证据，就同一案件再次申请行政和解的（第五条第三项）

续表

可以和解的情形（满足之一）	不可以和解的情形（满足之一）
采取行政和解有利于保护投资者合法权益，提高执法效率，恢复市场秩序的其他情形（第四条第四项）	当事人申请的行政和解已被受理，但未达成行政和解协议，没有新情况、新事实、新证据，就同一案件再次申请行政和解的（第五条第四项）
	当事人与中国证监会已经达成行政和解协议，但由于自身的原因未按约定履行协议内容，就同一案件再次申请行政和解的（第五条第五项）
	中国证监会基于审慎监管原则认定不适宜行政和解的（第五条第六项）

（3）《证券期货行政执法当事人承诺制度实施规定》规定。国务院出台的《证券期货行政执法当事人承诺制度实施办法》从负面角度提出了不得适用和解制度的情形，与前述证监会《证券期货行政和解实施办法（征求意见稿）》规定的和解消极条件一致，但未明确正面适用条件。为严格限定范围、防止制度泛化适用，证监会曾在《证券期货行政执法当事人承诺制度实施规定（征求意见稿）》中从正面角度对适用范围作了限定。但正式出台的《证券期货行政执法当事人承诺制度实施规定》却删除了积极条件规定。这是考虑到国务院《证券期货行政执法当事人承诺制度实施办法》未规定积极条件，证监会《证券期货行政执法当事人承诺制度实施规定》作为部门规章创设积极条件，存在与上位法相冲突，减损公民权利、增加部门权力之嫌。①

尽管《证券期货行政执法当事人承诺制度实施规定》删除了和解制度适用的积极条件，从稳步审慎推进制度实施角度，证监会考虑适用和解制度时，仍将具有倾向性。从规定的征求意见稿看，证券行政执法和

① 但笔者认为，积极条件规定不应删除。一是证监会在《证券期货行政执法当事人承诺制度实施办法》基础上限定行政执法和解制度的适用范围，依据的是《证券期货行政执法当事人承诺制度实施办法》第七条的兜底条款授权，于法有据。二是在不同位阶的法律规范中设置行政执法当事人承诺的适用条件具有合理性。作为行政法规，《证券期货行政执法当事人承诺制度实施办法》层级较高，修订程序更为复杂严格，将不易发生变更的消极情形规定其中，有保障承诺制度适用的稳定性。作为部门规章，《证券期货行政执法当事人承诺制度实施办法》层级较低，修订程序相对简便，政策性导向性较强，将容易发生变化的积极条件规定其中，能为制度适用提供方向指引。

解将主要用于解决以下三类案件：

一是调查取证存在较大困难的案件。证券市场交易关系复杂，违法违规行为取证难度大、干扰因素多，证券行政执法和解制度的目的在于有效处理因调查取证困难而给及时处罚带来困难的案件。

二是法律适用存在较大困难的案件。证监会在处理新型的涉嫌违法违规行为时，经常会遇到法律规定不明、违法性判断模糊等困难，因而给惩处此类案件带来法律风险，证券行政执法和解制度有助于化解此类难题。

三是虽不存在案件调查和法律适用方面的困难，但适用和解制度能够更为及时有效赔付投资者损失，消除负面影响，实现监管效能的案件。证券行政执法和解制度开辟了证监会为投资者利益提供及时有效救济的新机制，有助于解决证券市场投资者损害补偿难，行政罚款直接上缴国库，民事诉讼面临举证难、成本高、时间长等问题。

除上述三类案件外，证监会还具有裁量权，基于审慎监管原则认定应当适用证券行政执法和解制度的其他案件。

2. 适用程序。

（1）《行政和解试点实施办法》规定。《行政和解试点实施办法》第三章从和解的申请与受理、和解协商、行政和解协议的签订和执行、行政和解程序的终止四个方面规定了证券行政执法和解的实施程序，部分关键条款如表 3－5 所示。

表 3－5　《行政和解试点实施办法》规定的证券行政执法和解程序（部分）

程序环节		程序内容	对应条款
申请与受理	申请主体	申请主体为行政相对人	第九条
	申请时间	申请时间为自收到案件调查通知书之日起，至行政处罚决定作出前	
	受理部门	证监会实施行政和解由专门的行政和解实施部门负责	第十八条
	受理要求	立案调查不满三个月的案件，不予受理和解，但情况特殊经证监会主要负责人批准的除外	第八条

续表

程序环节		程序内容	对应条款
申请与受理	受理程序	案件受理前，和解实施部门应当征求案件调查部门，或者同时征求案件审理部门意见	第十三条、第十四条、第十五条、第十六条
	受理期限	受理期限为40个工作日	第十七条
	受理结果	受理行政和解申请后，达成行政和解协议前，证监会不中止案件调查	第二十条
和解协商	协商内容	证监会可以与行政相对人就“行政相对人涉嫌违法行为的情况”等七项事项进行沟通和协商	第二十一条
	协商形式	以当面协商的形式进行。证监会参与协商的工作人员不得少于两人	第二十二条
	协商期限	协商的期限为三个月。经证监会主要负责人批准，可以延期	第二十三条
	协商程序	协商实行回避制度，证监会可以就和解所涉及的专业问题征求相关机构和专家的意见	第二十四条、第二十五条
行政和解协议的签订和执行	协议内容	和解协议应当载明“行政和解的事由”等五项内容	第二十六条
	和解金数额的确定	和解金数额的确定应当考虑“行政相对人涉嫌违法行为如被查实依法可处以罚款或者没收违法所得的金额”等四项情形，证监会可以就投资者损失听取投资者意见	第二十七条
	和解公开	证监会应当依照规定公开行政和解协议的主要内容	第二十八条
	和解结果	行政相对人履行全部义务后，案件的调查、审理应当终止	第二十九条
行政和解程序的终止	终止情形	和解协议的终止情形包括“中国证监会在受理行政相对人的行政和解申请后，达成行政和解协议前，经调查发现新的事实、证据，认为案件不再符合行政和解受理条件的”等五项。和解程序终止后，调查、审理程序及时恢复	第三十条
	无效情形	行政相对人不履行行政和解协议的，行政和解协议无效	第三十一条
	次数限制	同一案件不得再次适用行政和解程序	第三十二条
	法律责任	行政和解材料有虚假记载或者重大遗漏等情形，证监会重新启动调查、审理程序。行政相对人已交纳的行政和解金，不予返还	第三十三条

由表3-5可以看出，《行政和解试点实施办法》关于和解实施程序的规定，着力于防范公权力被滥用的问题，对证券监管机构实施行政执法和解行为进行了严格规范，如规定和解申请只能由行政相对人提出，立案调查时间超过三个月的案件才能进入和解程序；和解受理后不中止对案件的调查等。同时，为确保和解的公平性、公正性，和解实施程序还加入了执法人员回避制度、信息公开制度和和解咨询制度等内容，这些特别的制度设计有助于降低证券监管机构滥用行政执法和解、被监管对象捕获的道德风险，加强和解协议的合理性与专业性。① 如为确保证监会对拟和解的案件事实有基本了解，《行政和解试点实施办法》规定只有立案调查三个月后才能启动和解。

但另一方面看，这些给和解公权力行使带上“紧箍咒”的规定，有可能给行政相对人提起和解带来障碍，不利于激励行政相对人积极寻求和解。如立案调查超过三个月的案件才能进入和解程序规定可能导致相对人无法及时提出和解申请。学者对2015—2019年640个行政处罚案例统计分析表明，证监会从立案调查到公告行政处罚事先告知书平均时间为5.8个月，从行政处罚事先告知书到公告行政处罚决定书平均时间为5.6个月。由于行政处罚事先告知书已基本查明违法事实并拟定了处罚后果，实践中进入行政处罚事先告知阶段的案件很难采取和解方式结案。②

(2)《证券期货行政和解实施办法（征求意见稿)》规定。在《行政和解试点实施办法》规定的和解程序基础上，《证券期货行政和解实施办法（征求意见稿)》在以下方面作了调整和完善（见表3-6)。

一是优化和解申请期间。此次修改扩大了当事人可以提出和解申请的期间，当事人自收到证监会调查的法律文书之日起，至证监会作出行政处罚决定前均可向证监会提交和解申请。根据《行政和解试点实施办法》，当事人仅在正式立案之日起满三个月（经证监会主

① 张红:《证券行政执法和解问题剖析》，载《行政管理改革》2015年第5期。
② 席涛:《证券行政和解制度分析》，载《比较法研究》2020年第5期。

要负责人批准可不受三个月限制），至作出处罚决定之前可以提出和解申请。

二是改进和解启动程序。《行政和解试点实施办法》规定证券行政执法和解依当事人申请启动，证监会不得主动或者变相主动提出和解建议。从实践情况来看，当事人在收到事先行政处罚决定书之前，并不了解案件情况，难以主动提出和解申请。为便于当事人尽早了解情况，保障其申请和解的权利，此次修改删除了证监会不得主动或者变相主动提出和解建议的规定，要求证监会应当在案件调查法律文书中告知当事人可以依照规定申请和解。

三是强调和解信息公开。《证券法》第一百七十一条规定，国务院证券监督管理机构决定中止或者终止调查的，应当按照规定公开相关信息。据此，《证券期货行政和解实施办法（征求意见稿）》规定证监会作出中止调查决定以及终止调查决定的，应当制作决定书，送达当事人，并将决定书予以公布。

四是明确当事人行为记入诚信记录的情形。为督促当事人以诚实守信的态度进行和解，此次修改增加如下规定："当事人在行政和解过程中存在以下行为的，记入证券期货市场诚信档案数据库：（一）由于当事人自身的原因未按约定履行行政和解协议；（二）提供的行政和解材料有虚假记载或者重大遗漏；（三）违背诚实信用原则的其他行为。"

五是加强当事人权益的保障。主要包括：进一步规范和解协商的延期程序，明确延期每次最长不超三个月，最多延期三次；明确对于不予受理的和解案件，证监会应当在不予受理通知中载明不予受理的依据和理由；明确和解程序终止后，证监会恢复调查、审理程序的，当事人在和解中所作的自认不作为认定违法事实的依据；明确证监会无正当理由单方不履行行政和解协议的，当事人可以提起行政复议或行政诉讼等（但遗憾的是，该规定未能写入《证券期货行政执法当事人承诺制度实施规定》）。

表3－6　　《证券期货行政和解实施办法（征求意见稿）》修改调整的证券行政执法和解程序

<table>
<tr><th colspan="2">程序环节</th><th>程序内容</th><th>对应条款</th></tr>
<tr><td rowspan="3">申请与受理</td><td>申请时间</td><td>自收到证监会调查的法律文书之日起，至证监会作出行政处罚决定前</td><td rowspan="2">第七条</td></tr>
<tr><td>权利告知</td><td>证监会应当在向当事人送达的案件调查法律文书中告知当事人可以依照规定申请行政和解</td></tr>
<tr><td>受理结果</td><td>和解实施部门出具不予受理通知书，应当载明不予受理的依据和理由</td><td>第九条</td></tr>
<tr><td>和解协商</td><td>协商期限</td><td>和解实施部门与当事人进行行政和解协商的期限为三个月。经证监会主要负责人或者其授权的其他负责人批准，可以延期；每次延期最长不超过三个月，延期不得超过三次</td><td>第十三条</td></tr>
<tr><td rowspan="3">行政和解协议的签订和执行</td><td>和解金数额的确定</td><td>新增“当事人涉嫌违法行为如被查实依法可处以的资格处罚措施”“当事人在案件调查中的配合情况”“达成行政和解时所处的执法阶段”三项考虑因素</td><td>第十六条</td></tr>
<tr><td>和解公开</td><td>中止调查决定书、终止调查决定书，应当予以公布。达成行政和解协议的当事人为上市公司、非上市公众公司及其董事、监事、高级管理人员、控股股东、实际控制人等信息披露义务人的，应当按照中国证监会及证券交易场所的相关规定履行信息披露义务</td><td>第十七条</td></tr>
<tr><td>和解结果</td><td>证监会与当事人签订行政和解协议后，应当中止调查，并向当事人出具中止调查决定书；当事人履行全部义务后，证监会应当终止调查，并向当事人出具终止调查决定书</td><td>第十七条</td></tr>
<tr><td rowspan="2">行政和解程序的终止</td><td>终止后果</td><td>案件调查部门、案件审理部门恢复调查、审理程序的，当事人在行政和解中所作的自认不作为认定违法事实的依据</td><td>第十八条</td></tr>
<tr><td>权利救济</td><td>行政和解协议达成后，证监会无正当理由不履行行政和解协议的，当事人有权提起行政复议或者行政诉讼</td><td>第二十条</td></tr>
</table>

（3）《证券期货行政执法当事人承诺制度实施规定》规定。《证券期货行政执法当事人承诺制度实施规定》从强化监督制约，明确证券行政

执法和解办理部门与调查、处罚、投保、派出机构等各部门单位的职责分工，厘清和解办理部门与调查、审理部门之间的协调衔接机制等方面，对证券行政执法和解程序作了规定。

在具体程序规定上，国务院出台的《证券期货行政执法当事人承诺制度实施办法》与证监会出台的《证券期货行政执法当事人承诺制度实施规定》进行了分工，前者对证券行政执法和解从申请受理，到终止调查等核心环节作了规定，后者在前者基础上细化规定了办理程序等内容。《证券期货行政执法当事人承诺制度实施规定》将证券行政执法和解定位为服务和保障调查、处罚工作的后盾，是在既有调查、处罚流程中嵌入的制度安排。因此，《证券期货行政执法当事人承诺制度实施规定》进一步明确受理环节的征求意见制度，和解办理部门应当就案件适用证券行政执法和解事项征求调查、审理部门的意见，并结合意见提出是否受理当事人申请的建议。同时，适用证券行政执法和解的案件应当经过必要调查，事实基本清楚。受理后的协商环节不中止行政调查，调查部门经调查发现新事实、新证据，认为案件不应继续适用行政执法和解或者对和解内容的沟通有重大影响的，应当及时告知和解办理部门。

《证券期货行政执法当事人承诺制度实施规定》还在以下方面重点加强了和解制度运行的监督制约，严防道德风险：

一是规定了集体决策机制，由专门委员会就申请受理、签署和解协议、中止或者终止案件调查、审理等重大事项进行集体决策。

二是建立了和解办理部门与调查部门、审理部门相互独立的内部监督制约机制，对于调查、审理部门有信心、有能力办理的案件，原则上不适用证券行政执法和解。

三是压缩了和解金协商数额的裁量空间，除由《办法》规定和解金数额所需考虑因素外，还规定和解金测算由多部门共同完成。

四是强化证监会派出机构在和解制度中的作用。一方面，明确当事人所在辖区的派出机构负责核查验收当事人履行和解协议的情况，并将核查结果作为当事人是否完全履行承诺的依据。另一方面，明确派出机构查处的案件可以适用行政执法和解，现阶段由和解办理部门统一办理，为后续由派出机构自行办理和解申请案件留下空间。

五是强调信息公开，中止调查决定书、终止调查决定书均应当由证监会在官网予以公告，当事人为信息披露义务人，应当及时履行信息披露义务。但《证券期货行政执法当事人承诺制度实施规定》未规定予以公告的中止调查决定书、终止调查决定书应当包括的内容，信息公开效果还有待实践观察。

表3－7　《证券期货行政执法当事人承诺制度实施规定》规定的证券行政执法和解（当事人承诺）程序

程序环节		程序内容	对应条款
申请与受理	申请材料	当事人申请适用行政执法当事人承诺的，应当向中国证监会提交申请书等申请材料	第四条
	征求意见	行政执法当事人承诺审核办公室应当就案件是否适用承诺制度征求调查部门意见，如果案件已进入审理阶段，还应当征求审理部门的意见	第七条
	受理时限	自向当事人出具申请材料接收凭证之日起20个工作日内向当事人出具受理通知书或者不予受理通知书。不予受理应当说明理由	第八条
	受理决策	受理决定经行政执法当事人承诺审核委员会集体同意并报证监会负责人批准，不予受理决定经证监会负责人批准	第八条
沟通协商		行政执法当事人承诺审核办公室自向当事人出具受理通知书之日起，可以就案件适用行政执法当事人承诺相关事项与当事人进行沟通协商。当事人申请延长沟通协商期限的，应当在期限届满15日前向中国证监会提交书面申请	第十一条
协议的签订和执行	承诺金测算	承诺金管理机构在受理承诺申请后及时按照规定开展投资者损失测算工作，相关部门单位给予支持	第十条
		当事人自行赔偿投资者的，承诺金数额可以不包括已向投资者赔偿损失的金额	第十二条
	承诺事项决策	决定签署承诺认可协议的，经行政执法当事人承诺审核委员会集体同意并报证监会负责人批准	第十三条

续表

程序环节		程序内容	对应条款
协议的签订和执行	中止调查	签署承诺认可协议后，向当事人出具中止调查决定书，并予以公告	第十四条
	协议履行	行政执法当事人承诺审核办公室负责当事人履行协议情况的监督；承诺金管理机构负责承诺金收取；当事人所在地的证监会派出机构对当事人履行协议情况进行验收	第十五条
	终止调查	当事人完全履行承诺认可协议后，向其出具终止调查决定书，并予以公告	第十六条
	信息披露	当事人为《证券法》等法律、行政法规和中国证监会规定的信息披露义务人的，应当及时按照中国证监会、证券交易场所等的规定履行信息披露义务	第二十条
程序终止		在向当事人出具终止调查决定书前，发现案件存在《证券期货行政执法当事人承诺制度实施办法》第十六条规定的应当终止适用行政执法当事人承诺情形的，经中国证监会主要负责人或者其授权的其他负责人批准，行政执法当事人承诺审核办公室应当向当事人出具终止适用行政执法当事人承诺通知书。在决定终止适用行政执法当事人承诺前，应当听取当事人的意见。	第十七条

3. 和解金管理使用。

（1）《行政和解试点实施办法》和《行政和解金管理暂行办法》规定。《行政和解试点实施办法》第四章和《行政和解金管理暂行办法》对和解金的管理、使用及分配作出了规定。为确保和解金的安全保管和公正分配，和解金的管理和分配主体为投保基金公司。在资金管理方面，和解金管理遵循专户管理原则，受证监会和财政部的双重监管，和解金使用信息上网公告。在资金分配方面，投保基金公司负责制订和解补偿金方案，方案应当载明适格获偿的投资者范围、通知程序、申请和审查程序、分配方案、补偿款支付程序、相关支出信息等，投保基金公司可就补偿方案内容征求投资者意见，补偿数额原则上以投资者受到的损失为限。

（2）《证券期货行政和解实施办法（征求意见稿）》规定。《证券期货行政和解实施办法（征求意见稿）》对和解金机制也作了相应完善。一是完善和解金确定因素，新增“当事人涉嫌违法行为如被查实依法可处以的资格处罚措施”“当事人在案件调查中的配合情况”“达成行政和解时所处的执法阶段”作为考虑因素，强化和解金的财产罚属性同时，促进当事人配合调查、尽早达成和解。二是完善和解金的管理和使用。和解金原则上应当全部用于赔偿投资者损失，但考虑到违法案件中确有未造成投资者损失或者虽可能造成投资者损失但难以认定等情形，此次修改明确规定和解金应当优先用于赔偿投资者损失，但对于“未造成投资者损失”、“投资者损失难以认定”或者“和解金在赔偿投资者损失后仍有剩余”等情形，和解金应当上缴国库。

（3）《证券期货行政执法当事人承诺制度实施规定》《证券期货行政执法当事人承诺金管理办法》。《证券期货行政执法当事人承诺制度实施规定》《证券期货行政执法当事人承诺金管理办法》将和解金的名称调整为承诺金，但制度内涵相同，均是被调查当事人为达成证券行政执法和解向证券监管机构交纳的资金。

《证券期货行政执法当事人承诺制度实施规定》主要从两个方面对和解金制度作了规定。

一是明确和解办理部门与和解金测算部门的衔接配合。国务院出台的《证券期货行政执法当事人承诺制度实施办法》已就和解金数额的确定标准作了规定。在此基础上，证监会出台的《证券期货行政执法当事人承诺制度实施规定》进一步完善了和解金确定的程序机制。由投保基金公司负责对投资者损失情况进行测算，并报送和解办理部门。和解办理部门根据投保基金测算的投资者损失数额，结合调查、处罚建议的处罚数额，拟订谈判方案。

二是明确了投资者赔付的总体安排。证监会投保局牵头投保基金公司等单位开展投资者赔偿工作。同时，明确当事人自行赔偿投资者程序，规定当事人自行赔偿投资者的，和解金数额可不包括已向投资者赔偿损失的金额，但是当事人应当向证监会提交相关证明材料。

相较《行政和解金管理暂行办法》，《证券期货行政执法当事人承诺金管理办法》进行了以下优化调整：

第一，完善了和解金的管理方式。当事人涉嫌违法行为未造成投资者损失，或者造成的投资者损失无法认定，或者和解金在规定期限内赔偿投资者后仍有剩余的，投保基金公司应按照非税收入管理办法及非税收入国库集中收缴制度相关规定，及时将和解金上缴国库。

第二，明确了赔偿总额上限及当事人自行赔偿时和解金的处理方式。和解金赔偿数额原则上以投资者受到的损失为限，且不得超过涉及案件当事人实际交纳并用于赔偿的和解金。同时进一步规定当事人已经自行赔偿投资者的部分，和解金管理机构不再使用和解金予以赔偿。

（四）我国证券行政执法和解的制度特点

证券行政执法和解作为执法手段的一种，其实践依托证券监管执法体制的顺畅运转。我国证券行政执法和解的制度设计反映出及时弥补投资者经济损失，推动案件尽快处理，尽快明确和稳定市场预期的立法意图，体现了“集中统一”和“查审分离”的证券监管执法特点。

1. 和解办理部门的单独设置。国务院《证券期货行政执法当事人承诺制度实施办法》及证监会配套规章均规定，证监会实施行政执法和解由专门的和解办理部门负责，与证监会内部的案件调查部门、案件审理部门相互独立。和解办理部门应当就案件适用证券行政执法和解相关事项征求调查、审理部门的意见，并结合调查部门、审理部门的意见提出是否受理行政执法和解申请的建议。为防范行政自由裁量权滥用、确保和解制度内部有效运作，证监会内部构建了和解办理部门、案件调查部门和案件审理部门相互监督制约的工作体系。“调查”“审理”“和解”三项职责由不同部门分别承担的制度设计体现了我国“查审分离”的证券监管执法体制特点，有利于加强监督制约，确保和解制度实施过程的独立性以及案件处理结果公平、公正和合理，防范道德风险。

2. 和解案件的集中统一管理。从我国证券行政执法和解制度的具体规定看，和解案件采取了集中统一的管理模式，各类型、各调查层级的和解案件均由证监会和解办理部门统一负责。《证券法》《证券期货行政执法当事人承诺制度实施办法》规定所有"涉嫌违反证券期货法律、行政法规和相关监管规定"的案件当事人均可申请行政执法和解。在事权划分上，和解办理部门集中负责和解案件的受理、协商、协议签订和执行等环节，和解办理部门与调查、处罚、投保、派出机构等各部门单位职责分工明确。在案件层级上，证监会和解办理部门集中处理派出机构调查案件的和解工作。《证券期货行政执法当事人承诺制度实施规定》删除了《行政和解试点实施办法》中有关派出机构调查的案件不得适用和解制度的规定，但现阶段派出机构调查案件由证监会和解办理部门统一办理，为后续由派出机构自行办理证券行政执法和解案件留下空间。

此外，在和解决策上，《证券期货行政执法当事人承诺制度实施办法》建立了集体决策机制，由专门委员会集中把控和解申请受理、协议签署、中止或者终止案件调查、审理等涉及较多行政自由裁量权运用的环节。对和解案件的集中统一管理，有利于实现和解制度适用的前后一致性，避免出现同案不同处理的问题，提高和解制度实施的专业性和效率性。

3. "中止调查""终结调查"的"两步走"制度设计。《证券法》关于证券行政执法和解的制度设计借鉴了反垄断经营者承诺和反倾销价格承诺的制度设计，区分"中止调查"和"终结调查"两种情形。如在反垄断经营者承诺制度中，反垄断执法机构针对经营者涉嫌垄断行为开展调查后，被调查的经营者承诺在反垄断执法机构认可的期限内采取具体措施消除该行为后果的，反垄断执法机构可以决定中止调查。中止调查后，经营者履行承诺的，反垄断执法机构可以决定终止调查。

我国证券行政执法和解也分为"中止调查"和"终结调查"两个环节。当事人向证券执法机关作出纠正涉嫌违法行为，赔偿有关投资者损失，消除损害或者不良影响的承诺，证券执法机关决定中止调查，当事人彻底履行承诺后，证券执法机关决定终止调查。"中止调查"和"终结调查"的"两步走"设计确保了和解制度的运转效率，同时为和解当事人提供了强有力的合规激励。按照“两步走”程序，和解当事人承诺采取经证券监管机构认可的特定补救措施，案件调查程序及时中止，减少了证券执法对市场主体生产经营的影响，明确了执法预期，提高了执法效率。在“中止调查”到“终结调查”的考察期内，和解当事人获得改善自身治理结构的机会，重建合规体系，弥补受害人损失，避免或减轻了因违法违规经营而可能受到的行政责任和民事责任，体现了证券行政执法和解及时弥补投资者经济损失，推动案件尽快处理，尽快明确和稳定市场预期的制度目的。

4. 突出和解金的制度功能。和解金是和解制度中用以补偿投资者损失的资金来源，也是我国证券行政执法和解制度获得正当性的重要基础。我国反垄断经营者承诺制度和反倾销价格承诺制度并未明确将交纳和解金作为调查机关中止或终止调查的条件。和解金是《证券法》《证券期货行政执法当事人承诺制度实施办法》首创的对行政相对人进行规制的工具。[①] 本质上，和解金和没收违法所得、罚款等财产罚措施均是使违法行为人付出金钱代价的制裁手段，但和解金又具备直接补偿受损投资者损失的民事赔偿功能。从我国证券行政执法和解的制度设计看，当事人是否愿意交纳和解金，交纳多少和解金对证券执法机关是否同意接受和解申请具有重要影响。和解金条款是和解协议的核心条款之一，和解金的具体确定体现了各方当事人的力量博弈和利益平衡，双方主体都会进行一定程度的妥协和让步。

第三节　我国证券行政执法和解的实践评析

证券行政执法和解制度既能保障证券监管职能的发挥及管理目标的实现，又能给行业营造相对宽松的发展环境，提供容错机制，激发行业创新发展。自2015年证券行政执法和解制度试点实施以来，证监会已成

① 殷守革：《行政和解法治论》，山西人民出版社2020年版，第121页。

功办理两起和解案件，加大力度推进行政执法和解实践有了良好的社会环境。但也应当看到，进一步发挥这一制度的空间还很大。

一、我国证券行政执法和解的实践情况

我国证券行政执法和解的兴起，源于破解有限监管资源与膨胀执法需求矛盾、转变行政监管方式的现实探索。自诞生之日起，我国证券行政执法和解制度就被赋予了高效率、低成本解决证券行政争议，实现市场各方共赢的期待，但遗憾的是，制度实践效果却与设计初衷相去甚远。自证监会 2015 年出台《行政和解试点实施办法》至 2023 年 3 月，我国证监会仅在两起案件中与当事人达成和解。

（一）高盛亚洲、高华证券案

2019 年 4 月 23 日，中国证监会发布 2019 年 11 号公告，根据《行政和解试点实施办法》，中国证监会与高盛（亚洲）有限责任公司（以下简称高盛亚洲）、北京高华证券有限责任公司（以下简称高华证券）以及高盛亚洲和高华证券的相关工作人员等九名行政和解申请人于 2019 年 4 月 23 日达成行政和解协议。

和解公告认定的案件事实为：2013 年 10 月 8 日至 2015 年 7 月 3 日期间，高盛亚洲自营交易员通过在高华证券开立的高盛经纪业务账户进行交易，同时向高华证券自营交易员提供业务指导。双方于 2015 年 5 月至 7 月期间的四个交易日的部分交易时段，从事了其他相关股票及股指期货合约交易。中国证监会于 2016 年 7 月对申请人的上述行为进行立案调查。

和解协议约定的内容为：一是当事人交纳和解金。申请人交纳行政和解金共计 1.5 亿元。二是当事人实施相关合规措施。申请人采取必要措施加强公司的内控管理，并在完成后向中国证监会提交书面整改报告。三是证监会终止调查。根据《行政和解试点实施办法》第二十九条规定，中国证监会终止对申请人有关行为的调查、审理程序。

（二）上海司度案

2020年1月2日，中国证监会发布2020年1号公告，根据《行政和解试点实施办法》，证监会与司度（上海）贸易有限公司（以下简称上海司度）等五家机构及其有关工作人员于2019年12月31日达成行政和解。

和解公告认定的案件事实为：2015年1月1日至2015年7月31日期间，上海司度委托资产管理机构设立多个资产管理计划，并控制、使用资产管理计划开立的账户进行了交易，其行为涉嫌违反账户管理使用的有关规定。富安达基金管理有限公司（以下简称富安达基金）、中信期货有限公司（以下简称中信期货）、北京千石创富资本管理有限公司（以下简称千石资本）、国信期货有限责任公司（以下简称国信期货）为满足上海司度交易需求，为其设立资产管理计划，供委托人控制、使用，其行为涉嫌违反资产管理业务的有关规定。

和解协议约定的内容为：一是当事人交纳和解金。上海司度及其相关工作人员交纳行政和解金人民币6.7亿元，富安达基金及其相关工作人员交纳行政和解金人民币180万元，中信期货及其相关工作人员交纳行政和解金人民币1000万元，千石资本及其相关工作人员交纳行政和解金人民币235万元，国信期货及其相关工作人员交纳行政和解金人民币100万元。二是当事人采取合规措施。申请人采取必要措施加强公司的内控管理，并在完成后向中国证监会提交书面整改报告。三是证监会终止调查。根据《行政和解试点实施办法》第二十九条规定，中国证监会终止对申请人有关行为的调查、审理程序。

二、我国证券行政执法和解的实践问题

证券行政执法和解制度的初衷是及时弥补投资者所受的经济损失、尽快明确和稳定市场预期、从根本上减少和平息行政争议，但目前从实施情况来看，和解制度的积极作用未得到应有发挥，问题体现在以下几

个方面。

（一）适用条件过于严格，适用和解制度结案数量少

《行政和解试点实施办法》规定只有“事实或法律关系尚难明确的案件”的案件才能适用证券行政执法和解结案。从理论分析，这一适用条件的设定与我国执法体制存在矛盾。根据《行政处罚法》，行政机关必须查明涉案违法事实，违法事实不清的，不得给予行政处罚。而根据《行政诉讼法》，行政机关承担证明当事人构成行政违法的证明责任，如果不能举证，行政机关承担败诉风险。这表明，在行政执法中，如果“事实或法律关系尚难明确”，行政机关不能作出行政处罚。在此情形下，证监会再与当事人达成和解，让当事人交纳不菲的和解金并履行和解义务，存在滥用行政权之嫌。对当事人来说，既然能够预料到可能达成和解的案件都是难以处罚的，也就缺乏提出和解申请的动力。从实践效果看，证监会与当事人成功达成和解的案件较少，证明了过于严格的和解条件限制或阻碍了和解制度的实施。分析现有的两起试点和解案例情况，高盛亚洲、北京高华案涉及“高盛亚洲自营交易员通过在高华证券开立的高盛经纪业务账户进行交易，同时向高华证券自营交易员提供业务指导”和“从事了相关股票及股指期货合约交易”等违反证券公司监管规定的情形，上海司度案则涉及相关当事人违反“账户管理使用的有关规定”和“资产管理业务的有关规定”情形。两起案件都属于证券执法领域的非常规案件。从证监会官网披露的136份2019年行政处罚决定书看，数量排名前三的案件类型分别为内幕交易（54份，占比为39.7%）、信息披露违法（29份，占比为21.3%）和市场操纵（14份，占比为10.3%）。其他案件类型还包括中介机构未勤勉尽责、利用未公开信息交易股票、传播虚假信息和从业人员炒股等。但遗憾的是，截至2023年3月，这些证券市场更常见多发案件都未适用和解制度结案。

《证券期货行政执法当事人承诺制度实施办法》以负面清单的方式对行政执法和解的适用条件进行了大幅放宽，有助于破解和解制度实施的制度障碍。新的实施办法不再要求和解制度适用案件“事实或法律关

系尚难明确”，只要符合《证券期货行政执法当事人承诺制度实施办法》第一条规定的“保护投资者合法权益，维护市场秩序，提高行政执法效能”的制度目的，并且不构成第七条规定的消极条件，也可以适用和解制度结案，更加侧重发挥这一制度在节约执法资源、尽快补偿投资者损失等方面的综合作用。《证券期货行政执法当事人承诺制度实施办法》关于适用条件的规定与《证券法》保持一致。但大幅放宽适用条件，也同步扩大了证监会解释法律和自由裁量空间。特别是《证券期货行政执法当事人承诺制度实施办法》中“中国证监会基于审慎监管原则认为不适用行政执法当事人承诺的其他情形”的排除性条款则过于宽泛和原则性，证监会有可能根据外人所无法知晓的标准决定个案是否和解。放宽适用条件需要同步关注证监会滥用行政自由裁量权的风险。

（二）制度启动不畅，和解权利未得到充分保障

《行政和解试点实施办法》存在着和解启动程序设计不合理的问题。根据《行政和解试点实施办法》，和解依当事人申请启动，证监会不得主动或者变相主动提出和解建议。这一规定虽然防范了证监会在未尽职权调查的情况下，以和解代替处罚的风险，缺点也十分明显：当事人难以判断是否应该申请和解。就个案而言，证监会与当事人掌握的案件信息并不对称，证监会经过调查取证，对案件的事实和证据情况，特别是案件是否具有和解的可能性具有基本判断，但当事人却没有掌握相关信息，也无渠道了解案件调查情况及进展。

《行政和解试点实施办法》规定，当事人可以启动和解的时间为自收到中国证监会送达的案件调查通知书之日起，至中国证监会作出行政处罚决定前。同时，立案调查不满三个月的案件，证监会一般不予受理当事人的和解申请。但实践中，证监会出具当事人的案件调查通知书并不会载明当事人涉嫌违法的具体事实和理由。如在康美药业信息披露违法案中，证监会的调查通知书只简单记载了“因你公司涉嫌信息披露违法违规，根据《证券法》的有关规定，我会决定对你公司立案调查”的内容。康美药业具体因哪些违法事项被立案调查，涉案金额多大，当事

人无法在调查阶段获知。只有到事先告知阶段，当事人才有机会全面了解涉案事实、理由和法律依据，并可以查阅案件证据。这意味着当事人的和解权利只有到事先告知阶段才能得到充分行使。统计显示，在2015—2019 年 640 个行政处罚案例中，证监会从立案调查到公告行政处罚事先告知书，平均耗时 5. 8 个月，从行政处罚事先告知书到公告行政处罚决定书 5. 6 个月。[①] 若大部分案件只有到事先告知阶段以后才进入和解程序，无疑造成执法资源浪费，与高效解决行政争议的和解目标背道而驰。

对启动程序不畅的问题，《证券期货行政执法当事人承诺制度实施办法》取消了立案调查需满三个月的申请适用证券行政执法和解时间要求，删除了证监会不得主动或者变相主动提出和解适用建议的规定，并要求应当在案件调查法律文书中告知当事人可以依照规定申请适用和解制度。证监会履行告知义务既有引导当事人主张和解权利的行政法价值，也有建立证券监管机构与当事人之间信赖关系、促进坦诚协商的民法价值。[②] 但根据前述分析，仅仅告知当事人有权申请适用和解制度并不足够，当事人需要有渠道获取案件信息。目前我国的证券违法案件调查程序缺乏证监会与当事人的固定沟通机制，证监会与当事人之间信息不对称，不足以支撑当事人进行利弊权衡，提出合理有力的和解申请。

（三）和解制度信息公开不足，及时性有待提高

在高盛亚洲、北京高华案和上海司度案中，证监会以公告形式公开和解案件。但公告公开的案件信息十分有限，其中高盛亚洲、北京高华案和解公告全文仅 400 余字。当事人涉嫌违法的具体事实和指控、证监会达成和解的理由和依据、当事人具体整改措施等信息，和解公告均未充分披露。信息公开是以权利制衡权力，促进证监会理性裁量、监督公

---

① 席涛：《证券行政和解制度分析》，载《比较法研究》2020 年第 3 期。

② 胡大路：《程序裁量视角下的证券执法当事人承诺制度——〈证券法〉第一百七十一条的规范分析》，载彭冰主编：《金融法苑（2022 总第一百零八辑）》，中国金融出版社 2022 年版，第 39 页。

权力的重要方式，和解案件信息缺乏公开与透明，不利于实现对证监会执法权的科学监督和投资者利益的有效保护。

此外，从和解试点实践看，案件及时性有待提高。高盛亚洲、北京高华案的涉案行为发生至和解公告的时间跨度长达七年。上海司度案的涉案行为发生至和解公告的时间跨度长达五年。同时，根据《行政和解金管理暂行办法》，投保基金公司执行行政和解金补偿方案，应当同时在其网站上进行公告。但投保基金公司并未公告上述两起案例的和解金补偿方案。相比较而言，在万福生科、海联讯、万福生科等先行赔付案件中，从涉嫌违法违规立案调查，到适格投资者补偿都未超过两年。[①]而证券民事诉讼从立案到一审判决、二审判决，平均需时也才 11.3 个月。[②] 和解试点实施的及时性也远不如行政处罚。对证监会 2016 年针对虚假陈述所作的行政处罚案例统计显示，涉案行为发生与处罚的间隔时间最短为 1 年，最长为 5 年，平均间隔时间为 2.75 年。[③]

就和解制度适用的及时性问题，《证券期货行政执法当事人承诺制度实施办法》在规定沟通协商期限为 6 个月的基础上，新增规定了沟通协商延期不得超过 6 个月。这意味着证监会和当事人须在案件进入协商阶段的 12 个月内达成和解协议。这一规定有助于提高和解制度适用效率，避免案件陷入久拖不决的困境。

就和解制度信息公开问题，《证券法》第一百七十一条规定“国务院证券监督管理机构决定中止调查或者终止调查的，应当按照规定公开相关信息。”《证券期货行政执法当事人承诺制度实施办法》进一步明确证监会作出中止调查决定以及终止调查决定，应当制作决定书，送达当事人，并将决定书予以公开。从证监会行政处罚决定书的情况看，行政

---

① 万福生科案的立案调查时间为 2012 年 9 月 18 日，先行赔付基金的设立时间为 2013 年 5 月 10 日，投资者获得补偿的时间为 2013 年 7 月 3 日。海联讯案的立案调查时间为 2013 年 3 月 21 日，先行赔付基金的设立时间为 2014 年 7 月 18 日，投资者获得补偿的时间为 2014 年 9 月 17 日。欣泰电气案的立案调查时间为 2016 年 6 月 13 日，先行赔付基金的设立时间为 2017 年 6 月 9 日，投资者获得补偿的时间为 2017 年 8 月 9 日。

② 席涛：《证券行政和解制度分析》，载《比较法研究》2020 年第 3 期。

③ 彭冰主编：《规训资本市场》，法律出版社 2018 年版，第 61 页。

处罚决定书的内容一般包括当事人具体违法事实、证监会作出行政处罚的依据、当事人的陈述申辩意见、证监会的回应意见等。可以预计，证监会中止调查以及终止调查的决定书也将包括案件主要事实，适用和解制度的理由和法律依据，和解承诺的具体内容，当事人消除影响的措施和期限，不履行或者不完全履行和解义务的法律后果等基本内容。但实践结果如何，还有待和解案例予以验证。

（四）较低的刑事追诉标准限缩了制度适用空间

根据《行政和解试点实施办法》，当事人涉嫌犯罪，依法应当移送司法机关处理的，中国证监会不得与当事人进行行政执法和解。《证券期货行政执法当事人承诺制度实施办法》也规定了当事人依法应当移送司法机关追究刑事责任的，不得适用证券行政执法和解制度。在证券违法立体追责体系中，刑事追责是最为严厉的追责方式，用来针对违法情节严重、社会危害程度较大的案件。排除这些案件适用和解制度，有利于发挥执法的震慑作用。然而，我国证券犯罪的追诉标准却较低。如根据 2011 年《最高人民检察院、公安部关于公安机关管辖的刑事案件立案追诉标准的规定（二）》第三十五条，证券交易成交额累计在 50 万元以上的内幕交易行为，应予立案追诉。从 2019 年证监会作出的 54 份内幕交易行政处罚决定书看，达到刑事追诉标准（累计成交额在 50 万元以上）的决定书多达 48 份，占比为 88.9%。虽然最高人民检察院、公安部于 2022 年 4 月发布全面修订后的《关于公安机关管辖的刑事案件立案追诉标准的规定（二）》将内幕交易刑事追诉标准提升到了“证券交易成交额在二百万元以上的”。从近年证监会查处的内幕交易案件观察，这一入刑标准仍然偏低。

事实上，许多达到追诉标准的内幕交易案件，可能情节较轻、危害不大，并不需要刑事制裁，却由于某些指标的“触线”被排除在了和解制度适用范围之外。如检索中国裁判文书网发现，全国法院在 2018 年、2019 年作出的内幕交易刑事判决合计仅 12 份，其中只有王廉君内幕交易案，蔡开福内幕交易、泄露内幕信息案和葛晓云内幕交易案三起案件系经证监会行政处罚后，进行了刑事追究。相当部分达到刑事追诉标准的行政处罚案件未进行刑事追究，涉及刑行程序转换是否顺畅等多方面问题。从证券行政执法和解角度，我国较低的证券犯罪立案追诉标准，在客观上限缩了和解制度的适用范围，阻碍了制度的广泛实施。

（五）和解金性质不明确，缺乏统一的征收标准

2019 年修订的《证券法》虽将证券行政执法和解制度纳入法律规范，却未明确和解金的法律属性。《证券法》第一百七十一条仅笼统规定，当事人承诺赔偿有关投资者损失是证券监管机构与其达成和解协议的条件。当事人具体应如何赔偿投资者损失，《证券法》未作明确规定。和解金具体制度规定在了国务院《证券期货行政执法当事人承诺制度实施办法》和证监会出台的相关配套规章中。根据《证券期货行政执法当事人承诺制度实施办法》，和解金是指当事人为适用行政执法和解而交纳的资金。投资者因当事人涉嫌违法行为遭受损失的，可以向和解金管理机构申请使用该当事人根据和解协议所交纳的和解金补偿损失。

可见，和解金既不同于罚款，也不同于违法所得以及罚金。和解金具有施加财产罚和补偿投资者损失的双重制度目的。而无论是罚款、罚金，还是没收违法所得仅是针对当事人的合法财产或者违法收入施加惩戒或制裁，并无补偿受损投资者损失的作用。虽然行政规章可以在我国《行政处罚法》的框架下规定“一定数额的罚款”，但也只能规定罚款，并不能创造和解金。现有法律框架下，和解金的属性和地位并不明确，存在法律依据不足的困境，可能对和解金的正当性和规制效果产生负面影响。此外，无论是国务院出台的《证券期货行政执法当事人承诺制度实施办法》，还是证监会出台的配套规章，均没有关于确定和解金额度的具体标准（《证券期货行政执法当事人承诺制度实施办法》仅列出证券监管机构确定和解金数额应当考虑的因素）。这可能导致监管机构与当事人之间的博弈处于失衡状态，造成监管机构强制当事人接受高额和解金额度的情况。综上所述，从完善证券行政执法和解制度的法治化角度，有必要基于法治路径对和解金进行系统构建，完善和解金的法治机制。

第四节　证券行政执法和解的中国化问题

以上对我国证券行政执法和解制度的规范和实践评析，指出了相关规范缺陷及实践问题，但未触及问题的深层次根源。我国证券行政执法和解制度借鉴自西方成熟市场，制度运行中的诸多问题症结都可以从法律移植的“水土不服”中找到答案。证券行政执法和解制度要被有效移植至我国证券监管体制中，需要解决制度的本土化问题，与现有证券监管体系及文化实现有效嫁接。本节对证券行政执法和解制度的中国化动力机制、正当性障碍和投资者保护机制协同等问题进行剖析，有助于更为深刻认识我国证券行政执法和解制度的现实问题。

一、制度实施动力问题

我国证券行政执法和解制度的实践效果不佳，与证券监管机构对这一制度所采取的矛盾态度密不可分。一方面，证监会强调证券行政执法和解制度对提高执法效率，及时赔偿投资者损失，尽快恢复市场秩序等的重要意义，表态要加强和解制度实施。另一方面，却在实际案件实践中态度审慎，表示要严格适用条件，坚持“零容忍”执法方针。这种矛盾态度也体现在了前期证券行政执法和解制度试点实施缺乏生命力上，执法人员为了免责或者避免损害执法权威，“不想”甚至“不敢”适用这一制度。我国证券行政执法和解制度要在资本市场的健康发展中发挥更大作用，有必要解决制度的实施动力问题。

（一）SEC证券执法和解实施动机考察：基于“自利”（Self-Interest）诱因

SEC证券执法目标在于保护投资者，确保证券市场公正性、效率性以及社会公共利益的实现。然而，SEC实施证券执法和解，动机更多体现在其实用主义的“自利”因素，如节约自身执法开支、规避败诉风险、扩张监管执法范围等，而非基于政府公共执法的“公益”因素，如提升案件稽查效率、促进公共利益实现等。[①] 同时，SEC 的执法行动由具体执法人员实施，执法人员作出执法决策，往往也会夹带考虑胜诉可能性、个人声誉和政治资本获取等与案件事实、法律适用无关的因素。SEC 实施证券执法和解的“自利”动机，主要体现在以下几个方面。

1. 节约监管投入。证券行政执法和解起到了类似法院司法调解的替代性纠纷解决作用，有助于 SEC 应对案多人少、执法资源紧张等执法“瓶颈”问题，节约了大量本应投入执法程序中的监管资源。相较执法案件数量的逐年增加和案情的日益复杂，美国国会配置给 SEC 执法人员数量、资金经费等执法资源却并不充足。根据 SEC 执法部年报，2015—2019 年财年，SEC 的执法行动（Enforcement Action）数量一直处于 800 件左右的高位，但从事执法工作的各类人员数量却从 1608 人减少到了 1472 人。[②] 由于财政预算原因，SEC 经历了长达两年的人事冻结，直至 2019 年 4 月冻结才结束，执法资源紧张态势在短期内难以得到根本扭转。证券执法和解作为一种相对高效的执法机制，对节约监管投入具有重要作用。据统计，SEC 从立案（Case Opening）到采取执法行动（Filing of an Enforcement Action）的平均耗时为 24 个月，其中取证更难、证据量更大、案情更复杂的欺诈类（Financial Fraud）和发行人信息披露违法（Issuer Disclosure）类案件，调查的平均耗时更是多达 37 个月，这还不包括 SEC 执法部提起执法指控后 SEC 行政法官或法院审理裁决的时间。[③] 证券执法和解对促进当事人积极配合调查具有显著激励作用，有效缩减了 SEC 所需执法调查时间。如 2019 年 PPG 公司和解案中，PPG

---

① See Danne L. Johnson, SEC Settlement: Agency Self-Interest or Public Interest, 12 Fordham Journal of Corporate & Financial Law 637, 669 (2007).

② 高振翔：《美国证券执法的重点、难点及挑战——SEC 执法部 2017 年至 2019 年年报解析》，载陈洁主编：《商法界论集（第 5 卷）》，法律出版社 2020 年版，第 65 页。

③ 高振翔：《美国证券执法的重点、难点及挑战——SEC 执法部 2017 年至 2019 年年报解析》，载陈洁主编：《商法界论集（第 5 卷）》，法律出版社 2020 年版，第 60 页。

公司向 SEC 及时报告了不当行为，并就不当行为采取有效补救举措，SEC 未对 PPG 公司采取罚款处罚，正是由于当事人积极配合调查，该案件的调查耗时仅为 17 个月。[①]

2. 规避败诉及声誉受损风险。规避因执法失败而带来的声誉损失风险，是 SEC 选择以证券执法和解方式处理案件的重要原因。尽管 SEC 的执法部门在全球证券监管者中享有盛誉，研究指出，SEC 在诸如内幕交易、财务造假等案件中的执法表现不佳。[②] SEC 执法行动中，执法人员往往把具有胜诉可能性的案件提交 SEC 行政法官裁审或法院法官裁判，而将存在疑点案件通过和解方式处理。考虑到无论是行政裁审程序还是司法裁判程序，案件处理结果都存在不确定性，SEC 败诉也是家常便饭，而争议性案件或者新型案件的败诉将对 SEC 执法权威带来严重负面影响，执法人员乐于以和解方式解决执法争端。

3. 扩张监管执法权力。SEC 对社会公众关注度高的市场丑闻和欺诈案件作出迅速、有效回应，有助于 SEC 的执法活动获得公众支持。体现便捷性与灵活性的证券执法和解，成为 SEC 应对这些执法案件的有效手段。对 SEC 来说，在标志性案件中让当事人缴纳天价罚款，无疑更能向公众彰显其执法能力。同时，SEC 还可以通过谈判，获得其在行政裁审程序或诉讼程序中所难以获得的执法成果，如让当事人缴纳更为高额的民事罚款、履行更为严苛的合规义务等。证券执法和解实践中，SEC 的公众支持度得到提高，证券监管权得到了强化。

（二）我国证券行政执法和解的激励机制检视

法律制度的运转是有限理性个体在现实环境中进行行为选择后的后果，执法行为是执法者在衡量利害、考虑受限条件之后的决策行为。我国证券监管者也存在着与 SEC 相同的执法激励因素，如节约监管投入，提高执法效率，但在规避败诉风险方面的动机不强，我国证监会被法院

---

① See In the Matter of PPG Industries, Inc. , Stand-alone Admin. Proc, 33 – 10701 (09/ 26/ 19).

② See Danne L. Johnson, SEC Settlement: Agency Self-Interest or Public Interest, 12 Fordham Journal of Corporate & Financial Law 637, 672 (2007).

判决败诉的行政处罚案件仍十分少见。此外，通过证券行政执法和解实施以扩张执法权，在我国也不具备现实可能性。从我国证券监管现实看，虽然执法绩效压力、监管实效性追求、西方合规理念引入等因素推动了我国证券行政执法和解的试点实施并最终纳入法律轨道，但以下因素制约着这一制度在我国发挥作用：一是公众对行政执法和解制度的认知和接受程度不高，二是制度滥用疑虑尚待消除，三是当前执法环境排斥和解制度广泛适用，四是和解制度内外部监督机制仍有待完善。总体上，证券行政执法和解在我国尚不具备深厚的民意基础，存在着制度实施激励不足的问题。

1. 正面激励。

（1）行政绩效机制的推动。我国行政监管体制中，存在较为独特的“行政绩效机制”，也即上级主管部门通过考核、报告、评估等方式对下级执法单位进行行政管理，通过职务变动、绩效评比等方式对执法人员进行激励或惩戒，以推行主管部门制定的执法政策。在中国特有的国情下，证券执法通常要考虑案件调查的“成案率”，处罚决定的“执行率”“复议率”“诉讼率”，以及处罚决定被复议诉讼后的“维持率”“败诉率”等行政绩效指标，这也构成证券监管机构实施行政执法和解的一种有效动力机制。证券行政执法和解通过协商方式平息行政争议，被调查当事人自愿履行纠正涉嫌违法行为、消除违法行为不良后果、交纳和解金、补偿投资者损失等承诺义务，有效减轻了执法部门在案件执行、复议、诉讼等问题上的压力，减少了行政纷争，提升了执法部门绩效。这种透过行政管理手段施加的压力机制，对证券行政执法和解实施具有积极意义。[①] 但行政绩效目标是一个动态概念，随着监管环境、执法形势甚至官员个人意志变化，这种激励机制存在较大不稳定性。

（2）监管实效性的追求。长期以来，我国证券监管机构面临着监管

① 如在证监会主要官员推动下，证券行政执法和解试点才得以正式实施，和解案例实现“零突破”。参加证监会：《强化责任担当 发挥各方合力努力构建资本市场投资者保护新格局——阎庆民副主席在“5·15全国投资者保护宣传日”启动仪式上的讲话》，http：//www.csrc.gov.cn/pub/newsite/zjhxwfb/xwdd/201905/t20190515_355804.html，最后访问日期2021年10月25日。

实效性不高的质疑。证券执法被各种违法违规现象牵着鼻子走，一些明显的违法违规行为长期得不到根治，证券执法处于被动地位。一方面，当违法行为动摇市场秩序时，常常采取运动式执法，希望毕其功于一役，却难免造成恶性循环，陷入执法信任危机。[①] 另一方面，在证券执法制度的功能认识上，过于强调证券执法的惩处功能未能充分利用执法的威慑作用。证券执法长期以来都是一罚了事，缺乏对执法过程和结果的适当披露和跟踪，导致处罚后难以阻止违法行为再犯。

与美国情况类似，我国证监会也面临着执法需求与执法资源之间的紧张关系。在压缩行政开支的背景下，证监会的执法经费增长与办案的实际需求增加不匹配，如根据证监会部门决算，2020 年稽查与案件处理支出为 5040.33 万元，比 2018 年的 6745.1 万元还下降了 1700 余万元，但证监会行政处罚数量呈上升趋势，2020 年更是达到 327 件。[②]

在此背景下，证券行政执法和解成为证监会提升执法实效性，缓解执法资源短缺的有益手段。证券行政执法和解附带的合规义务有助于消除违法行为人的内在再犯因素，修复被损害的市场秩序。总体上，证券行政执法和解的经济性、效率性特点可以较好地满足在执法资源限定条件下追求更理想执法成效的目标。

（3）西方合规理念的引入。证券行政执法和解将涉嫌违法当事人提出的纠正违法行为、消除或者减轻违法行为后果方案，作为与其达成和解协议的条件，事实上将西方合规治理理念引入了证券监管。被调查当事人要切实采取整改具体措施，加强内部管理，如此才能换取证券监管部门对行政调查程序的终止和案件终结。

事实上，在西方国家，行政执法和解是企业合规治理的强大激励力量。在反海外贿赂（FCPA）、知识产权保护、产品出口规制、反洗钱以及数据隐私保护等诸多领域，欧美国家立法对企业治理提出了很高的合

---

① 胡宝岭：《中国行政执法的被动性与功利性——行政执法信任危机根源及化解》，载《行政法学研究》2014 年第 2 期。

② 相关数据来源于证监会 2018 年、2020 年决算报告及证监会新闻稿。

规治理要求，并通过有力的监管执法推动企业合规的推行。相关监管机构可以根据相对人建立合规管理计划的情况，来决定是否对当事人进行惩处。美国的反海外贿赂执法中，绝大多数案件都是通过企业建立或者完善合规计划以换取宽大的行政处理。[①] 企业合规治理的理念要求企业在经营过程中不但要追求利润最大化，还要注重防控合规风险，避免出现违法违规行为，防止受到法律制裁或监管处罚。目前，我国银行业、保险业、证券业和中央企业均建立起了相应合规管理要求。[②] 推动企业建立合规管理计划成为我国政府监管部门所高度重视的问题，作为推动企业合规治理的有效机制，证券行政执法和解制度也逐渐受到重视。

2. 负面激励

（1）社会认受程度不高。证券市场建立在投资者信心之上，恢复因违法行为而受损的投资者信心，是证券执法的重要目标，证券执法有必要使投资者真切感受到行政监管者的保护。而出于维护监管权威的需要，投资者的意见和呼声，一定程度上影响执法者对案件定性量罚判断。然而，在我国行政监管中，行政执法和解实践较少，公众对行政执法和解的认知和接受程度有限。目前，我国行政执法和解实践仅存限于反垄断、反倾销、海关知识产权执法和证券行政执法等少数领域。[③] 人们对这一公权契约化的执法方式仍持怀疑和不信任的态度。证券行政执法和解制度在现阶段大规模适用，可能会增加社会公众对行政相对人寻租公权力或者执法机构调查能力不足、简单执法的疑虑，甚至拒绝接受这一制度，不利于证券监管执法工作开展。

（2）与执法“主旋律”不符。加大证券市场违法违规成本、严厉打

---

① 尹云霞、李晓霞：《中国企业合规的动力及实现路径》，载《中国法律评论》2020 年第 3 期。

② 如原银监会发布的《银行合规风险指引》、原保监会发布的《保险公司合规管理办法》、证监会发布的《证券公司和证券投资基金管理公司合规管理办法》和国资委发布的《中央企业合规管理指引（试行）》。

③ 如《反垄断法》第四十五条规定的经营者承诺制度，《反倾销条例》第三十一条规定的价格承诺制度，《海关〈知识产权海关保护条例〉办法》第二十七条规定的海关知识产权执法终止制度。

击证券违法犯罪行为是当前执法“主旋律”，这意味着可以适用证券行政执法和解的案件范围将十分有限。国务院金融委多次会议指出，要全面落实对资本市场违法犯罪行为“零容忍”的工作要求，对财务造假、资金占用等恶性违法行为从重处理。采用契约方式作为公权的行使方式可能会导致“公权私化”，偏离了公权所代表的公意目标。不仅私权主体难以认同，就算是公权主体，由于担心引发执法腐败和不敢担责等原因，在对待证券行政执法和解问题上也是裹足不前。[①] 在许多证券违法案件中，特别是恶性证券违法案件中，行政处罚仍然是证券监管机构的首选路径。

（3）正当性疑虑尚未消除。理论界和实务界仍然对证券行政执法和解免除行政相对人行政处罚，即“承诺免罚”的正当性表示质疑。有观点认为，证券行政执法和解中行政相对人纠正涉嫌违法行为，赔偿有关投资者损失，消除损害或者不良影响等至多算是从宽量罚的理由，不能作为免除行政处罚的依据，对于已经构成证券违法的行为人，即便事后的合规整改和交纳和解金可以发挥堵塞制度漏洞、消除制度隐患、预防再犯等作用，顶多只能带来量罚上的宽大，而不能消除其违法责任。[②] 同时，从信息披露违法、操纵市场、内幕交易等违法构成要件看，证券违法主要是行为犯而非结果犯，即只要行为人从事了相关证券违法行为，即便未发生危害结果，也构成违法。危害结果的发生，如操纵市场案件中的价量异常变动，往往只是用于印证行为人的不法动机和社会危害。因此，既然违法行为已经发生，也就没有理由通过事后的悔过和纠错免于处罚。此外，从域外特别是美国的证券行政执法和解经验看，关于证券执法和解动摇监管权威、放纵违法行为的争论一直存在。域外公众对证券执法和解的质疑，在我国同样也可能成立。对证券行政执法和解的

---

① 殷继国：《反垄断执法和解制度：国家干预契约化之滥觞》，中国法制出版社2013年版，第230－231页。

② 如美国许多文献中，均对SEC滥用执法和解提出过批评，并质疑其正当性，详见下一部分论述。我国学者也对执法和解的合法性危机作出过系统梳理，参见殷守革：《行政和解法治论》，山西人民出版社2020年版，第79－83页。

正当性疑虑，成为阻碍这一制度在我国广泛实施的重要障碍。

（4）体系化的监督机制尚未建立。立体、有效的监督机制是实现证券行政执法和解公平性，防范和解制度适用道德风险的关键。监督分为内外部两个层次，外部监督包括公众监督、法院监督等，内部监督包括调查部门、处罚部门对和解办理部门监督，纪委监委监督等。尽管目前证券行政执法和解的相关制度规范对证监会内部的案件“调查”“审理”与“和解”职权相分离，由不同内设部门负责作了规定，但体系化监督机制尚未建立。一是公众监督方面，从现有和解试点实施案例看，证监会对和解案件的信息公开严重不足，关于案件事实、和解理由、整改义务等事项披露仅寥寥数语，公众无从知晓案件的具体信息，也就无法对证监会适用行政执法和解进行监督评价。二是法院监督方面，根据现有和解程序，法院不参与和解协议达成的过程，仅在和解协议达成后，证监会无正当理由不履行和解协议，当事人提起行政诉讼情形下，法院才有机会对证券行政执法和解的合法性、合理性进行司法审查。司法审查范围十分受限，司法机关难以发挥有效的监督功能。三是纪委监委监督方面，目前制度仍存在空白。事实上，防范行政执法和解实施过程中行政自由裁量权的滥用，现实可行路径是发挥现有纪委监委机构的监督作用。相比公众监督、司法监督等外部监督，监察委和纪委监督的优势在于反应迅速、高效灵活，体现保密性的同时，及时纠正案件处理中的偏差。

二、制度正当性质疑问题

证券行政执法和解是典型的风险与价值的共同体。我们应看到这一制度在丰富证券监管方式、提升证券监管效率、化解证券执法张力等方面的独特价值，也要看到制度背后存在的监管“俘获”、偏袒执法、放纵违法、减损执法权威等的风险，避免制度的正当性价值被潜在风险所消解。对证券行政执法和解风险控制是世界各国证券监管执法者高度重视的问题，但从我国证券行政执法和解的理论研究和实践看，却较少对这一问题进行系统分析和评估控制，更多只是赋予监管者实施行政执法和解的职权，并强调监管者在和解制度中的主导地位。在目前我国公众对执法和解的认知和接受有限的背景下，避免因实施证券行政执法和解而对监管者自身的执法权威和公信力造成不良影响，是证券行政执法和解制度能否在中国语境下发挥积极作用的关键。

（一）监管“俘获”（Capture）

在诺贝尔经济学奖获得者 George Stigler 的经典文献中，基于监管机构及其工作人员的自利性假设，George Stigler 认为监管可能转向被监管者的特殊利益，从而背离其公共利益属性，即监管者可能受被监管者“俘获”。[①]“俘获”的重要手段就是所谓的“旋转门”问题，即证券监管者个人为了寻求在离任后的商业机会和个人财富等私利，在监管实践中尽可能照顾被监管者的特殊利益，从而损害监管的公平、公正和有效。[②]

从证券行政执法和解的制度原理看，证券监管的自由裁量权是和解制度存在的前提，也是其保持经济、便捷优势的基础。[③] 但赋予监管者过多的证券自由裁量权有可能带来其被滥用并滋生腐败的风险。更何况证券行政执法和解作为一种惩处性比行政处罚更弱的证券监管执法方式，更容易诱发监管者被“俘获”而“贩卖公权力”，成为权力寻租的手段，即证券监管机构离任人士利用其与现任监管人员的纽带关系，通过不公正、不适当的方法影响监管执法行为，将原本要处以行政处罚的案件适用和解作替代。若监管者被“俘获”，证券行政执法和解所具有的执法价值将丧失殆尽。“俘获”理论构成了对我国引入证券执法和解制度的重要质疑。

---

① See George J. Stigler, The Theory of Economic Regulation, 2 Bell Journal of Economics and Management Science 3, 3 -21 (1971).

② See Richard A. Posner, The Federal Trade Commission, 37 University of Chicago Law Review 47, 47 -89 (1969).

③ 王婷、张平：《论行政执法和解的风险控制——以反垄断等特殊执法领域为视角》，载《政法学刊》2015 年 12 月。

（二）偏袒执法①

执法偏袒涉及证券行政执法和解适用的公平性问题。与平等主体之间的协商谈判不同，在证券执法和解谈判中，谈判双方的地位和力量并不对等。从 SEC 证券执法和解经验看，出现了和解结果偏袒大公司的问题。SEC 作为证券监管规则的制定者、解释者和执行者在和解中处于优势地位。对大多数当事人来说，SEC 的执法行动是巨大的压力和负担，当事人既要疲于应对耗时费力的 SEC 调查取证，还要承受舆论指责和股价下跌的损失。其中，最不利的是个人和中小公司，它们一方面没有拒绝 SEC 和解的能力，因为诉讼和行政裁决所耗费的资源更多、程序更冗长、结果也更不确定，另一方面也没有能力在与 SEC 谈判中争取最有利的和解条件。然而，对于大公司，特别是大型金融机构和跨国公司来说，它们在个案中所能投入的人财物资源、拥有的政治能量可能超过 SEC，这让它们在和解中占据上风。大公司往往花费重金聘请 SEC 前高级雇员到公司任职或者担任法律顾问，以应对 SEC 所可能采取的执法行动，这带来了利益冲突的问题。② 例如，为了避免司法审查，SEC 通常通过行政程序与大型华尔街银行达成和解。和解协议中，SEC 既未要求这些大型华尔街银行承认违法，更未追究相关个人的违法责任，如 2015 年 SEC 和解金额最大的五件案件中，有两件案件涉及大型华尔街银行，SEC 既未要求这些当事人承认违法，也未追究相关个人的违法责任。③ 批评者指出，由于大公司高管与 SEC 高层有着千丝万缕的联系，SEC 执法往往投鼠忌器，因此，SEC 与大公司达成和解具有很大的随意性。④ 在 Bank

---

① 高振翔、陈洁：《美国证券执法和解制度镜鉴》，载《证券市场导报》2020 年第 10 期。

② See Danne L. Johnson, SEC Settlement: Agency Self-Interest or Public Interest, 12 Fordham Journal of Corporate & Financial Law 637, 661 – 663 (2007).

③ See Citigroup Alternative Investments LLC & Citigroup Global Markets Inc., Securities Act Release, No. 9, 893 (Aug. 17, 2015); Deutsche Bank AG, Exchange Act Release, No. 75, 040 (May 26, 2015).

④ See Rigged Justice 2016, How Weak Enforcement Lets Corporate Offenders Off Easy, Office of Senator Elizabeth Warren (January 2016), https://www.warren.senate.gov/files/documents/Rigged_Justice_2016.pdf.

of America 案中，Rakoff 法官就曾明确指出，SEC 与当事人达成的和解协议不能充分保护投资者利益，和解协议中的民事罚款力度明显不够。该案所涉及的虚假陈述影响数百亿美元并购，而 SEC 仅仅要求当事人缴纳 3300 万美元的民事罚款。① 面对公众压力，SEC 在近年的执法实践中强化了对发行人和机构的执法力度，显著提升了和解协议中对大公司的民事罚款金额，并且更加注重同步追究公司和公司高管个人的违法责任。②

（三）放纵违法

证券行政执法和解中无须和解当事人承认违法的政策事实上降低了违法成本。认定当事人的违法行为和责任是行政处罚的基本前提，但证券行政执法和解却无须这一前提条件。允许当事人“既不承认也不否认违法”是各国证券行政执法和解普遍奉行的政策。这一政策体现了和解制度的优势：对监管机构来说，节省了认定当事人违法所需要的调查资源和时间，提高了解决执法争议的效率；对当事人来说，避免了冗长执法程序对其经营的破坏，以及由于违法记录所造成的声誉和资格损失。但该政策却也在客观上让违法者逃避了违法后果，引发公众对执法者执法不严的质疑。批评者指出，无须当事人承认违法，客观上削弱了执法权威和公信力，不能带来公正结果。证券监管机构作为执法者，其重要职责是发现并惩处违法行为，允许当事人“既不承认也不否认违法”与其职责不符，也背离了证券执法公平、公正的要求。③ 在这一政策下，违法者无须被认定违法和过错，和解制度对当事人的惩处成为没有法律和道德否定性评价的单纯“商业成本”（Cost of Doing Business）。④ 对此，美国参议员 Elizabeth Warren 的批评入木三分：“如果正义意味着青少年偷车会被判徒刑，而公司 CEO 暗中设局，从公司盗取数十亿美元，却可

---

① See SEC v. Bank of America, 653 F. Supp. 2d 507, 512 (S. D. N. Y. 2009).

② See Division of Enforcement 2019 Annual Report, SEC Reports and Publications (November 6, 2019) https://www.sec.gov/files/enforcement-annual-report-2019.pdf.

③ See Theodore D. Edwards, Of Truth, Pragmatism, and Sour Grapes: The Second Circuit's Decision in SEC v. Citigroup Global Markets, 65 Duke Law Review 1241, 1260-1261 (2016).

④ See Matthew G. Neumann, Neither Admit Nor Deny: Recent Changes to the Securities and Exchange Commission's Longstanding Settlement Policy, 40 Journal of Corporation Law 793, 805 (2015).

以无需认罪，那么法律面前人人平等的承诺便成为谎言。对于人人皆知的滔天罪行不加起诉……会对我们法律面前人人平等的共同信仰产生腐蚀性影响。”①

此外，和解制度适用条件的放宽可能产生激励违法效应。根据《证券期货行政执法当事人承诺制度实施办法》，证券行政执法和解的适用条件已大幅放宽，和解案件不再必须“事实或者法律关系尚难明确”，只要案件适用和解制度符合投资者、市场和公众利益，并且不构成消极条件，当事人均有申请适用和解制度的机会。新规定侧重发挥证券行政执法和解在节约执法资源、尽快补偿投资者损失等方面的综合作用，这也意味着对于部分证监会已获得充分证据的案件能适用和解制度结案。当事人在达成证券行政执法和解以取代行政处罚的预期下，容易产生侥幸心理，产生激励潜在违法的效应。

（四）减损执法形象

证券行政执法和解的核心是和解协议，蕴含着浓厚的契约理念，包含自由、平等、协商与意思自治的基本内涵。证券执法是国家干预市场经济的基本手段，体现震慑理念，即通过对证券违法行为施加严厉制裁，预防与制止潜在违法者违法。证券行政执法和解的柔性执法方式及其所营造的宽松执法环境，与严厉制裁的证券执法者形象存在冲突。在对行为人的惩罚性和对潜在违法者的震慑作用方面，证券行政执法和解都要显著弱于证券行政处罚，较难获得如行政处罚“严刑峻法”后社会公众“拍手称快”的效果，而且协商达成和解协议的过程与严格、正式的执法处理程序以及执法要求不可同日而语。因此，如果证券行政执法和解适用不当，如公开机制不足、监督机制不健全、超出自由裁量权范围适用和解制度等，容易带来公众对执法者“徇私枉法”的质疑，使社会公众对证券监管丧失信任，认为证券监管是“纸老虎”，或认为执法者是

① See Rigged Justice 2016, How Weak Enforcement Lets Corporate Offenders Off Easy, Office of Senator Elizabeth Warren (January 2016), https://www.warren.senate.gov/files/documents/Rigged_Justice_2016.pdf.

“简单执法、回避矛盾、滥用职权，息事宁人”。

因此，证券行政执法和解的适用，特别是在社会关注度高的敏感案件适用，要充分评估适用和解制度所能获得的行政效益和社会效益，警惕因适用和解制度带来的减损执法权威等负面影响。

三、投资者保护机制协同问题

除证券行政执法和解制度外，我国《证券法》还规定了证券民事诉讼、先行赔付、责令回购等投资者保护制度。如何推动既有制度在实践中更好地发挥作用，避免不同制度间简单“叠床架屋”，是构建我国证券行政执法和解制度所要考虑的问题。证券行政执法和解制度作为一项舶来品，其移植要深刻考虑制度生长所依赖的土壤和环境，实现移植制度与既有制度“一加一大于二”的实际效用。

（一）与证券民事诉讼的制度衔接配合

根据《证券期货行政执法当事人承诺制度实施办法》，和解金补偿程序与投资者提起民事赔偿诉讼程序相互独立。投资者既可以接受和解金的补偿，也可以就同一涉嫌违法行为提起民事诉讼。对投资者来说，和解金补偿和证券民事诉讼赔偿都是获得补偿的重要渠道，一种渠道补偿不充分，可以通过其他渠道补足。

但从目前我国证券行政执法和解的制度规定和实践情况看，案件适用和解制度后投资者提起民事赔偿诉讼存在诸多障碍：

一是和解案件信息公开不足，投资者提起证券民事赔偿诉讼存在证明难问题。和解案件事实、证据不可能像处罚案件一样公开，且当事人也没有在和解制度中被认定违法或者存在过错。相较证券行政处罚，投资者无法将证券监管机构认定的违法事实和责任人员情况作为证据用于证券民事诉讼，投资者面临更不利的诉讼地位。

二是投资者举证能力较弱，难以证明行为人证券违法行为。我国证券民事诉讼一直存在以监管部门的行政处罚和生效的刑事判决作为法院受理的前置条件。[①] 前置条件虽然给投资者提起证券民事诉讼带来一定障碍，但也降低了投资者举证难度和法院审理压力。最高人民法院新出台的《关于审理证券市场虚假陈述侵权民事赔偿案件的若干规定》（法释〔2002〕2号）第二条取消了原司法解释规定的行政刑事前置程序，规定“人民法院不得仅以虚假陈述未经监管部门行政处罚或者人民法院生效刑事判决的认定为由裁定不予受理”，同时也指出原告提起证券虚假陈述侵权民事赔偿诉讼，应当提交“信息披露义务人实施虚假陈述的相关证据”。按照民事诉讼举证责任分担规则，原告须对自己的主张提供证据加以证明，但在证券民事赔偿诉讼中，普通投资者通常难以独自证明被告存在相应的证券违法行为。证券监管机构关于适用行政执法和解的决定（如中止调查决定书、终止调查决定书）能否作为投资者证明证券侵权事实的初步证据，目前还尚存疑问。

（二）与先行赔付制度的统筹兼顾

先行赔付本质上是一种民事和解，赔付时点在行政处理之前，由发行人的控股股东、实际控制人、相关的证券公司先行垫付投资者赔偿支出。从制度适用的先后次序来看，先行赔付在证券行政执法和解之前，若相关涉案当事人承担先行赔付责任，事实上满足了和解制度适用条件中“已经或承诺赔偿投资者损失”的要求，证券监管机构将有更大可能性与相关当事人达成和解协议。证券行政执法和解与先行赔付的制度衔接主要体现在投资者赔偿问题上，有以下几个方面值得关注：

一是赔偿标准。若证券行政执法和解与先行赔付的赔偿标准不统一，容易引发争议，也不利于投资者利益保障。作为正式行政处理前的投资者赔偿程序，先行赔付在计算标准、赔偿范围等方面理应与和解金补偿保持一致。对在先行赔付中未充分受偿或者拒绝接受先行赔付的投资者，

---

① 《最高人民法院关于受理证券市场因虚假陈述引发的民事侵权纠纷案件有关问题的通知》（法明传〔2001〕43号）、《最高人民法院关于审理证券市场因虚假陈述引发的民事赔偿案件的若干规定》（法释〔2003〕2号），目前均已废止。

应当允许投资者再行请求和解金补偿。

二是追偿问题。要处理好先行赔付人向与证监会达成和解协议的发行人追偿问题。先行赔付案件中，涉案发行人承担最终民事赔偿责任，先行赔付人在履行先行赔付义务后，有权向发行人追偿。先行赔付人向发行人追偿有两种路径，第一种是从发行人的和解金中追偿，第二种是在和解金外再单独追偿发行人。先行赔付和和解金补偿的目的都是赔偿投资者损失，接受先行赔付的受损投资者已不再需要通过和解金受偿，从提高先行赔付积极性，降低先行赔付人向发行人单独追偿成本的角度考虑，有必要允许先行赔付人从和解金中追偿。

（三）与责令回购制度的区隔适用

责令回购是我国资本市场探索建立的一种特殊法律责任实现方式，其目的在于解决投资者因欺诈发行所遭受经济损失的赔偿问题，同时，还兼顾了剥夺违法行为人不当利益的制度价值。尽管责令回购中的“责令”对欺诈发行人具有行政强制性，对投资者存在一定弹性。责令回购强制的是责任人发出并履行回购要约，并不强制股票持有人必须接受回购要约，交易状态仍需基于民事自愿性来实现。[①] 也就是说，责令回购并不能解决所有投资者的民事赔偿问题，对于拒绝回购要约的投资者，仍然需要与其他投资者保护机制衔接。但责令回购与证券行政执法和解在适用上应当有所区分：

一是责令回购不能成为符合证券行政执法和解的一项条件。证券行政执法和解可以促使欺诈发行的上市公司通过积极赔付等行为换取较轻的行政处理结果。但证券行政执法和解条件中所要求的“赔偿有关投资者损失”是行政相对人主动采取或主动承诺采取的行为，与责令回购中当事人因证券监管机构“责令”而作出的赔偿，在主观认识上存在差别。因此，不同于当事人主动赔偿的“先行赔付”，“责令回购”不能成为符合证券行政执法和解的一项条件。

---

① 孙秀振：《欺诈发行责令回购股票制度：目标定位及现实构建》，载《证券市场导报》2019年第5期。

二是责令回购和证券行政执法和解不能同时适用。不同于需要满足严格证明标准的行政处罚，行政执法和解本身即以牺牲违法行为的精确界定为代价，以实现用较少的监管资源来解决问题。和解协议通常会对当事人的违法行为认定作模糊化处理，这并不符合责令回购中“证券监管机构已对欺诈发行事实有较明晰认定”的适用条件。因此，责令回购与证券行政执法和解在适用情形上应相互区别。具体地，如果证监会只是对公司存在欺诈发行有怀疑，并不能适用责令回购，以防止这一制度被错误适用。而若证监会已经掌握了欺诈发行较为确凿的证据，则可以依法作出责令回购决定，并做好与后续行政处罚的衔接协调，以确保责令回购和行政处罚对于欺诈发行认定的一致性。[①]

第五节　本章小结

本章从我国证券监管执法体制的基本情况出发，梳理总结了我国证券监管执法体制存在“集中统一”和“查审分离”两大特征。在此基础上，对我国证券行政执法和解制度的发展历程、制度架构、内容要点、实践情况、问题挑战进行分析。本章研究具有承上启下的作用，通过分析我国证券行政执法和解的制度背景及存在的问题，为进一步对相关问题深入思考及提出解决措施奠定基础。

一、制度框架与立法评析

《证券法》自颁布实施伊始，就规定我国实行集中型监管为主的证券市场监管模式，具体表现为集中统一的监管机构、监管事权和监管方式。集中统一的监管模式契合我国的政治经济体制与证券市场发展现实，确保了证券监管的专业性、协调性和高效率。“查审分离”是证券监管

---

① 杨亚威：《证券欺诈发行背景下责令回购制度研究》，载陈洁主编：《商法界论集（第6卷）》，法律出版社2020年版，第255页。

实践逐步发展而来，并行之有效的执法体制，其本质是证监会调查与处罚权力的相互制约，让审理机构可以基于一种客观、中立的立场，执行并解释法律规定，确保案件处理的公平、公正和合理。

我国证券行政执法和解制度产生于国务院的授权探索实践，经历了部门规章“试点”到正式纳入法律规范的制度演变历程。当前，我国形成了以《证券法》为基础，国务院《证券期货行政执法当事人承诺制度实施办法》和证监会《证券期货行政执法当事人承诺实施规定》《证券期货行政执法当事人承诺金管理办法》等行政法规和部门规章配套衔接的证券行政执法和解制度体系。制度设计体现出“集中统一”和“查审分离”两大证券监管执法特点，反映出及时弥补投资者经济损失、推动案件尽快处理、尽快明确和稳定市场预期的立法意图。

二、制度运作的实践评析

虽然我国证券行政执法和解的制度供给不断充实，证监会却在实践中较少采用这一执法方式结案。自《行政和解试点实施办法》2015 年出台以来，我国证监会仅在两起案件中达成和解。证券行政和解试点实践存在代表性弱、耗时久、和解金高但不涉及投资者补偿等问题，试点效果与设计初衷相去甚远。从试点情况看，我国证券行政执法和解制度存在着适用条件过于严格，适用和解制度结案数量少；程序启动不畅，当事人和解权利未得到充分保障；案件信息公开不足，及时性有待提高；较低的刑事追诉标准限缩了和解制度适用空间；和解金性质不明确，缺乏统一的征收标准等问题。在我国，进一步发挥证券行政执法和解制度的空间还很大。尽管《证券法》、国务院《证券期货行政执法当事人承诺制度实施办法》和证监会配套规章等规范对证券执法和解制度作了针对性的完善，有助于解决当前实践面临的障碍，这一制度要在我国得到充分有效运用，仍有必要在理论和制度设计层面进行系统研究和重构。

三、制度移植的中国化困境分析

证券行政执法和解制度在中国实施，面临实施动力不足、正当性质疑未消、相关投资者保护机制欠缺协同三个方面问题。

实施动力方面，虽然执法绩效压力、监管实效性追求、西方合规理念引入等因素推动了我国证券行政执法和解制度的试点实施并最终进入法律轨道，但公众对和解制度的认知和接受程度不高、制度滥用疑虑尚待消除、当前执法环境排斥和解制度广泛适用、和解制度内外部监督机制仍有待完善等问题依然制约着这一制度在中国发挥作用。总体而言，我国还存在着推行证券行政执法和解制度激励不足的问题。

正当性质疑方面，证券行政执法和解制度在丰富证券监管方式、提升证券监管效率、化解证券执法张力等方面具有独特价值，也存在着监管“俘获”、偏袒执法、放纵违法、减损执法权威等风险。证券行政执法和解的惩处性比行政处罚更弱，更容易诱发监管者被“俘获”而“贩卖公权力”，或者因为“旋转门”问题产生执法结果偏袒大公司，放纵违法行为的问题。避免因实施证券行政执法和解，而对监管者自身的执法权威和公信力造成不良影响，成为证券行政执法和解制度能否真正在我国落地生根、发挥积极作用的关键。

相关投资者保护机制协同方面，除证券行政执法和解制度外，我国《证券法》还同步规定了证券民事诉讼、先行赔付、责令回购等投资者保护制度。目前，相关制度规定还较为零散，制度运行各自为政，部分制度的协同适用还存在一定障碍，难以发挥制度合力。如何推动既有制度在实践中更好发挥作用，避免不同制度间简单“叠床架屋”，是构建我国证券行政执法和解制度所要考虑问题。

第四章　我国证券行政执法和解的制度完善

长期以来，规范缺陷和实践不足影响了证券行政执法和解制度在我国的有效运作。本章在前三章研究基础上，针对我国证券行政执法和解制度面临的突出问题，就制度完善的总体路径、原则确立、实体设计、程序设计等问题进行探讨并提出优化措施。

第一节　制度完善的总体路径

总体路径解决的是证券行政执法和解制度理念、公众对证券行政执法和解制度的认可度、证券监管机构适用证券行政执法和解制度的动力以及制度实施效果等问题，目的是为具体制度设计提供方向。

一、理念破解：契约理念与执法威慑理念共存

证券行政执法和解由证券监管机构与涉嫌证券违法的当事人协商合作，通过“讨价还价”的方式签订和解协议。证券监管机构审查认可后作出中止行政调查决定，并在当事人履行和解协议后作出终止行政调查决定。之所以认为证券行政执法和解影响了证券执法的威慑性，进而主张其不应该广泛适用，原因在于行政执法和解传递了“宽松”的监管信号，降低了涉嫌证券违法行人应当承担的法律责任。传统法学理论认为行政权不可处分，证券执法权也不例外。证券行政执法和解向涉嫌违法

行为人传递了负面信号，即监管机构不是“铁面无私”，而是属于“好说话”的机构。同时，和解免除了行为人所可能承担的处罚责任，助长了行为人的侥幸心理，在理论上还可能构成鼓励违法。如果证券行政执法和解制度沦为涉嫌违法行为人“规避”处罚的工具，将对证券监管机构“公正执法”形象造成损失，影响证券监管效果。然而，上述质疑在法理上可能并不成立，事实上，证券行政执法和解的契约理念和证券执法的威慑理念可以共存。

（一）最优威慑理论的引入

传统执法威慑理论强调完全威慑，即法律事先制定严厉的刑事制裁或行政处罚条款，当法律得到完全执行，所有违法行为都被发现和处罚，执法震慑将得到发挥，证券执法的权威形象也得到维护。然而，受有限监管资源的限制，现实中不可能所有法律都得到完全执行。同时，受边际回报递减约束，如果对所有违法行为进行完全制裁，成本将无穷大，很可能得不偿失。[①] 完全威慑理论的问题在于没有意识到公共执法有其最优威慑边际，超过边际的威慑将会导致短期执法、虚假执法、执法过度等危害。所谓短期执法是指在重点时段的压力型执法，当严打阶段过去，违法行为也将“死灰复燃”。虚假执法是指执法者的执法实力匹配不了执法需求，只能靠编造执法内容或虚填表格执法等方式满足上级要求。过度执法则是因为执法实力不足，难以辨别守法者和违法者，于是在上级压力下“一刀切”“一禁了之”的执法方式。[②] 虽然证券监管领域的威慑增加可能会在一定程度上带来执法改进，但也很可能同时造成上述“执法失灵”问题的集中出现，浪费了宝贵执法资源。

因此，现代执法威慑理论强调最优威慑，即从社会整体效益最大化角度考虑施加制裁的问题。最优威慑并非对所有违法行为都要实施制裁，

---

① 杨晓维、张云辉：《从威慑到最优执法理论：经济学的视角》，载《南京社会科学》2010年第12期。

② 胡苑：《论威慑性环境规制中的执法可实现性》，载《法学》2019年第11期。

只有当边际执法效益大于边际执法成本时，对违法者的惩戒才是有效率的。[①] 不同于完全威慑理论，最优威慑理论认识到不完全执法是才是监管执法常态，总有人会逃避处罚并因违法而获利，这是无法改变的客观事实。公共执法应当追求最优执法，即执法须在考虑执法成本和执法效果的前提下，实现社会福利的整体增加。

（二）最优威慑理论考虑的因素

执法威慑通常包括两方面评价指标：一是违法者被查处的概率，二是被查处后所受到的处罚水平。对潜在违法者来说，用数学公式表达的预期违法成本为查处概率与处罚水平的乘积。从法律经济学的角度来看，个人从事违法行为的原因是可以从中获取正效用。[②] 因此，只要违法收益小于预期违法成本，违法将变得无利可图，当事人也将丧失违法动机。证券执法目的就在于通过法律实施，尽可能减少甚至消灭违法收益，根除违法诱因。

1. 查处概率。执法威慑可以通过潜在违法者的预期违法成本大小加以衡量，通过处罚水平和执法概率的不同组合加以实现。[③] 即为了确保同等威慑水平，如果执法概率较高，处罚水平可以相应降低，相反，如果执法概率较低，处罚水平应当较高。[④] 首先，查处概率取决于行政资源的分配。但政府对行政资源的分配存在不稳定性，基于行政任务的改变而变化。其次，不同执法领域的查处难度也不相同。相比一般的治安违法，证券违法属于“白领违法”，手段隐蔽，智能性高，需要投入的监管资源更多，查处难度更大。最后，对于受害者确定的违法领域，由于受害者的举报和诉讼，违法行为往往更容易被发现。同时，如果相关领域建立了私人执法激励机制，如有奖举报、集团诉讼、公益诉讼等，将有助于通过私人执法间接推动公共执法。对证券领域来

---

① See Gary S. Becker, Crime and Punishment: An economic Approach, 76 Journal of Political Economy 169, 169 - 217 (1968).

② 张红：《行政处罚的设定方式》，载《中国法学》2020 年第 5 期。

③ 同①。

④ 同②。

说，虽然受害者人数众多且可以通过集体诉讼方式惩治违法，由于“搭便车”心理和集体行动困境，私人执法推动公共执法的效果可能受到抑制。

2. 处罚水平。理论上，在查处概率难以改变的情况下，为了提高执法威慑力，应当提高处罚水平，但处罚水平也不能无限拔高。过分提高处罚水平，希望通过对典型案件的“严刑峻法”收获威慑效果，非但效果不理想，甚至会影响法律权威。一方面，过度处罚将会限制行动自由，减损法律尊严。处罚通常会影响人们对行为方式的选择，如果对于违法行为不分轻重进行巨额处罚，将限制行动自由，妨碍社会进步。同时巨额罚款处罚也不利于财产权保护，忽视社会承受能力的加重处罚，最终减损的是法律尊严。① 另一方面，从经济学的边际效益递减角度，增加一单位的惩处力度并不能带来同单位威慑力度的等量增加，边际威慑会随着惩处力度增加而递减，并最终归零。② 如果处罚水平已经远超一般违法行为人所能承受的范围，处罚水平的再提升并不会收到更好的威慑效果。反之，当惩处过重，行为人在考虑对他人造成损害程度时，会选择采取更为极端的手段，更加达不到最佳威慑效果。

此外，证券监管机构运用行政处罚权，还要受到处罚法定和比例原则约束，不能无限任意拔高处罚水平。第一，处罚法定包括“法无明文规定不处罚”和“处罚要件、效果法定”的基本含义，体现了权力控制、人权保障的价值。即证券行政处罚的实施必须遵循法定要件、法定程序、法定幅度，超越法律规定的处罚行为无效。③ 第二，比例原则是指行政机关实施行政行为应兼顾实现行政目标与保护相对人权益两方面目的，若实现行政目标可能对相对人权益造成不利影响，应使这种不利影响控制在尽可能小的范围和限度内，使二者处于适度的比例。④ 比例

① 陈太清：《对行政罚款限度的追问》，载《江苏社会科学》2016 年第 1 期。

② 戴治勇：《执法经济学：一个文献综述》，载《管理世界》2008 年第 6 期。

③ 尹培培：《处罚法定的价值蕴含与现代行政法的变迁》，载《江苏社会科学》2018 年第 6 期。

④ 姜明安：《行政法与行政诉讼法》，北京大学出版社、高等教育出版社 1999 年版，第 41 页。

原则要求证券监管机构在量罚时，考虑所施加的惩罚是否“罚当其过”，即处罚水平应当与处罚所要达到的目的合比例或相称。

（三）证券行政执法和解促进最优威慑实现

在证券执法中加入行政执法和解的结案方式，尽管采取和解方式结案的涉嫌证券违法者个别惩处水平会下降，却从整体上提高了社会证券违法行为的发现概率，证券执法的整体威慑程度不会降低。同时，证券行政执法和解将许多案情复杂、事实模糊、法律适用不明确的案件纳入规制范围，很可能还会提高证券执法的整体绩效。因此，证券行政执法和解能够促进最优威慑的实现。

第一，从查处概率的角度出发，在证券执法中引入行政执法和解手段，可以从总体上提高证券违法行为被发现和查处的概率。在证券执法中，行政执法和解相比行政处罚，具有低成本、效率高的执法优势，尤其对案情复杂、通过一定调查仍然不能查明违法事实的案件，以和解方式结案能达到回避执法争议、节省大量执法资源的效果。证券监管机构可以将有限的监管资源投入其他更多案件的执法调查中，整体上提高案件查处概率。

第二，从处罚水平的角度出发，证券行政执法和解对证券执法的整体惩处水平影响不大。行政执法和解不是证券监管机构私自、随意处分自由裁量权的结果，各个国家（地区）都有和解制度适用范围与条件的限制，还规定了一系列保证行政执法和解被公平运用的制度措施。虽然证券监管机构适用和解制度的决定可能会对部分涉嫌证券违法的行为人处以较低的金钱罚甚至不处以金钱罚，仍有为数众多的案件证券监管机构选择处罚结案，或者在和解制度中施加了相比处罚决定更严苛的金额罚、资格罚措施。从整体上看，证券行政执法和解并不会显著拉低对证券违法的处罚水平。

综上所述，从最优威慑角度出发，我们不能仅看到个别和解案件的处罚水平降低就认为证券执法的整体威慑力度降低。行政执法和解的契约理念与证券执法的威慑理念并不冲突。理想的证券执法应当是“刚柔并济”“宽严相济”，只有将传统刚性的证券行政处罚与柔性的行政执法和解结合起来，才能真正提升证券执法的威慑水平。

二、信任破解：对自由裁量权的控制

为证券监管机构的执法自由裁量权松绑，让其能在个案中决定是否适用和解方式结案，就像打开了潘多拉盒子，滥用裁量、权利侵害问题随之产生。前述关于和解制度的正当性质疑中的“旋转门”问题和偏袒执法问题，都涉及和解结案方式的运用能否确保公平、公正和有效。破解证券行政执法和解的适用难题，有必要寻求对行政自由裁量权行使的有效控制和治理机制，在规则与裁量之间找到“黄金分割点”。①

（一）立法控制

实施证券行政执法和解是法律赋予证券监管机构的一项执法权力，执法人员须在法律规范内行使这一权力。但由于立法存在不可避免的有限性，无法苛求立法者事先预料证券行政执法和解制度实施过程中的所有问题并一一作出具体的、幅度适当的应对，证券监管机构实施和解中不可避免地存在自由裁量空间。由于自由裁量权的源头在立法，立法控制被认为是一种“根治”的方法。如果立法机关在授予证券监管机构实施证券行政执法和解权力时，给证券监管机构留有过大的自由决定空间，缺少必要、客观的考量标准以约束证券监管机构行使权力，那么滥用问题将不可避免。②

对自由裁量权立法控制的一个重要原则是立法不得向行政机关授予“过于宽泛、不受限制”的权力。这种有节制、有限度的行政权授予应当遵循以下标准：（1）剔除不必要的裁量；（2）做到授权大小适度，尽可能缩小裁量权的范围；（3）不用或少用不确定法律概念；（4）给出更

---

① 余凌云：《行政法讲义（第三版）》，清华大学出版社 2020 年版，第 179 页。

② 衣霄翔、苏万庆：《城市规划调整中的行政裁量控制及制度安排》，载《学术交流》2018 年第 12 期。

多的裁量权行使标准、指导规则；（5）构建包括告知、说明理由、听取申辩、信息公开等行政程序机制，促进裁量权的规范运用。[①] 总之，如果条件允许，应当尽可能事先对行政自由裁量权的行使设定明确标准，为执法提供约束裁量权行使的有效规范。通常来说，立法的完备程度决定了法院对行政裁量权的审查能力，立法越完备，法院的审查能力就越强。[②]

就我国证券行政执法和解制度而言，目前法律、法规的规定较为框架和原则。证券监管机构实施证券行政执法和解的立法授权主要来自《证券法》。虽然《证券法》确立了证券行政执法和解制度的基本构成要件和法律后果，从程序法的可操作性与可执行性分析，《证券法》建立的证券行政执法和解制度还只是一个框架性、原则性与授权性的制度。[③]《证券法》明确授权由国务院具体规定行政执法和解制度的实施办法。但国务院出台的《证券期货行政执法当事人承诺制度实施办法》只在《证券法》规定基础上作了十分有限的延伸，以适用性规定为主，在"程序正义"上明确了基准，还不足以保障"实体正义"。证券监管机构实施证券行政执法和解，特别是在决定是否适用和解制度上还存在较大自由裁量权。如《证券期货行政执法当事人承诺制度实施办法》有关证券行政执法和解适用条件中"有利于保护投资者合法权益，提高执法效率，恢复市场秩序"等法律概念没有公认法律定义，证券监管机构可以轻易运用自由裁量权扩大证券行政执法和解制度的适用范围。

因此，通过立法手段缩小证券监管机构实施和解中的自由裁量权，是限制其随意发挥能动因素的重要途径。但由于立法能力有限，适用和解制度的具体条件、同意和解申请所需考虑的因素均难以被清晰界定和量化。立法控制的作用有其局限性，立法所能规定的内容，往往只是能够获得普遍共识的"底线"内容。同时，从立法机关的意图看，截至

① 丁社教：《行政自由裁量权的管控演进与趋向》，载《理论与改革》2014 年第 2 期。

② 余凌云：《行政法讲义（第三版）》，清华大学出版社 2020 年版，第 181 页。

③ 席涛：《证券行政和解制度分析》，载《比较法研究》2020 年第 5 期。

2023年我国试点实施证券行政执法和解制度仅八年，行政执法和解制度实施后必然面对各种难以预料问题，有必要在立法规定上留有余地，让证券监管机构预留足够操作空间处理个案问题。因此，如果立法限制过多，在实践中获得制度改善的可能性将会变小。对证券行政执法和解制度来说，应当通过实践及时总结裁量权行使的标准和细则，重点是对不确定法律概念的解释，梳理和归纳出较为完整、系统和科学的考量因素体系并通过立法解释等方式予以公布。同时，强化正当程序概念，通过和解申请、受理、谈判、达成协议到执行的程序构建，切实发挥程序对实体的规范作用。证券行政执法和解的运行规则越明晰，行政恣意也就越会受到挤压。

（二）行政控制

作为证券执法方式的一种，证券行政执法和解属于“政府主导性”执法方式，行政力量在制度运作中发挥至关重要作用。虽然行政控制作为证券监管机构行使自由裁量权的一种内部控制机制，难逃“自说自话”“自我包庇”的嫌疑，但内部控制却具有无可替代性。一方面，由于证券执法活动的专业性，证券监管机构与被调查对象之间以及与外部监督主体之间往往存在信息不对称，证券监管机构内部人员具有无可比拟的信息优势，从监管机构内部建立控制机制，更具有针对性。另一方面，无论是来自立法还是司法的外部控制，如果没有以不断执法实践所积累的裁量经验和规则为基础，都将难以落实。只有将行政自由裁量权的外部控制手段“转化为行政机关自觉的内部控制行动，才能最终发挥控制效果”。①

通常来说，行政控制的基本方法包括：（1）鼓励公众参与，规范行政程序；（2）制定明确、可操作性的行政政策和裁量基准；（3）构建完善内部监督机制，推行执法质量考评制度，充分发挥和解的行政复议功能。② 强化行政内部控制是推进证券行政执法和解法治化的主要动力，

① 陈文清：《论行政自由裁量权的内部控制》，载《政治学研究》2011年第5期。

② 余凌云：《行政法讲义（第三版）》，清华大学出版社2020年版，第182页。

有必要多管齐下。

首先，建立充分、全面的证券行政执法和解公众参与机制，发挥公众监督职能。这包括在和解事项的沟通协商环节明确规定利害关系人意见听取制度，建立听证制度；建立利害关系人书面同意制度，证券监管机构和当事人达成损害第三人利益的和解协议，必须征得第三人同意等。而有效的公众参与以信息公开为基础，若信息公开不足，将无法保障行政执法和解的外部监督与问责。因此，有必要强化信息公开，尤其是对于和解协议内容、和解履行等对恢复市场秩序、补偿投资者损失影响较大的信息，应当予以全面公开。

其次，加强行政内部分权，形成权力制约。遵循“权力必须分立并且相互制衡”原则，适用证券行政执法和解决定权应当由证券监管机构内的独立部门负责行使，区别于案件调查部门、审理部门。案件调查人员、审理人员一般不得参与和解事项的谈判与决策，在证券监管机构内部形成有效的权力制约。同时，在和解申请受理、决定等环节，建立集体决策机制，如设立专门的审核委员会对和解制度适用过程中的重大事项进行集体讨论和决策，并辅以监察委和纪委的监督检查，构建全链条内部监督制约机制，提升和解制度实施的规范性，确保和解制度适用决策的科学合理。

再次，建立适用行政执法和解制度的裁量基准，借助分格等技术手段收缩行政自由裁量空间。通过对《证券法》《证券期货行政执法当事人承诺制度实施办法》等法律法规的细化解释，明确具体情形下的裁量尺度，如细化并公开诸如涉案金额、获利金额、违法行为持续时间、配合调查情况、造成投资者损失程度等评价个案是否适用行政执法和解的主客观指标，更为细致地界定适用条件中的定性标准和兜底要求，公布适用行政执法和解的“指导案例”，将法律赋予证券监管机构的“广泛选择权”转化为“有限选择权”，实现由“强裁量”向“弱裁量”的切换。

最后，建立严格的责任追究机制，发挥行政执法和解的复议功能。

严格责任追究方面，有必要推进证券行政执法和解制度的责任化，将绩效评估与行政裁量权的行使状况紧密对应起来，依法追究滥用职权，利用自由裁量权牟取不正当利益的执法人员行政乃至刑事责任。充分发挥复议功能方面，目前对行政执法和解中的和解协议能否被行政复议问题，规范依据尚不明晰。考虑行政复议作为行政机关内部一种至关重要的自我纠错机制，《行政复议法》未将和解协议排除在复议受理范围之外，我国有必要赋予当事人在证监会不履行和解协议时的行政复议权利。

（三）司法控制

从现代行政法学角度来看，通过司法审查（Judicial Review）控制证券监管机构在适用和解制度中的自由裁量权是较为推崇的方法。从理论上来说，行政机关自身并无动力自缚手脚。对行政自由裁量权最根本控制来自行政系统之外。[①] 但是，司法控制也存在局限性。司法控制在很大程度上属于“事后”控制，相比更为积极的立法“事前”控制和行政“事中”控制，这种事后控制对治理证券监管机构的自由裁量权，效果可能不如其他控制方式显著。

合法性审查、程序性审查和合理性审查是司法审查的三种基本形式，其中核心是合理性审查，对该审查要求，我国《行政诉讼法》在第七十条规定了“滥用职权”和“明显不当”标准。滥用职权是指执法人员违反法律规定的权限和程序适用行政执法和解，明显不当指行政执法和解的适用结果畸轻畸重、不合常理，违反平等对待，不遵守惯例等。总体上看，对证券监管机构实施行政执法和解的自由裁量权，司法审查维度包括：（1）形式意义上的不合法，包括事实要件不符、法律要件不符和形式越权；（2）滥用职权、明显不当；（3）违反比例原则；（4）程序违法；（5）违反合法预期。[②]

此外，司法审查的控权方法是否奏效，还要考虑司法审查的介入阶

---

① 张千帆：《行政自由裁量权的法律控制——以美国行政法为视角》，载《法律科学》2007年第3期。

② 余凌云：《行政法讲义（第三版）》，清华大学出版社2020年版，第183页。

段。从比较法角度来看，各国有关司法介入证券行政执法和解的制度不尽相同。美国证券执法和解的司法审查通常发生在和解协议生效之前，由 SEC 通过民事诉讼与当事人达成和解，法院对和解协议进行司法确认，法官颁授同意令（Consent Decree）后和解协议正式生效。而包括我国在内的大陆法系国家（地区），司法审查往往发生在和解协议成立、生效后，一方当事人对和解结果不服诉诸法院。

我国是否可以借鉴美国证券执法和解的司法审查模式，在和解协议生效前，提交法院进行司法确认，值得探讨。对证券执法和解是否不当放纵了违法行为，学者一直存在争议。对和解协议进行事前司法确认，有助于提高行政执法和解的权威性、独立性、公正性，降低监管机构滥用自由裁量权徇私枉法的风险。同时，通过诉讼程序将案件事实、适用行政执法和解制度的理由和法律依据充分公开，也有助于提升制度适用的透明度，强化监督。但移植美国证券执法和解的司法审查模式，涉及对我国诉讼法和法院结构的重新调整和设计，制度成本较高。此外，事前司法审查也增加了和解制度实施程序的复杂程度，影响和解适用的效率与及时性。短期内，我国借鉴美国对和解协议的司法审查模式难度较大。

现阶段，我国可以在遵循现有司法审查机制基础上，强化对和解制度的司法审查监督，待时机成熟再逐步探索由法院事前确认和解协议效力的司法审查模式。

一是探索允许和解协议的利害相关人针对和解事项提起诉讼。证券行政执法和解的利害相关人是指和解协议双方当事人以外，利益受和解影响的其他当事人，包括受损投资者、违法行为人的雇员、供应商等。作为和解协议的缔约方，和解当事人和证券监管机构自然具有诉讼主体资格，但受损投资者等利害相关人，往往只能作为第三人申请参加诉讼，不具有独立诉讼资格。从切实保障利害相关人权利，防止和解缔约方不当损害相关人利益角度，有必要赋予利害相关人独立诉权。为减轻司法审查压力，避免滥诉情况发生，对利害相关人的界定及其可以提起诉讼事项的规定可以遵循“从窄到宽”的思路，如初期可考虑利害相关人仅限于受损投资者，可以起诉事项限于和解金的数额。未来随着司法审查经验的积累，相关人范围可以扩大至违法行为人雇员、供应商、客户等，可以起诉事项扩大至合规整改等其他事项。

二是探索由投资者保护机构针对不利于投资者保护的和解事项提起公益诉讼。受“搭便车”等心态影响，受损投资者未必有足够动机针对不利于投资者保护的和解事项提起诉讼。针对这些不利于投资者保护的和解事项，由投资者保护机构代位提起诉讼具有必要性。但目前我国投资者保护机构归属证券监管机构管理，和解协议的一方当事人又是证券监管机构，因此，有必要赋予投资者保护机构更中立、超脱地位，以激励其积极起诉，保护受损投资者利益，可考虑的措施包括：改变证券监管机构与投资者保护机构的上下级隶属关系，将投资者保护机构确定为法定非政府组织（由全国人大或者国务院金融委牵头组建）；财政方面为投资者保护机构起诉提供必要经费支持等。

三、动力破解：实施激励机制的建立

从行政管理角度看，任何组织行为都需要相应的激励措施去推动，合理的证券行政执法和解激励机制是破解当前这一制度实施动力不足、效能不彰的关键，对优化制度适用效果具有显著意义。随着执法规范化趋势的不断加强，执法绩效奖惩这一现代管理手段被运用至执法激励领域。执法效果好会受到上级的表彰，因此晋升机会增加；执法效果差会受到上级的批评，因此晋升机会减少。但执法绩效奖惩手段容易面临悖论，上级主管部门对执法行为的监控力度不断加强，容易导致处罚性制度的实施力度大于奖励性制度，对执法者积极性产生负面影响。[①] 加强行政执法和解制度实施，有必要塑造强激励的组织环境，兼顾自上而下

① 印子：《突破执法合作困境的治理模式辨析——基于“三非两违”治理经验样本的分析》，载《法商研究》2020年第2期。

的执法考核和自下而上的舆论认可等多种执法激励手段。

（一）执法考核：自上而下的执法激励

证券执法考核制度是评价证券执法工作情况，检验证券监管机构及其执法人员是否正确行使执法职权和全面履行法定义务的机制，是执法责任制中的关键环节。[①] 行政机关官员在工作中存在强有力的职位晋升激励，需要在任期内以最快速度实现政绩积累。从政绩生产的角度看，执法事务向来不属于重要的政绩生产领域。[②] 因此，实践中，证券监管部门采取执法行动，其动力更多来自政治责任，如当前证券市场“强监管、严处罚、零容忍”的执法导向和政治要求。政治责任虽然可以在短期内以政治激励替代日常执法激励，但具有短期性和不稳定性，不利于在激励之余约束大多数执法主体严格执法。此外，不同于证券行政处罚可以用高额行政罚没款体现执法政绩，证券行政执法和解以相互让步的谈判方式达成和解协议，更注重市场治理效果的长治长效，短期内执法政绩的宣传性可能更弱。因此，要促进证券行政执法和解在实践中发挥作用，有必要建立科学合理的质量评价制度，通过考核奖励形成自上而下的执法激励和引导。

遗憾的是，自 2015 年我国试点实施证券行政执法和解制度以来，证监会并未出台专门的案件和解质量评价制度，也没有规定负责考核的具体部门。这使案件适用和解结案后，如何评价案件和解的质量高低，以及执法人员实施和解的成绩无从谈起。事实上，案件采取和解结案的目的在于取得更好的社会效果，如市场秩序得到更快修复，受损投资者得到更及时的补偿，但在缺乏质量评价制度的背景下，和解工作干好干坏一个样，难以调动证券监管机构和执法人员选择证券执法和解结案的积极性。

---

① 何琳：《我国行政执法评议考核制度评析》，载《武汉理工大学学报（社会科学版）》2009 年第 3 期。

② 印子：《突破执法合作困境的治理模式辨析——基于“三非两违”治理经验样本的分析》，载《法商研究》2020 年第 2 期。

行政执法和解制度中，建立和解案件质量评价体系，需要兼顾执法时效、惩处力度、结案率等传统执法评价指标，与和解义务履行质量（如受损投资者获偿比例、获偿时间，市场修复程度等）、社会评价、当事人再犯概率等专门针对行政执法和解制度效果的个性指标。事实上，有效保护受损投资者利益，兼顾平衡市场各方利益实现，减轻证券执法张力，实现市场修复与违法因素根除的标本兼治，是证券行政执法和解的制度初衷。因此，对和解案件质量的评价，不能简单套用结案率高低、财产罚金额多寡等传统执法指标。

同时，为充分发挥和解案件质量评价的激励效果，还应当将评价考核结果与执法人员奖惩直接挂扣，将所办案件的和解绩效作为组织考察执法部门主职干部、执法人员的重要内容。同时，还应当将证券执法工作成效作为衡量证券监管机构领导班子实绩的重要内容，纳入政绩考核指标。通过质量评价制度的实施，发挥评价制度激励效果的同时，促进证券行政执法和解目标实现。

（二）舆论认可：自下而上的执法激励

舆论认可和舆论监督是推动证券监管机构公正执法的重要方式，指的是社会公众通过新闻媒体和互联网了解证券监管机构执法活动，广泛、充分地交流和发表意见、建议，对证券执法活动进行褒奖和评价。根据传播媒介不同，舆论又可分为传统媒体舆论和网络舆论，前者指主要通过报刊、广播、电视等传统媒体传播的舆论，后者指主要通过网络这一更扁平、去中心和强互动的新型媒体传播的舆论。整体上，与其他激励方式相比，舆论认可激励具有公开性、可靠性、广泛性和成本低廉性等特点和优势。[①] 舆论认可激励给证券执法部门及其执法人员带来声誉褒奖，也有助其获得来自上级部门更好的考核评价。“群众基础”“民意呼声”往往是上级部门对下级执法部门政绩评价的重要参考。因此，提升证券行政执法和解制度的民意基础，将推动这一制度更广泛实施。由于

① 张晓红、刘水清：《舆论监督与公正执法》，载《公安大学学报》2001 年第 2 期。

目前行政执法和解制度在我国行政监管领域运用有限，破除公众对这一制度的“信任危机”尤为关键。社会公众对和解制度的不信任来源于“暗箱操作”“选择性执法”疑虑。这就要求对内构建行政执法自由裁量权行使的监督制约机制，通过体系化、强有力的监督制约消除公众对“选择性执法”的担忧，对外强化和解案件的信息公开，通过充分的说理回应，对主要问题涉及的事实证据与法律适用进行对照解析，阐释支撑行政执法和解决定的法理、情理依据，赢得社会各界对行政执法和解工作的认同和舆论支持。

但舆论认可激励也可能存在激励不足、利益诉求短视等方面问题，需要与其他激励制度协同构建，做好有效舆论引导并防范舆论被操纵。

一是激励效果不足。从博弈论视角看，不同长度的博弈关系对行为人的行动激励不同。长期博弈由于博弈的延展性，理性行动者往往对相对方采取合作回应的态度，避免在下一场博弈中受到对方惩罚。短期博弈则恰恰相反，由于博弈时间区间较短，就算行动者采取机会主义策略或者懈怠、不作为方式，也不会招致相对方的惩处。[①] 对证券执法来说，由于其退出成本[②]和任期有限制度[③]，证券执法部门官员往往与上级部门形成长期博弈，与各类市场参与人则形成基于任期的短期博弈。来自上级部门的激励主要通过执法考核制度实现，是一种有效的强激励，而来自各类市场参与人的激励主要通过舆论认可实现，能否成为有效激励，取决于其是否与上级部门的激励相容。无法得到上级部门积极回应的舆论认可激励将是一种弱激励。因此，提升证券行政执法和解制度社会认受性的努力，如果不能与相关执法政策、执法导向结合，将难以转化为推动制度实施的有效激励。

---

① 吴元元：《双重博弈结构中的激励效应与运动式执法——以法经济学为解释视角》，载《法商研究》2015 年第 1 期。

② 行政官员往往通过一段时间相当长的职业生涯积累才得以在更高级的职位竞争中脱颖而出，如果离开行政科层放弃经年累月的职级积累，无异于构成长期人力资源投入重大损失。

③ 为了防止行政主官在监管岗位上与被监管对象形成不当利益勾连，任期有限制是各国吏治的一般性制度安排。证券监管机构内部还往往设计了不同岗位间的交流、轮岗、轮换安排，以防止个别官员与利益集团形成“固化效应”。

二是短期利益诉求的问题。在舆论认可激励下，证券监管官员可能具有更强烈的攫取短期利益的动机。这是因为社会舆论对证券市场的评价往往集中在与投资者自身利益密切相关的市场行情、新股发行节奏规模、“暴雷”事件等维度，随着中小投资者规模增多，利益分层深化，社会公众对证券监管者存在着以行政手段介入维护市场行情的短期经济利益诉求。这也是国家队救市、IPO 堰塞湖、运动式执法等非市场化现象出现的根本诱因。证券行政执法和解倡导的是一种基于市场源头治理的长期主义观念，履行和解义务（特别是合规义务），对市场产生正面效用可能需要较长时间周期，这与以事后应急、集中治理为特征的运动式执法存在本质不同，与舆论认可激励的短期诉求倾向不符。因此，强化证券行政执法和解制度实施的舆论引导十分重要。要引导社会公众正确认识证券行政执法和解在塑造良好市场生态、根除潜在违法再犯因素、实现市场乱象源头治理的优势。

三是防范舆论被操纵的问题。在信息社会，发达的网络为社会公众了解证券监管机构的执法活动和发表意见提供了方便、快捷的沟通渠道，有利于推动执法信息公开和透明，激发普通民众参与证券市场治理热情。在诸如康得新案、康美药业案、獐子岛案等恶性财务造假案件中，舆论的监督和揭发对证券监管部门发现违法线索，查实违法行为起到了重要作用。同时，舆论观点也对案件量罚产生影响，这体现在“社会影响程度”这一证券行政处罚量罚因素。但不可忽视的是，网络舆论具有隐匿性强的特点，个体可以在互联网上无所顾忌地发表意见，这不同于传统媒介对民情、民意进行筛选、审查和加工。而证券执法案件往往涉众性强，投资者情绪容易受到影响，诱发非理性行为。因此，要重视网络舆论传播下舆论被操纵的问题。近年来，我国证监会通过建立新闻发言人制度，定期举办新闻发布会，利用网络新媒体主动发声等方式及时、准确地发布证券执法信息，起到了正确引导舆论、防范错误信息不当干扰市场作用。证监会还应当加强对“网络大 V”言论的管理，引导其正确、积极评价证券监管执法活动。

（三）政治化执法激励的嵌入

弥补实施证券行政执法和解动力不足的困境问题，还可以探索政治化执法激励嵌入，以政治权威推动证券行政执法和解的制度实施。我国证券行政执法制度是证监会党委统一领导下的集中执法制度，有必要科学合理发挥党委在推动证券行政执法和解制度实施的积极作用。首先，发挥党委在证券行政执法和解实施过程中的统合作用。证券行政执法和解的实施问题，既涉及调查部门、处罚部门、和解办理部门之间的部门协调问题，又涉及制度适用决策中的分歧意见处理和监督问题。从党委层面全面统合证券行政执法和解的各环节流程，并最终把关制度适用决策，有助于降低不同部门间的执法合作成本，提升和解事项决策的权威性、科学性与合理性，消除具体执法人员在和解制度实施过程中的追责顾虑，推动相关执法部门更为积极运用和解制度。其次，发挥党委在证券行政执法和解制度实施过程中的政治指引作用。通过组织召开党委专题会、出台指导意见等形式，研讨证券行政执法和解制度适用面临的相关难题，部署具体举措，确保证券行政执法和解的稳妥实施。最后，结合党委对执法干部的组织管理，将证券行政执法和解制度的实施效果作为组织考察执法部门干部的重要指标，鼓励执法干部在个案中大胆适用和解制度，同时建立制度探索阶段的容错和过失免责机制，免除其后顾之忧。

四、程序破解：统筹考虑不同制度关系

证券行政执法和解是公权力为私利救济提供的辅助实现方式，有其相对独立性，但在制度设计上应与其他投资者救济机制相衔接。我国《证券法》同时规定了先行赔付、证券民事诉讼、责令回购等多种投资者保护机制，但相关制度存在体系化程度不高、制度衔接有待加强等问题。充分发挥证券行政执法和解在效率性、经济性和有效补偿投资者方面的优势，有必要统筹多种投资者保护机制关系，加强证券监管机构与

司法机构，证券监管机构内不同部门之间的协作和信息共享，发挥制度合力，形成层层有序推进的追责和投资者保护机制。

（一）与先行赔付机制的协同适用

与证券行政执法和解相同，先行赔付具有优先、及时、充分地实现民事赔偿的功能。先行赔付在本质上属于民事和解，先行赔付人与受害投资者签署先行赔付协议，使他们的法律关系由侵权之债转化为合同之债。先行赔付在客观上起到了证券行政执法和解相似的和解效果，赔付行为有助于及时消除违法行为对市场的不利影响，补偿投资者损失。[①]从现有案例看，先行赔付制度效果显著。万福生科案、海联讯案在行政处罚前即启动先行赔付程序，赔付用时仅 2 个月，赔付人数比例分别达到 95.01% 和 95.7%，赔付金额比例分别为 99.56% 和 98.81%。欣泰电气案虽然在行政处罚后启动先行赔付，赔付用时也仅 4 个月，95.16% 的适格投资者获得赔偿，获赔金额比例达到 99.46%。[②]

尽管证券监管机构不是先行赔付的协议主体，但行政力量在先行赔付的达成中起到至关重要的推动作用。相关主体先行赔付的动力也主要来自最终行政处理的从轻从宽。在前述三起赔付案件中，证券监管机构虽未因保荐机构及主要股东的先行赔付行为，免除其行政处罚，但在行政处理时，对相关赔偿投资者情节给予了考虑，适用了较低的处罚标准。在欣泰电气和海联讯案件中，保荐机构的业务受理资格未被中止，万福生科案中，保荐机构只是被暂停 3 个月，并无太大影响。从激励相关责任人赔付受损投资者损失角度，证券行政执法和解制度、先行赔付制度在实践中完全可以协同适用，对积极、及时赔付受损投资者损失的先行赔付人，证券监管机构可在后续行政处理中优先采取和解方式结案。例如，在紫晶存储案中，保荐机构和主承销商中信建投同意与其他中介机构共同出资设立紫晶存储事件先行赔付专项基金，用于先行赔付适格投资者的投资损失，并同步向中国证监会申请适用证券期货行政执法当事

---

① 肖宇：《证券市场先行赔付：法理辨析与制度构建》，载《法学》2019 年第 8 期。

② 巩海滨、王旭：《证券市场先行赔付制度研究》，载《财经法学》2018 年第 6 期。

承诺制度。

但必须看到，先行赔付也存在局限性，难以解决投资者及时、充分获偿的全部问题，需要证券行政执法和解制度的补足。先行赔付的适用范围有限，虽然《证券法》第九十三条还规定“其他重大违法行为”也能适用先行赔付，但从实践角度看，除欺诈发行、虚假陈述案件外，其他类型案件如内幕交易、操纵市场适用先行赔付的空间不大。一是内幕交易、操纵市场案件的违法行为人大多为中小投资者，并非发行人本身，不符合《证券法》规定的先行赔付责任人范围。二是就算先行赔付适用于内幕交易、操纵市场，责任人是否有意愿承担先行赔付义务存在疑问，如在光大证券乌龙指案中，证监会认定光大集团行为构成内幕交易，但光大集团拒绝设立专门的投资者补偿基金。三是内幕交易、操纵市场民事责任复杂性高、实施成本高，特别是关于因果关系的证明、投资者损失的计算等问题争议较大，难以简单套用目前已相对成熟的虚假陈述民事赔偿制度。因此，至少到目前，先行赔付只能解决证券欺诈特定领域的问题。证券行政执法和解在案件类型上并无限制，对先行赔付难以适用的案件类型，证券行政执法和解可以发挥及时、有效补偿投资者损失的良好作用。

实现证券行政执法和解制度、先行赔付制度的协同适用，要处理好统一赔偿标准、便利先行赔付人追偿的问题。为避免制度适用的重叠与矛盾，先行赔付应当先于证券行政执法和解启动，同时，和解金补偿标准要与先行赔付方案保持一致，防止因投资者获偿标准不一致引发纠纷。对已履行赔付义务的先行赔付人，在和解程序中可免于交纳和解金。对已履行全额赔付义务的先行赔付人，应当允许其从其他和解当事人交纳的和解金中受偿。这是因为先行赔付人履行全额赔付后，受损投资者基本上已得到全额补偿，无须再通过和解金受偿。允许先行赔付人从和解当事人交纳的和解金中追偿超出自己应赔数额的金额，有利于激发先行赔付人赔付积极性，保障其合法权益，间接实现和解金补偿投资者损失的目的。[①]

（二）与民事赔偿诉讼的顺畅互补

受损投资者不接受涉案当事人的和解金赔偿，或者认为所获得的和解金补偿不充分，进一步向当事人提起民事赔偿诉讼，涉及和解金补偿与民事诉讼赔偿的衔接互补问题，包括程序衔接和金额衔接两个部分。可考虑通过最高人民法院与证监会联合发文的形式，加强司法机关和证券监管机构在证券行政执法和解工作中的联动机制建设，对相关问题予以明确。

一是程序上的衔接。证券行政执法和解制度虽然不追求真相，但也不能脱离基本的案件事实。考虑我国证券民事诉讼的现实情况，有必要明确投资者可以将和解协议或证券监管机构和解决定（中止调查决定书、终止调查决定书）载明的事实作为证明证券侵权事实的初步证据，以降低投资者提起证券民事诉讼的举证难度。同时，进一步优化和解制度的公开机制，特别是对涉案事实的公开，以减轻投资者的举证压力。此外，在涉案金额较大、受损投资者较多、违法情节相对严重的和解案件中，要求和解当事人承认违法责任，也能有利于受损投资者后续民事索赔，起到倾斜保护弱者的作用。

二是金额上的衔接。和解金补偿与民事诉讼赔偿的责任方均为涉案当事人，资金来源也均为涉案当事人自有财产。不同的是两者所涉程序，前者为证券监管机构的执法程序，后者为人民法院的诉讼程序。鉴于两者在投资者损害补偿（赔偿）方面的互补性，为避免监管资源或司法资源重复配置，证券行政执法和解所确定的当事人补偿方案，应当符合最高人民法院司法解释[②]的相关规定，且赔付标准不应低于诉讼标准。如

① 实践中，先行赔付人履行全额赔付义务后，存在追偿难问题。如在欣泰电气案中，保荐人兴业证券在进行全额先行赔付后，为追偿超出自己应赔数额的2亿余元，将欣泰电气、律师事务所、会计师事务所以及他们的直接主管人员、欣泰电气的控股股东等26名被告诉至北京市第二中级人民法院。

② 目前，最高人民法院仅针对虚假陈述这一种案件类型出台了民事赔偿司法解释，即《关于审理证券市场因虚假陈述引发的民事赔偿案件的若干规定》（法释〔2003〕2号）。

果存在并行的证券民事诉讼程序和证券行政执法和解程序，证券民事赔偿判决在补偿范围和补偿金额上都优于证券行政执法和解补偿，将导致和解机制对受损投资者的吸引力降低，无法实现和解及时、高效、充分补偿投资者损失的优势，直接否定该机制的优越性和存在意义。因此，从推广这一机制的长远角度考虑，有必要加强证券行政执法和解制度与证券民事赔偿诉讼在弥补投资者损失方面的一致性与协同性。在达成和解协议，当事人依约交纳和解金用于补充投资者损失，若部分投资者不接受和解金补偿，就赔偿事宜向有管辖权的人民法院提起诉讼的，人民法院在审理案件时，应当在认定适格投资者范围、赔偿标准、赔偿金额计算方法等方面，做好与和解金补偿方案的衔接。

（三）与责令回购制度的有机区分

与证券行政执法和解的制度功能相似，责令回购为受损投资者提供了一种简便、快捷的救济途径，可在一定程度上起到对民事损害赔偿的替代。但证券行政执法和解与责令回购存在以下两方面性质上的不同：一是不同于证券行政执法和解由相关责任人自愿承诺赔付，责令回购是一种行政监管措施，由证券监管机构责令证券发行人实施回购，赔付义务具有强制性。二是责令回购是针对欺诈发行的追责措施，其适用前提为欺诈发行事实清楚，证据确实充分，依据《证券法》规定应当给予行政处罚决定。有观点甚至认为责令回购构成行政处罚的“附带”措施，建议在作出欺诈发行行政处罚决定时一并制作责令回购决定书，以确保责令回购和行政处罚对于欺诈发行认定的一致性。[①] 这与证券行政执法和解可以在事实难以认定、法律适用存在争议状态下适用，存在本质不同。

考虑责令回购是对市场法律关系的重大调整，同时伴随退市等重大影响后果，为稳定市场预期，减少实施争议，证券行政执法和解与责令回购应当区分适用。从行为危害性和监管一致性角度看，对已经适用责

① 证监会《〈欺诈发行上市股票责令回购实施办法（试行）（征求意见稿）〉起草说明》。

令回购的欺诈发行案件，后续行政处理应当采取行政处罚而非行政执法和解。而对将要采取证券行政执法和解方式结案的欺诈发行案件，证券监管机构也不应采取责令回购措施，以避免责令回购认定的相关事实无法在和解程序中得到认可。

第二节　证券行政执法和解的原则确立

证券行政执法和解的基本原则，是指对证券行政执法和解实施起到普遍指导性的基础性、原理性规则，体现了这一制度的基本理念与价值追求。作为公法与私法融合的产物，证券行政执法和解制度的基本原则既包括私法上的有限平等原则、有限自愿原则，也包括公法上的公共利益原则、信赖保护原则和比例原则。

一、有限平等原则

证券行政执法和解是公法与私法融合的产物，体现着私法的契约精神。在契约法中，平等原则是指法律关系主体间的权利义务平等、法律地位平等。按照传统行政法观点，行政机关行使行政权力，其所作的行政行为具有公定力、确定力、拘束力、执行力等法律效力，以国家强制力作保障，行政机关与行政相对人之间的法律关系并不平等。但随着私法契约规则逐步引入公法机制，行政机关与行政相对人的关系从原来不平等关系变为一种越来越平等关系。平等协商这一民法原理之所以能够引用至证券行政执法和解这一公法领域，主要是公法所调整的特定社会关系或者在个案中所遇到的特定问题与民法存在相似性，特别是在行政契约领域，在对类似问题的处理方式上能够引用民法所表现出来的共同法理达到较为满意的处理效果。① 证券行政执法和解以签署和解协议的

---

① 余凌云：《行政契约论》，中国人民大学出版社 2000 年版，第 109－110 页。

形式实现监管目的，通过公共利益和私人利益的妥协与交换达到社会利益的最大化。证券监管机构与当事人达成和解协议，是一种在平等基础上的对话、互动、交流与合作，双方均可在协商中主张自身观点，并拒绝不合理的协议内容。只有建立在地位平等基础上，行政执法和解双方才能在充分协商基础上形成有质量的和解协议。

当然，证券行政执法和解中的平等原则具有相对性。为实现证券行政执法和解目的以及维护公共利益需要，证券监管机构保留了部分行政优先权。例如，和解协议是否能够生效，证券监管机构具有最终决定权。又如，当特定条件发生时，如和解协议达成前，经调查发现新的事实和证据，认为案件不再符合行政执法和解的受理条件，证券监管机构有权终止和解程序。因此，在证券行政执法和解中，双方的法律地位是有限平等的，证券监管机构依然属于强势一方。这意味着须有相应监督机制，避免和解过程变成“弱肉强食”的游戏。这些监督机制包括：如果个体受到证券监管机构的强制或胁迫，行政相对人可以转而寻求通过其他程序（如司法审查）对这种行为进行“抵制”。同时，证券监管在行使行政自由裁量权时，还要受到各项具体法律和规则的制约等。[①]

二、有限自愿原则

证券行政执法和解采取契约方式解决执法争议，在一定程度上遵循契约法的自愿原则。自愿原则是指当事人的自由意愿应当受到其他人的尊重。证券行政执法和解过程中，和解事项的谈判经历了证券监管机构与被调查当事人互为意思表示的过程，和解协议的达成以双方当事人意思表示一致为前提。证券监管机构根据和解协议内容，作出适用和解制度的最终决定。但证券行政执法和解的自愿原则又与民事合同的自愿原则存在不同，具有有限性。证券行政执法和解的公法属性决定了和解协

① 李东方：《论证券行政执法和解制度——兼评中国证监会〈行政和解试点实施办法〉》，载《中国政法大学学报》2015 年第 3 期。

议的作出必须以公共利益为依归。有限自愿体现在：

一是和解程序的限制。不同于民事和解的灵活性，行政和解必须受到法律规定的和解程序的限制。法律规范对证券行政执法和解制度有具体规定的，和解双方当事人应当予以遵守，不得自行创设行为规范。

二是和解内容的限制。和解协议内容必须围绕有效纠正涉案违法行为、补偿投资者损失、恢复市场秩序展开。如美国 SEC 在证券执法和解实践中形成了相对标准化的和解协议条款，澳大利亚 ASIC 在其监管指南中也对可执行承诺内容、监管机构可以选择采取的可执行承诺措施作了规定。我国《证券法》及证监会出台的配套规章也都列明了被调查当事人须承诺的内容。

三是变更和解除和解的限制。相比一般民事合同，变更和解除和解协议要求更为严格。协议双方只有在正当理由的前提下才能寻求协议变更。在终止和解协议上，一般只有证券监管机构才有协议终止权，当事人只能通过诉诸司法救济才能终止协议。

三、公共利益原则

公共利益对证券行政执法和解制度的确立、和解协议内容的确定以及和解制度的运行具有十分重要的意义。各国都将不得损害社会公共利益作为贯穿证券行政执法和解制度适用的重要原则。如在美国，无论是 SEC 内部的行政裁审程序，还是法院的司法审查程序，均将证券执法和解协议是否符合公共利益作为决定是否同意和解协议的核心审查标准。如果发现和解协议与社会公共利益不符，则不予通过和解协议。香港证监会对和解协议的“公共利益审查标准”更是明确写入了《证券及期货条例》。根据《证券及期货条例》第 201（3）条，香港证监会与被监管对象就纪律行动达成和解协议的基本条件是“认为就维护投资大众的利益或公众利益而言”是适当的。我国证监会出台的《证券期货行政执法当事人承诺制度实施办法》第三条也将“不得损害国家利益、社会公共利益和他人合法权益”作为证券行政执法和解制度的基本原则。

证券行政执法和解以公共利益为依归，与证券市场监管的公共利益理论密切关联。证券市场监管公共利益理论认为政府监管是合理和必要的，市场缺陷导致社会资源配置低效、收入分配不公平，乃至经济不稳定。证券监管目的在于提高社会资源的配置效率，进而改进整体的社会经济福利。[①] 作为证券监管一种具体手段，证券行政执法和解的目的也在于矫正因涉嫌违法行为造成的市场失灵，修复行为导致的市场损害，进而解决市场机制在自由配置中的效率损失。

但公共利益又是一个高度抽象和不确定性的法律概念。在将公共利益作为证券行政执法和解审查标准的国家和地区，也都没有对公共利益进行明确界定，留待证券监管机构或者法院在个案中进行自由裁量。而正是因为概念不确定性，公共利益标准在适用过程中往往引发争议。如在美国 Citigroup 案中，初审法院以案件违法事实未得到充分证明或当事人承认，和解协议不满足公平、合理、充分和符合公共利益原则为由，拒绝颁授和解同意令。[②] 但上诉法院却认为，只要和解协议符合法律规定的程序正当要求，清晰的、能够解决争议并且不涉及与当事人的串通，就应该判定和解协议合法有效。[③] 美国法院关于和解协议公共利益审查标准的分歧，反映出各方对这一标准远未形成稳定、一致意见，这对证券监管机构、司法机关准确把握这一原则内涵，乃至当事人形成稳定预期都产生不利影响。

从理论上分析，证券行政执法和解制度所要保护的公共利益至少包括投资者利益以及市场整体利益两个层次。投资者利益特指因涉嫌证券违法行为而利益受损的投资者利益，而市场整体利益包括促进资本形成、维护市场良好秩序，实现证券市场法律目标等。证券监管机构在适用证

---

① 郝旭光：《证券市场监管理论——公共利益论、部门利益论的比较与评述》，载《国际商务——对外经贸大学学报》2011 年第 4 期。

② SEC v. Citigroup Global Market Inc., 827 F. Supp. 2d 328, 332 – 335 (S. D. N. Y. 2011).

③ SEC v. Citigroup Global Market Inc., 725 F. 3d 285, 294 – 295 (2d Cir. 2014).

券行政执法和解过程中，既要顾及受损投资者利益保护的微观因素，又要考虑整体市场利益的宏观要素，在和解双方的利益之间，和解双方与公共利益之间进行利益权衡，以促进证券行政执法和解制度目标的实现。

四、信赖保护原则

在证券行政执法和解中，被调查的当事人基于对证券监管机构的信赖而履行和解义务，形成了信赖利益。信赖保护观念无论是在公法上还是私法上都十分重要，是维护社会秩序的重要基础。如果行政机关已经对相对人作出意思表示，并且使后者对此产生了信赖，显然有义务兑现承诺，不能因为辜负了这个信赖而使相对人蒙受不必要的损失。信赖利益保护的目的在于限制行政机关任意撤销、撤回、废止其已经生效，并且已经告知相对人的承诺、决定或者政策。① 证券行政执法和解中，当事人的信赖利益保护主要体现在以下方面。

一是按照法律规定和协议约定履行和解义务。证券监管机构受理被调查和解制度适用申请，经谈判协商后，决定接受被调查当事人的和解要约，达成和解协议，应当及时中止调查。被调查当事人按照约定履行和解义务后，证券监管机构应当及时终止调查，不得出尔反尔。若证券监管机构继续进行调查，构成了对当事人信赖利益的损害，应当承担相应的赔偿责任和行政责任。

二是和解协议达成后非因法定事由不得随意变更和解协议内容。如果和解协议达成后，证券监管机构随意出尔反尔，不但对被调查当事人的信赖利益造成损害，还将严重影响证券监管的严肃性和权威性，代价是行政成本的增加。如果当事人信赖利益得到了妥善保护，就能“取信于民”，增加当事人的信任和信心，促进其他被调查当事人积极通过行政执法和解方式解决执法争议。即便证券监管机构必须终止适用和解制

---

① 余凌云：《行政法讲义（第三版）》，载清华大学出版社 2020 年版，第 106 页。

度，或者改变和解协议内容，也要周全妥善考虑被调查当事人已经产生的信赖利益，履行正当程序，事先通知当事人，采取听证或过渡性措施手段，以取得当事人的信任与合作。

三是当事人在和解程序中的自认事实和证据不得用于证券监管机构进一步行政处理。若和解协议因谈判失败没有达成，被调查当事人在和解事项谈判过程中所提供或者自认的事实和证据，不得用于证券监管机构下一步行政处理。这是因为当事人系基于对证券监管机构的信赖而提供或者自认相关事实或证据，产生了将要达成和解协议的预期。证券监管机构将这些事实或证据用于指控当事人，无疑构成了对当事人合法预期的侵害，不利于鼓励证券行政执法和解制度的广泛适用。从经济效率角度看，只有经济人能够安全信赖证券监管机构意思表示，并且知道由此产生的预期受法律保护，才能形成监管遵循的正向激励，降低市场整体运行成本。

五、比例原则

比例原则作为行政法上的一项原则，与证券行政执法和解相契合，有助于规范证券监管机构的自由裁量权。比例原则是指对行政手段与行政目的之间关系进行衡量，保证行政行为是符合比例的、是恰当的。在构造上，比例原则包括手段妥当性、必要性和法益相称性三项原则。妥当性是指国家措施必须适合于增进或实现所追求的目标之目的。在行政法上，目的往往是由法律设定的。必要性是指要对所追求的目的和所采取手段之间的相当比例进行判断，保证所要采取的手段在诸种可供选择的手段中是最温和的、侵害最小的。法益相称性是指国家所要采取的干预措施与其所要达到的目的之间成比例，是人民可以忍受的合理程度。法益相称原则通常涉及价值层面的考量权衡，包括公共利益、第三人利益、受害人利益和手段合适性等因素。[①]

① 余凌云：《行政法讲义（第三版）》，载清华大学出版社 2020 年版，第 94－98 页。

对证券监管机构来说，是否运用和解方式结案、和解协议内容、和解决定执行等方面均应遵循比例原则。比例原则的适用，既是对证券监管机构行使自由裁量权的约束、规范，更是对行政相对人、利害关系人和其他第三人合法利益的有效保障。在贯彻比例原则过程中，证券监管机构应当遵循以下要求：

一是妥当性要求，证券监管机构选择适用和解手段必须能够实现证券执法目的。证券行政执法和解措施的运用能够达到保护投资者、修复受损市场秩序、矫正市场失灵、有效制止涉嫌违法行为等证券执法目的。如果采用证券行政执法和解措施不能达到法定监管目的，这种措施就丧失了合法性基础。

二是必要性要求，和解协议的内容，特别是相关和解金条款、合规措施条款的确定应当与当事人的过错相匹配。这要求精准运用和解措施，在监管“工具箱”中选择最能达到证券执法目的手段，对当事人作出恰如其分评价。

三是法益相称性要求，证券监管机构在选择和解方式结案、确定和解协议内容时必须权衡考虑受损投资者、涉嫌证券违法行为人的利害关系人（雇员、供应商、渠道商）的利益，综合考虑公共利益、当事人利益和第三人等其他主体利益，实现各方合法权益的有效保障。

四是执行可行性要求，在和解执行上，要确保执行机制的科学性和可行性，切实做好当事人履行和解协议的监督约束，以期在最大限度上实现和解制度目的。

第三节　证券行政执法和解的实体设计

证券行政执法和解的实体设计主要围绕和解适用前提及条件、和解协议的内容及效力、和解金的监管及分配等方面展开。目的在于确保证券监管机构运用行政执法和解必须受到实体法的规范及控制，降低道德风险与利益冲突，避免和解制度滥用，确保其在法治轨道上良性运行。

一、和解适用的前提与条件

证券行政执法和解制度的适用必须满足一定的前提和条件。科学、合理的适用前提和条件设置能够起到降低证券行政执法和解道德风险，化解利益冲突，抑制制度滥用的作用，确保证券行政执法和解制度在法治轨道上有效运行。

（一）和解适用前提

被调查当事人是否需要承认违法和责任，是证券行政执法和解适用的重要前提问题。行政执法和解不同于行政处罚，证券监管机构在证券行政执法和解中无须认定当事人存在确凿的违法行为和责任。从立法例上，不同国家（地区）基于不同法治环境及对和解制度的不同理解，存在“既不承认也不否认违法指控”和“承认违法责任和指控”两种不同模式。

从立法规定看，我国证券行政执法和解制度采用了当事人无须承认违法模式。根据《证券法》第一百七十一条，行政执法和解的法律后果是证券监管机构中止或终止案件调查，不存在证明当事人违法的调查结论。无论是试点期间的《行政和解试点实施办法》，还是现今的《证券期货行政执法当事人承诺制度实施办法》与《证券期货行政执法当事人承诺制度实施规定》均未将当事人承认违法或过错作为制度适用的前提条件。现有和解试点案例中，当事人也未承认违法或过错。高盛亚洲、北京高华案的和解公告表述是中国证监会与申请人就“相关事项”的处理达成行政和解协议，上海司度案的和解公告表述则是申请人就其“涉嫌违法行为”向中国证监会申请行政和解。

是否要求当事人在和解制度中承认违法和责任，涉及法律政策的考量。正如美国法院在 Citigroup 案的判决中所指出的，对“既不承认也不否认违法”证券执法和解协议的司法审查不是基于事实，而是基于实用主义。[①] 无须当事人承认违法的和解政策，其正当性在于较高的执法效率和较低的执法成本。而批评却也在于该政策削弱了执法权威和公信力，不能带来公正结果。SEC 要求和解当事人在一定的情形下承认违法，一方面提高了受损投资者民事索赔胜诉概率，另一方面提升了证券监管机构的执法威慑力，强化了监管当局在和解中的谈判地位和能力。

当前，我国证券行政执法和解制度的适用范围及条件正逐步放宽，《证券期货行政执法当事人承诺制度实施办法》删除了《行政和解试点实施办法》关于和解制度仅适用于“涉嫌实施虚假陈述、内幕交易、操纵市场或者欺诈客户等违反证券期货法律、行政法规和相关监管规定的行为”规定。这意味着只要符合适用条件，证券行政执法和解制度可以适用于所有类型案件。随着和解制度适用范围的扩大，我国完全可以探索在涉案金额较大、投资者受影响广泛的涉众型和解案件中，建立当事人承认违法的制度。此举的积极意义在于：

第一，推动证券行政执法和解制度与证券民事诉讼的制度衔接。投资者因当事人涉嫌违法行为遭受损失的，可以向和解金管理机构申请合理赔偿，也可以通过依法对当事人提起民事赔偿诉讼等其他途径获得赔偿。这表明投资者可以选择接受和解金补偿，也可以就涉嫌违法行为提起民事诉讼获偿。如前文所述，虽然最高人民法院出台的《关于审理证券市场虚假陈述侵权民事赔偿案件的若干规定》（法释〔2022〕2 号）取消了原司法解释规定的行政刑事前置程序，同时也指明了原告提起证券民事赔偿诉讼所应当承担的举证责任。证券民事赔偿诉讼具有举证难的特点，普通投资者通常不具备相应举证能力。因此，当事人对违法过错的自认，是投资者证明当事人从事了证券违法行为的重要证据，很可能成为法院最终受理证券民事赔偿诉讼的关键。若证券监管机构能在涉案金额较大、投资者受影响广泛的涉众型和解案件中，把当事人承认违法事实或过错作为适用和解制度的前提条件，将有利于未能从和解金中

① See SEC v. Citigroup Global Market Inc., 725 F. 3d 285, 295 (2d Cir. 2014).

充分受偿的投资者或者拒绝通过和解金获偿的投资者通过民事诉讼索赔，提升证监会行政执法对证券民事诉讼的支持力度。

第二，加强证券行政执法和解制度的正当性，推动制度实施。对行政执法和解制度动摇监管权威、放纵违法行为的争论一直存在。在美国证券执法和解实践中，由于案件当事人无须承认违法，只需交纳一定和解金并承担一定和解义务便可结案了事，造成公众质疑 SEC 执法不严，让违法者逃避了违法后果。美国公众对证券执法和解的质疑，在我国也同样成立。如果我国证监会对个案适用和解制度处理不慎，可能对自身的执法权威和执法公信力产生负面影响。尽管我国《证券期货行政执法当事人承诺制度实施办法》将“当事人涉嫌证券期货违法行为情节严重、社会影响恶劣”作为不适用和解制度的情形，但“情节严重”“影响恶劣”究竟该如何把握，尚无明确标准。对于符合和解制度适用条件，但涉案金额较大、投资者人数众多，违法情节相对较重的涉众型案件，要求当事人承认违法或过错，一方面增强和解制度的正当性，提升公众认可度；另一方面强化执法威慑力，提高和解制度实施效果，推动制度实施。

当然，以当事人承认违法或过错作为和解制度适用前提也存在一些负面问题，如降低被调查对象申请适用和解的动机；证券监管机构须投入更多执法资源查实案件事实，促使当事人承认违法或过错；处理和解案件的时效性降低等。但案件适用证券行政执法和解结案，当事人虽在和解中承认了违法及过错，也避免了被处以行政处罚所带来的市场禁入、经营受限、声誉受损等不良后果。因此，当事人仍有动因寻求适用和解制度。此外，考虑当前“零容忍”执法环境和稳步审慎推进和解制度实施的政策要求，行政处罚仍然是我国证监会的首选路径，因此，要求当事人在和解制度中承认违法或过错，并不会给证监会的执法资源和执法时效带来明显的不利影响。

（二）和解制度的适用条件

证券监管机构采取证券行政执法和解方式结案，必须满足一定适用条件。从域外成熟市场实践看，存在“具体规定适用条件”和“授权证券监管机构运用裁量权选择适用”两种不同立法例。我国采用了“具体规定适用条件”的立法例。《证券法》未明确限制证券行政执法和解的适用条件，主要授权国务院进行规定。国务院《证券期货行政执法当事人承诺制度实施办法》以负面清单的形式提出了不得适用和解制度的消极条件，包括涉嫌犯罪应当依法移送司法机关、情节严重且社会影响恶劣、累犯惯犯、重复申请等，并进一步授权证监会可以基于审慎监管原则认定不适用行政执法和解的其他情形。证监会《证券期货行政执法当事人承诺制度实施规定》则进一步明确，对于未经过必要的调查的案件，当事人提交行政执法和解申请材料的，不予接收。

相比《行政和解试点实施办法》，《证券期货行政执法当事人承诺制度实施办法》和《证券期货行政执法当事人承诺制度实施规定》的最大亮点在于充分尊重证监会的裁量权，通过放宽证券行政执法和解的适用条件满足社会各界对加强这一制度实施的期待。但在强调松绑行政裁量权以激活和解制度实施的同时，也须确保我国证券行政执法和解制度的运作是在法治主义原则和法律规则的指引下运行，兼顾效率追求与公正要求。除目前规定的基本条件外，评价个案是否适用和解制度还需要清晰、公开的标准加以衡量。

1. 和解案件选取的基本标准。案件符合和解制度适用的基本条件，只意味着案件具备适用这一制度的可能性，并不代表案件最终一定以和解方式结案。案件是否适用和解制度结案以及如何规定和解协议的内容，除取决于当事人的意愿、能力、行动外，更重要的是证监会对个案适用和解制度的自由裁量。从提高公众对行政执法和解行为的接受度和对和解结果的认可度，防范行政自由裁量权被滥用等角度，和解案件的选取标准应当体现市场修复性、实效性与效率性。

（1）市场修复性。行政执法和解的制度价值之一是促使案件当事人尽快纠正涉嫌违法行为，恢复市场秩序，消除不良影响。案件的涉案金额、获利情况、违法行为持续时间、投资者受损情况等是评判个案情节严重程度和社会危害程度的重要指标，也是确定个案是否适合采取和解结案的重要刻度。如果个案涉案金额巨大、违法行为情节恶劣、社会危害性较大，案件适用和解制度并不能实现市场修复功能，反而可能使证券监管机构执法的正当性受损。因此，证券监管机构可考虑在立法规范中将量化案件情节严重程度、社会危害程度的指标加以列举，为执法人员判断个案是否适用和解制度提供参考。

（2）实效性。案件适用和解制度应当能够最大限度解决涉案行政争议及相关的民事赔偿争议。因此，如果案件典型重大，具有示范效应（如相关法律争点的认定对传递监管信号具有重要意义），适用和解制度将达不到解决和平息行政争议的功效，因此可能不适合采取和解方式结案。此外，如果适用和解制度无法解决相关民事赔偿争议，如当事人支付的和解金有限，受损投资者并不能从和解金中获得及时、充分补偿，可能引发投资者的后续索赔诉讼，也应当慎用和解制度。

（3）效率性。证券执法资源有限，应当合理配置。如果案件虽然事实、法律关系复杂，但社会危害程度相对较小、对投资者造成的损害有限，采取行政监管措施足以解决问题，并让当事人付出代价，不一定需要采取行政执法和解措施。此外，如果当事人不能在较短时间内与证券监管机构达成和解协议，或者适用这一制度需要证券监管机构付出较大代价，也可以不选择和解方式结案。

2. 适用和解制度的积极条件分析。证监会曾在《证券期货行政执法当事人承诺制度实施规定（征求意见稿）》中，从正面对和解制度的适用范围作出限定：一是调查取证存在较大困难的案件；二是法律适用存在较大困难的案件；三是能够更为及时有效赔付投资者损失，实现监管效能的案件。尽管正式规定删除了上述积极条件，从稳步审慎推进和解制度实施角度，证监会决定适用和解制度仍将具有倾向性，以下对和解制度的积极条件作探讨。

（1）经过必要调查。根据依法行政原则，证券监管机构对相对人作出执法行为须建立在行政调查基础上。只有对案件进行了必要调查，证监会才能对个案是否符合和解制度的适用条件作出判断。《行政和解试点实施办法》明确规定，对立案调查不满三个月的案件，证监会一般不予受理当事人提出的和解申请。我国台湾地区“行政院金融监督管理委员会缔结行政和解契约处理原则”更是规定，缔结行政契约，调查期间不得少于30日。具体调查时间长短，受不同国家（地区）证券执法差异而有所不同。如果证券监管机构不经过一定调查就与相对人达成和解协议，存在怠于行使证券执法权的嫌疑，还有可能放纵当事人违法行为发生。[①] 但如果规定证券监管机构开展调查的时间过长，又压缩了当事人可以提起和解申请的时间。事实上，在我国证券执法案件中，证监会从立案调查到作出行政处罚事先告知的时间均不太长。根据证监会稽查执法情况通报，证监会2015年立案调查周期平均为86天，较上年减少40天。[②] 因此，按照《行政和解试点实施办法》规定，被调查当事人很可能直至事先告知阶段，才有机会提出和解申请。而在事先告知阶段，证监会已对案件形成了处罚结论，当事人成功申请和解适用的概率较小。为解决程序启动不畅的问题，《证券期货行政执法当事人承诺制度实施办法》和《证券期货行政执法当事人承诺制度实施规定》删除了立案调查需满三个月的申请时间要求，规定案件经过证监会必要调查，当事人才能申请适用行政执法和解。但由于信息不对称，当事人对证监会完成必要调查的时点并不享有知情权，可能无法及时提起和解申请，这对和解协议的高效达成带来负面影响。

从便利当事人提起和解申请的角度，证监会有必要释明“必要调查”的范围。考虑证监会受理当事人申请后，仍须继续进行行政调查，以进一步查明案件事实情况，对“必要调查”的时间限定可以有所放松。具体时间规定应根据证监会实际开展案件调查的平均用时确定，目的在于给予被调查当事人以提出和解申请的明确时间预期，促进当事人

---

① 殷守革：《行政和解法治论》，山西人民出版社2020年版，第94页。

② 《2015年度中国证监会稽查执法情况通报》，载中国证监会官网2016年1月15日，http：//www.csrc.gov.cn/pub/newsite/jcj/gzdt/201601/t20160122_290097.html.

及时提出申请。

（2）事实或法律适用尚难完全明确。我国引入证券行政执法和解制度的初衷在于，将这一制度适用于调查后发现事实不明或者法律关系不确定的执法案件，应对因证券行政执法手段不足导致的查处难题。事实不明确是指经过证券监管机构调查，有关当事人涉嫌违法违规的证据不明确。法律不确定是指对涉嫌违法行为的法律规定存在模糊地带，或者法律规范在适用过程中存在冲突。认定难、执法成本高是证券违法行为的普遍特征，在传统行政处罚执法方式下，许多违法行为难以得到有效查处、监管效果欠佳。行政执法和解的适用不以事实清楚、证据确凿、法律适用明确为前提，能够让更多违法违规者付出代价，对受害人经济损失作出更充分赔偿，实现制裁惩戒和损害修复的双重目的。这一制度特征也使证券行政执法和解与传统的刚性执法方式相区别。鉴于现实生活的复杂性和法律规范的局限性，事事或时时要求事实和法律状态明确是一种不现实想法。“寻求法律规范的准确含义是法治的基本模式，但在法律规范不确定的状态下依法和解也是法治的另一种模式。”①

但仅规定事实或法律适用尚难完全明确的案件才能适用和解方式结案，又可能造成适用条件规定过窄，阻碍或者遏制和解制度适用的问题。《行政和解试点实施办法》曾明确规定，“行政相对人违法的事实清楚、证据充分，法律适用明确，依法应当给予行政处罚的”，不得适用证券行政执法和解。该规定目的在于防止当事人通过和解方式逃避处罚，不放任违法违规当事人利用这一制度降低违法成本。但研究指出，严格规定适用条件限制了和解制度发挥投资者救济功能，难以及时消除违法行为对证券市场的影响，难以恢复投资者信心，难以维护证券市场稳定。②特别是试点实施和解制度的效果不彰，证明了严格适用条件亟须放宽。

对此，《证券期货行政执法当事人承诺制度实施办法》不再要求和解案件必须“事实或者法律关系尚难明确”，只要不构成消极条件，就

---

① 殷守革：《行政和解法治论》，山西人民出版社2020年版，第96页。

② 席涛：《证券行政和解制度分析》，载《比较法研究》2020年第5期。

有机会适用行政执法和解结案，更加侧重发挥这一制度在节约执法资源、尽快补偿投资者损失等方面的综合作用，体现了自由灵活的实用主义立场。从法理角度分析，事实或者法律状态难以查明只是影响执法效率的众多因素之一。虽然对和解制度适用条件的严格限定有利于降低行政自由裁量权滥用风险，但也只是一种因噎废食的风险控制方式。降低权力滥用风险，可以通过权力问责、绩效评估、程序构建等多个维度对证券监管机构适用和解制度的权限进行约束，而不是简单压缩证券行政执法和解的适用空间。[①] 我国应当继续坚持宽松条件模式，较大程度放开和解制度的适用空间，使和解制度得以广泛、灵活运用，适应证券执法活动的复杂性和专业性。

（3）及时有效赔偿投资者损失，实现监管效能。及时有效赔偿投资者损失，实现证券监管效能是证券行政执法和解的制度目标。作为当事人主动认错、纠错与赔偿的激励机制，证券行政执法和解开辟了证券监管机构为投资者利益及时有效提供救济的新机制，解决了市场痛点和难点。目前，对于造成投资者损失的证券违法案件，行政罚款直接上缴国库，民事诉讼又面临举证难、成本高、时间长等问题。而在和解制度中，当事人交纳和解金，按照受损当事人实际受损为原则进行补偿，能够确保适格投资者得到及时赔偿。因此，将“及时有效赔偿投资者损失，实现监管效能”作为一项独立的积极条件，有助于激励当事人交纳足以补偿所有当事人损失的和解金金额，充分发挥和解制度效果。

但“及时有效赔偿投资者损失，实现监管效能”的规定还停留在定性层面，规定较为粗线条，可操作性不强。参考美国的“公共利益”审查标准，有必要通过制定执法指引、裁量标准等方式对原则规定作进一步细化。如“有利于保护投资者利益”的原则性表述，可以分解为和解金金额的充分性；和解协议规定的措施对制止当事人再犯的有效性；当事人补救措施对修复市场秩序的程度；若采取行政处罚对公众的不利后

---

① 方世荣、白云峰：《行政执法和解的模式及其运用》，载《法学研究》2019 年第 5 期。

果等更为具体的考量因素。又如“实现监管效能”的概括性规定，也可拆分为和解当事人的配合调查情况；适用和解制度对实现证券监管目的、节约执法资源的影响等更具有操作性的判断因素。通过细化并公开判断个案是否适用和解的主客观标准，能够更为细致地界定适用条件中的定性标准和原则要求。

（4）基于审慎监管原则的兜底情形。除明确列举的三类案件类型外，《证券期货行政执法当事人承诺制度实施规定（征求意见稿）》还将中国证监会基于审慎监管原则，认为适用行政执法和解有利于保护投资者合法权益，提高执法效率，维护市场秩序的其他情形作为兜底条件，给证监会灵活适用和解制度处理执法案件留足空间。但裁量权过大，也可能造成制度滥用的道德风险。

审慎监管是各国金融监管者在吸取金融危机教训基础上发展出来的监管政策。审慎监管意味着稳健，意味着对风险的严格防范，杜绝过激政策。审慎的概念是当面对很多可能的时候要考虑最坏的可能，按最坏的结果去设计方案，着眼保障企业个体的稳健经营（微观审慎层面）和行业整体环境的安全稳定（宏观审慎层面）。[①] 根据审慎监管原则，适用证券行政执法和解的兜底条件应当是保守、谦抑，严格防范风险的，若对案件适用和解制度的风险和效益认识不清，则应当避免适用这一制度。对此，证监会在《〈证券期货行政执法当事人承诺制度实施规定（征求意见稿）〉起草说明》中表示，行政执法和解是一种新型执法方式，总体上应按照稳步审慎原则推进，严格限定适用范围。对于调查、审理部门有信心、有能力办理案件，原则上不适用行政执法和解结案。

但审慎监管原则有利也有弊，其优势在于维护秩序控制风险，弊端则在于可能抑制了和解制度的充分适用。因此，发挥审慎监管理念在控制裁量权滥用优势的同时，也应加入包容理念，克服其弊端。包容审慎监管是审慎监管的进一步发展，在那些需要创新的领域，适当降低审慎

---

① 刘太刚：《从审慎监管到包容审慎监管的学理探析——基于需求溢出理论视角下的风险治理与监管》，载《理论探索》2019 年第 2 期。

监管对风险防范的严格程度，给予新生事物发展更多包容成长空间。包容审慎监管同样适用于证券行政执法和解，对在市场创新中出现的涉嫌违法行为，从保护行业发展、避免过度监管角度，应当更积极适用和解制度。证券监管机构在考虑是否适用和解制度结案过程中应当将现有审慎监管原则升级为包容审慎监管原则。

3. 适用和解制度的消极条件分析。《证券期货行政执法当事人承诺制度实施办法》明确了不适用证券行政执法和解制度的五种情形，包括：（1）当事人因证券期货犯罪被判处刑罚或者被行政处罚未逾一定年限，即存在累犯（再犯）情节；（2）涉嫌证券期货犯罪依法应当移送司法机关处理；（3）涉嫌证券期货违法行为情节严重、社会影响恶劣；（4）没有新事实、新理由就同一案件再次提出申请，或者因自身原因未履行或者未完全履行承诺，就同一案件再次提出申请；（5）国务院证券监督管理机构基于审慎监管原则认为不适用行政执法和解的其他情形。其中，第五种情形前文已述及，下文不再分析。

（1）存在累犯（再犯）情节。累犯可以分为行政累犯和刑事累犯，行政累犯是指已经受过行政处罚惩戒，刑事累犯是指曾被判处承担刑事责任。《证券期货行政执法当事人承诺制度实施办法》将“因证券期货犯罪被判处刑罚，自刑罚执行完毕之日起未逾3年”或者“因证券期货违法行为受到行政处罚，自行政处罚执行完毕之日起未逾1年”作为适用行政执法和解的排除条件。累犯者具有比初犯者更严重的违法恶意，证券执法有必要对违法者主观动机进行特别关注。从主观要素层面分析，出于对违法者主观恶意程度的特别考虑，只有在涉嫌违法当事人不存在一定的累犯情节，再犯概率较小的情况下才能适用和解制度。该规定的合理性体现在：一是累犯者实施的违法行为危害程度一般比初犯者更大，根据过罚相当原则要求，累犯者受到的惩戒应比初犯者更加严厉。二是排除累犯者适用和解制度，对其进行特别惩戒，有利于倒逼累犯者自律，减少和遏制其再犯的行为倾向，推动降低违法行为再犯率。

同时，累犯范围的设置应注意宽严相济。一方面，累犯范围过于狭小，则不能很好地实现打击和预防目的。过于宽泛，则使那些主观恶性程度不那么深、潜在危险性不那么强的再犯者遭受了不应有的严厉处罚。因此，累犯范围应进行限定收缩，否则可能引发泛化适用的问题。[①] 对此，我国的和解制度设计已有相应考虑。根据规定，对受过证券刑事追责或者行政处罚的当事人，并非一律不得适用证券行政执法和解，而是限定在了“自刑罚执行完毕之日起未逾 3 年”和“自行政处罚执行完毕之日起未逾 1 年”的有限范围内，为和解制度适用留有了空间。累犯的范围设置需要在综合评估违法行为所涉领域、违法性质、违法后果、违法行为复发率等因素基础上合理确定。对复发率越高、社会危害性越严重的违法行为，累犯范围应当从严设置。我国证券行政执法和解的累犯设置是否合理，应由实践予以检验，立法者应注意及时总结经验并进行针对性调整。

（2）移送追究刑事责任。《证券期货行政执法当事人承诺制度实施办法》规定，当事人涉嫌证券期货犯罪，依法应当移送司法机关处理的，不适用证券行政执法和解制度。我国排除这类案件适用和解制度具有合理性，一是刑事追责是最严厉追责方式，针对违法情节严重、社会危害程度大的案件，排除这类案件适用和解制度，有利于发挥执法震慑作用。二是我国并无刑事辩诉交易制度，在刑事追责层面，当事人无法与公诉机关达成和解。在美国，SEC 和刑事检控部门（美国联邦司法部、州检察官办公室）独立追究证券违法当事人的行政责任和刑事责任。与执法和解对应，美国建立了刑事辩诉交易制度（Plea Bargaining），刑事检控部门可以就刑事指控事项与当事人达成辩诉交易。实务中，当事人与 SEC、刑事检控部门的谈判往往协同进行，因此不少案件当事人在与 SEC 达成执法和解的同时，也与刑事检控部门达成辩诉交易。

值得关注的是，我国证券犯罪的入刑标准设置过低，可能导致一些案件虽然符合和解制度的适用目的，但由于部分“指标”达到刑事追诉

① 徐晓明：《“首违不罚”制度背景下的行政累犯制度研究》，载《浙江学刊》2021 年第 5 期。

标准而不能适用和解制度。这些达到刑事追诉标准的案件有许多由于实体法或者程序法的原因实际上并未追究刑事责任。一律排除这些案件适用和解制度，无疑缩小了制度适用范围，不利于制度作用发挥。完善路径包括：一是根据实际情况适度上调证券违法刑事追诉标准，给证券行政执法和解留出足够空间；二是将《证券期货行政执法当事人承诺制度实施办法》的消极规定后半句“依法应当移送司法机关处理的”不得适用和解制度，改为“被司法机关生效判决处以刑事责任”。允许移送后未立案或者移送后立案，但最终未处以刑罚的案件适用和解制度，进一步扩大证券行政执法和解的适用范围。[①]

（3）违法情节严重、社会影响恶劣。为切实提高违法成本，避免制度滥用，《证券期货行政执法当事人承诺制度实施办法》规定，当事人涉嫌证券期货违法行为情节严重，社会影响恶劣的，不适用证券行政执法和解结案。适用和解制度的案件，通常市场危害程度较低，造成实际危害后果可控，通过纠正违法行为、补偿投资者损失即可挽回损失、修复被破坏的社会关系。从立法本意分析，证券行政执法和解的目的在于尽快实现结案了事、定分止争，从而妥善化解社会矛盾，及时恢复市场秩序，稳定预期。从当事人涉嫌证券违法行为的性质、情节及社会危害程度进行考察，若案件违法情节严重，社会影响恶劣，适用和解制度将难以起到补救违法后果、修复受损的市场秩序等目的，排除这类案件适用和解制度，有利于维护执法严肃性，避免造成放纵违法，影响公众执法评价。

“违法情节严重、社会影响恶劣”评价应当基于情节和危害后果两个子要素进行考察。第一，以情节来考察违法行为的性质是刑法中的通常做法，我国《刑法》将“情节显著轻微”的违法行为排除在了犯罪之外，《刑法》分则中多数犯罪都将情节作为判断违法行为的社会危害性和具体量刑的重要因素。基于法治统一的原理，该做法同样可适用于证

---

① 张铁来：《论证券行政和解制度的完善——以行刑衔接条款为例》，载《山西财政税务专科学校学报》2021 年第 3 期。

券行政执法领域。我国证监会可通过制定裁量基准方式对主要证券违法行为的不同情节作出区分，为和解制度适用提供指引。第二，以危害后果考察违法行为的性质的原理在于：排除干扰因素，在正常的因果进程里，有什么样的因就有什么样的果。反之亦然。即违法行为导致的后果轻微意味着违法行为性质轻微，社会危害性较小，因而具有和解制度的适用空间。[①] 在证券违法行为中，危害后果最直接的体现是市场的异常波动、投资者所受损失或者当事人的违法获利等。在适用和解制度过程中，证监会和解办理部门应对涉嫌违法行为的危害后果进行综合评估和判断。

（4）重复申请或存在失信行为。《证券期货行政执法当事人承诺制度实施办法》将当事人重复申请或存在履行和解协议的失信行为，作为排除适用证券行政执法和解的情形。重复申请，是指当事人已提出申请但未被受理，或者其申请已被受理但其作出的承诺未获得证券监管机构认可，没有新事实、新理由，就同一案件再次提出申请的行为。失信行为，是指当事人因自身原因未履行或者未完全履行经证监会认可的承诺，就同一案件再次提出申请的行为。这里主要针对的是当事人存在过错的情况，而非由于情势变更等客观原因导致的承诺未履行。

重复申请行为由于没有新事实、新理由，重复提出申请，浪费了监管资源，证监会对其不予受理具有合理性。而不予受理存在失信行为的和解申请，则体现了证监会对市场的失信惩戒监管。失信惩戒是证券市场信用体系建设的重要手段，证券监管机构基于历史的信用数据，综合运用市场、行政、法律和舆论等手段，来减损严重失信行为主体权利或增加其义务的惩罚性机制。[②] 和解制度的顺畅运转，依赖被调查当事人自觉履行其所作的纠正涉嫌违法行为、赔偿有关投资者损失、消除损害或者不良影响承诺。若当事人诚信缺失，也就无法期待其能通过和解制度实现自我核查整改、完善内部控制制度、主动调整相关业务等目标。

---

① 江国华：《“首违不罚”的法理与适用——兼议新〈行政处罚法〉第33条第1款之价值取向》，载《湖北社会科学》2021年第3期。

② 赵一平：《论违法行为失信惩戒的基准》，载《征信》2021年第7期。

将失信行为纳入不予适用证券行政执法和解的负面清单，给当事人自觉履行和解内容提供了激励与约束。除未履行或者未完全履行承诺情形外，法律规范还可进一步将当事人其他不诚实信用行为，如未提供真实、全面和可靠的事实证据等材料，规避调查，隐瞒事实真相等，纳入失信行为排除适用行政执法和解结案。

二、和解协议的内容与效力

和解协议是证券行政执法和解内容和结果的重要载体，也是证券监管机构据以作出中止调查乃至终止调查决定的主要依据。通过和解协议，和解双方的权利义务得以确定。

（一）和解协议的内容

1. 和解协议双方与相关方的权利、义务结构。和解协议当事人为证券监管机构与和解当事人，受涉案行为或者和解协议影响的利害关系人与社会公众则是协议相关方。无论是当事人还是相关方，在和解制度中均依法享有一定的权力或权利，同时承担一定的义务或职责。

（1）证券监管机构的权力与职责。证券监管机构是和解制度的主导方，对达成和解协议、设定具体条款具有决定性影响。对是否适用行政执法和解制度终结行政执法程序，证券监管机构享有自由裁量权。证券监管机构主要享有以下权力与职责：一是决定是否受理和解申请。被调查当事人提出和解申请后，证券监管机构根据法律规定的适用范围与条件，裁量决定是否接受当事人的和解申请。二是依法开展和解事项协商。和解协议是双方当事人合意的体现，需要通过协商实现。证券监管机构坚持维护公共利益的立场，依法进行和解事项协商。三是履行和解信息公开义务。信息公开是证券监管机构的一项法定职责，证券监管机构须按照法律规定及时公开和解案件信息，以供社会公众监督。四是制度适用决定权。经过沟通协商，证券监管机构决定是否接受当事人和解申请，并达成和解协议。五是中止或终止调查。达成和解协议后，证券监管机构按照法律规定依法中止调查，在当事人履行完毕和解协议后依法终止调查。六是终止适用和解制度，并按规定重新调查。发生法定事由，证券监管机构有权终止适用和解制度（撤销已达成的和解协议）并进行重新调查。终止适用和解制度的前提条件通常是当事人未履行和解协议，或达成和解协议所依据事实发生重大变化，或和解协议是基于当事人提供的虚假、误导性信息达成等。从域外成熟市场实践看，终止适用和解制度情形极少。美国 SEC 的通常做法是，对未充分履行承诺的当事人，采取延长履行期限、加重合规义务或加处罚款等措施。

（2）被调查当事人的权利与义务。在达成和解协议过程中，被调查当事人主要享有以下权利：一是平等协商权。平等协商权是当事人拥有的核心权利，只有保障当事人的平等协商权，双方才能达成最终的和解合意。二是要求或拒绝加入具体协议条款权。行政执法和解属于双方行为，证券监管机构无法单独决定和解协议条款的具体内容，当事人有权在谈判中主张或拒绝具体条款写入协议。三是商业秘密、个人隐私获得保护的权利。证券监管机构在与被调查当事人协商谈判过程中，或多或少获取当事人的商业秘密和个人隐私，当事人有权要求证券监管机构予以保密。同时，证券监管机构在进行和解案件信息公开时，应当考虑当事人保护其商业秘密和个人隐私的正当性。四是获得救济的权利。当事人的权利受到侵犯，或者对证券监管机构所作的和解事项决定不服，有权获得救济。虽然救济方式在各国或各地区存在不同，但主要应包括行政复议或者行政诉讼方式。

当事人在享有权利的同时，还应当遵守相应的法定义务：一是诚信义务。诚实信用是达成和解协议的基础。当事人的诚信义务体现在诸多方面，如不得隐瞒重要事实、不得伪造或变造作出相关文件资料等。如果当事人不遵守诚信义务，证券监管机构可以依法终止适用和解制度，恢复调查处罚程序。二是履行和解协议义务。协议履行要遵守合同履行的原则，如全面履行、适当履行、协作履行等。当事人希望适用和解制度结案，其付出的代价是承诺采取赔偿当事人损失、纠正违法行为、恢复市场秩序措施并切实履行其承诺。三是其他义务。合同履行过程中的其他附随义务，如和解协议履行过程中出现情势变更情形时应及时告知证券监管机构，为证券监管机构监督当事人履行和解协议提供便利；定期向证券监管机构报告承诺履行情况，接受公众监督等。

（3）利害关系人的权利与义务。尽管利害关系人不属于行政执法和解的当事人，但在和解制度中，仍享有一系列法律权利：一是知情权。为了避免暗箱操作，各国证券监管机构都致力于提高证券行政执法和解的透明度。和解协议中不涉及监管秘密、当事人商业秘密和个人隐私的信息，均应通过行政法律文书予以公开。信息公开是公众监督权的保障。二是参与权。证券违法行为给社会公共利益、市场秩序、投资者利益带来损害或损害威胁，和解制度的适用事关利害关系人切身利益。参与权是利害关系人维护自身合法权益和社会公众利益的重要权利。参与权的核心是利害关系人在和解制度中有权发表意见。参与权的表现方式包括但不限于参与听证、陈述意见、同意和解协议条款内容等。三是和解协议的执行监督权。监督权有广义和狭义之分，广义监督权包括前述知情权和参与权，主要针对和解协议内容方面的监督。执行监督权是指对和解协议履行方面的监督。利害关系人有权就和解协议的履行情况进行监督，如对和解金分配情况、合规义务履行情况的监督。

与此同时，利害关系人也负有提供必要信息、不得随意干涉和解进程等义务：一是提供必要信息的义务。我国《证券期货行政执法当事人承诺制度实施办法》规定，证监会可以就适用证券行政执法和解所涉及的专业问题征求证券期货交易场所、证券登记结算机构、投资者保护机构等相关机构和专家学者的意见。《证券期货行政执法当事人承诺金管理办法》规定，投保基金公司可就和解金管理使用方案内容以适当形式征求投资者意见。这意味相关主体有义务向证监会、投保基金公司提供相关信息。二是不得随意干涉和解制度的义务。利害关系人作为相关方，在行使合法权益的同时，不得滥用权力，干涉和解制度的依法进行。

2. 和解协议的主要内容。和解协议应当按照当事双方协商谈判结果，从维护公共利益角度，征询利害关系人意见基础上确定。《证券期货行政执法当事人承诺制度实施办法》第十三条规定，证监会与当事人沟通协商，认可当事人作出承诺的，应当与当事人签署和解协议。和解协议应当记载的事项包括当事人申请适用行政执法和解的事由、涉案事实、当事人承诺采取的合规措施、和解金数额及交纳方式、当事人承诺履行期限、当事人权利保障措施等。我国可在此基础上形成和解协议范本，以便利实践操作。

（1）涉案事实及理由条款。和解协议载明涉案事实及具体理由，体现了证券执法法治化、规范化要求。对证券监管机构来说，和解协议是中止、终止行政调查的依据。充分事实阐述及释法说理事关证券执法权的规范行使，也关乎行政执法和解发挥定分止争功能。精准到位的事理阐明，既能避免轻率、鲁莽执法，有效控制行政裁量权行使，又能使当事人明确知晓其为何承担相应法律后果，在一定程度上说服当事人接受执法决定，同时也可以为嗣后的司法审查提供便利和基础。

证券监管机构对和解案件事实及理由的阐释，以法律文书形式（中止调查决定书、终止调查决定书）依法公开，可以杜绝暗箱操作，接受社会公众监督。但从目前我国和解试点实践案例看，案件和解公告中有关涉案事实及理由的阐述明显不足。当事人涉嫌违法的具体事实和指控、证监会达成和解的理由和依据均未得到充分、有效公布。

当然，从当事人角度，为了最大限度减少案件公开后的声誉损失，会尽量弱化和解协议对其不利的表述。考虑和解协议具有私法契约属性，和解协议中有关案件定性的内容可根据行政调查及和解双方谈判情况作区别处理，但对有关涉案事实描述须坚持真实、准确和合法要求。理由阐释则应当坚持全面、客观、公正原则，由证券监管机构详细阐明和解制度适用过程中行使自由裁量权所考虑的因素。为加强及规范案件事实及理由说明，证监会可参考法院裁判文书做法，专门出台指引及技术规范，发挥典型案例释法说理的引导、规范作用。

（2）和解金条款。和解金是和解协议的重要内容。一方面，和解金数额的大小决定了行政相对人付出的经济代价，受害人的获偿程度以及产生的社会效果；另一方面，和解金的分配规则对保护投资人利益有重要影响。[①] 确定和解金的数额是和解事项谈判的重要内容，案件能否最终以和解方式结案往往取决于和解双方能否就和解金额达成共识。和解金条款主要涉及和解金交纳数额、交纳方式、交纳期限等问题。

从现有规定及案例情况看，存在当事人对和解金金额的预期不明，和解金征收作为财产罚措施的威慑力不足等问题。相比《行政和解试点实施办法》，《证券期货行政执法当事人承诺制度实施办法》对确定和解金数额应当考虑的因素作了扩大，包括：（1）当事人因涉嫌违法行为获得的收益或者避免的损失；（2）当事人涉嫌违法行为依法可能被处以罚款、没收违法所得的金额；（3）投资者因涉案行为所遭受的损失；（4）签署和解协议时案件所处的执法阶段；（5）需要考虑的其他情形。特别是鉴于确定和解金数额是投资者获偿的重要保障，新增签署和解协议时案件所处的执法阶段作为考虑因素，鼓励当事人尽早提出申请以节约时间，降低执法成本。同时，为鼓励当事人积极赔付投资者，与先行赔付、证券民事赔偿诉讼等制度相衔接，我国《证券期货行政执法当事人承诺制度实施规定》还进一步规定和解金数额可以不包括已向投资者赔偿损失的金额。

但和解金的金额确定，仍缺少更具操作性的详细规定。从我国证券行政执法和解试点实践看，相关案例均只简单披露了当事人为达成和解协议所支付的和解金金额，未对金额计算方法、依据和考虑因素作进一步说明。同时，相关案件和解金数额巨大。例如，高盛亚洲、北京高华案的当事人须交纳和解金合计 1.5 亿元，上海司度案的五家和解当事人合计交纳和解金约为 6.9 亿元。

和解金金额计算的不透明容易引发证券执法过程的黑箱操作、越权执法、自由裁量滥用问题，造成当事人对达成和解协议的经济代价预期

① 肖宇：《证券行政和解金的确立与分配规则探析》，载《暨南学报（哲学社会科学版）》2015 年第 6 期。

不明确，不利于发挥和解金对公众的引导和威慑作用。对此，我国可借鉴英国相关实践，在立法或监管规定中明确规定不同执法阶段、不同违法情节、不同配合执法情况下的具体和解金宽减或加重档次，促使当事人尽早达成和解协议，节省执法资源的同时，避免证券监管机构随意确定和解金金额。

（3）合规措施条款。证券行政执法和解具有惩罚和纠正的双重制度价值，不仅使违法者受到财产罚的惩处，还进一步整顿违法者的公司治理、内部控制机制，促进问题的有效解决、市场秩序的及时恢复。发挥证券行政执法和解制度纠正和预防违法功能的关键是确保和解协议中合规措施的针对性、实效性。对此，我国《证券期货行政执法当事人承诺制度实施办法》规定了和解协议应当载明“当事人承诺采取的纠正涉嫌违法行为，赔偿有关投资者损失，消除损害或者不良影响的具体措施”。《证券期货行政执法当事人承诺制度实施规定》进一步明确了和解办理部门负责组织监督当事人履行和解协议约定的义务，当事人所在辖区的派出机构负责核查验收当事人履行和解协议的情况，并将核查结果作为当事人是否完全履行的依据。但现有规定和实践仍有不足。

一是合规措施的种类类型、适用情形及考虑因素未有明确规定，现有案例的信息公开存在不足。从证监会发布的和解公告看，上海司度案仅表示“申请人已采取必要措施加强公司的内控管理，并在完成后向中国证监会提交书面整改报告”。高盛亚洲、高华证券案仅写明“申请人已采取必要措施加强公司的内控管理，并在完成后向中国证监会提交书面整改报告”。当事人加强公司内控管理的具体举措及其落实情况未向公众公开，投资者和公众无从获悉整改情况，无法对合规措施进行客观公正的监督评估。对此，我国有必要在相关规范指引中明确规定证券行政执法和解的合规措施，如责令当事人更换负有责任的董事或高管、制订专项合规计划等。同时，加强合规措施及其落实情况的信息公开。

二是监督实施机较为单一。在和解协议履行监督上，我国仅有行政监督机制，即由证监会相关部门负责当事人履行和解协议约定义务的监督，若因当事人原因未履行或者未完全履行承诺，证监会应当终止适用和解制度，及时恢复案件的调查、审理程序。未来，我国可以进一步探索第三方专家监督、司法监督等多元监督机制，提升不履行和解协议的惩治力度，确保和解协议履行的效果质量。

（4）利益保护条款。证券行政执法和解表现为在执法资源有限的情况下，证券监管机构在个案中的妥协和让步，但证券监管机构与当事人的利益交换不能导致公共利益、第三人和当事人自身的利益损害。我国《证券期货行政执法当事人承诺制度实施办法》仅规定和解协议应当载明“保障当事人商业秘密、个人隐私等权利的措施”，并未规定保障公共利益、第三人相关利益不受损害的相关措施。

一是公共利益的保障。和解协议虽是证券监管机构与被调查当事人之间所达成的，但目的并非为了证券监管机构或者当事人的个体利益。因此，行政执法和解须在公共利益容许下进行。证券监管机构作为证券市场的公共执法者，肩负公共利益保障的重要职责，应当尽到谨慎权衡义务保障实现公共利益。① 除在程序设计上建立严格的和解协议内部审查和批准程序外，在和解协议利益保护条款设计上，也应当建立公众监督和异议机制。如允许投资者保护机构在发现和解协议条款有损公共利益的情况下，要求协议双方变更和解协议内容，或者向法院提起公益诉讼。

二是利益相关方的保障。和解协议的达成不能建立在牺牲第三方利益基础上，应当尽可能避免和解制度适用过程中可能出现的损害第三方利益的情况。利益相关方一般包括因违法行为受损的投资者，以及因和解协议达成可能遭受损害的利害关系人（如和解当事人的雇员、供应商、客户等）。在程序设计上，规定和解协议达成应当听取利害相关人意见或者举办听证会，能够使得利益相关方充分参与和解制度，有效保障各相关方利益。在和解协议的条款设计上，可规定和解协议的最终生

① 张红：《破解行政执法和解的难题——基于证券行政执法和解的观察》，载《行政法学研究》2015 年第 2 期。

效须征得利害相关人的书面同意。若利害相关人不同意和解协议条款，协议不得生效。我国台湾地区“行政院公平交易委员会缔结行政和解契约处理原则”就规定，“如和解契约的履行将损害第三人权利时，和解契约须经第三人书面同意，始生效力”。

（5）其他需要载明的事项。一是违约责任条款。和解协议的权利义务内容是和解双方合意性的体现，为保证当事人恰当履行承诺，违约责任条款必不可少。《证券期货行政执法当事人承诺制度实施办法》规定了当事人不履行或不完全履行承诺的相应后果（如终止适用和解制度，证券监管机构恢复行政调查，实施失信联合惩戒等），相关规定也应在和解协议具体内容中有所体现。同时，协议双方都可能构成违约，协议还应约定证券监管机构无正当理由不履行协议义务时的违约责任（如赔偿当事人损失等），以督促证券监管机构一方也按约定妥善履行和解协议义务。

二是履行条款。证券行政执法和解是对证券行政处罚的替代，和解协议一旦达成，证券监管机构所享有的处罚权就转变为和解协议中的请求权，行政机关所享有的权利基础发生改变。《证券期货行政执法当事人承诺制度实施办法》规定，当事人不履行或者不完全履行和解协议时，证券监管机构可以重启行政调查。但从和解协议请求权救济角度看，应当允许证券监管机构作出要求履行协议的书面决定，相对人仍不履行的可以终止和解程序并重新调查。反之，若证券监管机构不履行或不完全履行和解协议时，当事人也可采取催告履行、提起诉讼等措施。考虑和解案件往往存在调查困难性和法律适用不确定性，终止适用和解制度并重启调查可能难以有效化解执法纠纷。[①] 因此，若和解协议仍有执行可能，从经济性和效率性角度，应尽量避免终止适用和解制度并重启调查。

此外，和解协议是证券监管机构与当事人协商一致的结果，无权处

① 熊勇先、毛畅：《论商事行政处罚和解及其制度构建》，载《法学论坛》2021 年第 11 期。

分第三人的合法权益。因而协议还应当明确约定，相对人不能以协议达成为由免除其对第三人应当承担的民事责任，即和解协议不能作为违法行为所涉民事责任免责或者抗辩理由。

（二）和解协议的效力

和解协议在性质上属于公法与私法混合的契约，既要遵循契约法基本理论，又要符合法律法规特别规定，体现证券监管公法特点。目前，我国法律法规未对和解协议的效力状态进行专门规定，有必要得到完善。效力上，和解协议存在有效、效力待定、无效和可撤销四种不同效力状态。由于效力待定一般是因为协议尚待有关机关批准或者协议涉及第三人权利而有待于得到同意，使协议效力处于未定状态。从我国和解制度设计看，和解协议由和解双方履行内部决策程序后签署生效，无须另行经司法机关批准或者第三人同意，故此几乎不存在和解协议效力待定可能。我国制度完善应以和解协议的有效、无效和可撤销三种效力状态为重点。

1. 协议成立与生效。根据契约法基本原理，合同的订立分为要约和承诺两个阶段，在某些情况下还存在要约邀请环节。要约与承诺是合意的两个基本环节，也为和解协议所必须。因此，契约法上有关要约与承诺的达到、生效或变更等规定原则上也适用于和解协议。同时，和解协议的要约与民事契约的要约一样，均可以撤回、撤销或变更，承诺也可以撤回。只是由于和解协议为实现行政目的的手段，部分由法律法规作出了特别规定。例如，我国《证券期货行政执法当事人承诺制度实施办法》规定，申请适用行政执法和解的要约须由当事人提出，证券监管机构应告知当事人有权依法申请适用行政执法和解。从防范道德风险角度看，我国证券监管机构不能依职权启动和解制度，同时，也不能发出邀请当事人向自己提出和解申请的要约邀请。

在和解双方一致同意启动和解后，双方通过协商谈判讨价还价以达成和解协议。按照契约法理论，只要双方主体意思表示一致，民事合同即可成立，和解协议的成立与民事契约一致，双方主体就和解事项达成一致意思表示（通常在签订和解协议之时），和解协议宣告成立。

和解协议的成立并不意味着协议生效。依据契约法基本原理，在多数情况下，合同宣告成立也同时生效。但依据法律规定需要办理批准、登记等手续合同，在办理相关手续后生效。和解协议的生效机制因各国（地区）制度差异而有所不同，可主要分为签字生效和决定生效两种。前者是指和解协议经双方签署后即直接生效，协议成立时间同时是生效时间，如我国的台湾地区。后者是指和解协议成立后，还须经证券监管机构或司法机关进一步审查并作出认可决定或判决。和解协议生效并成为行政决定或司法判决内容的一部分，如美国 SEC 的同意令和法院的同意判决等。我国《证券期货行政执法当事人承诺制度实施办法》规定，“国务院证券监督管理机构与当事人签署和解协议后，应当终止案件调查，向当事人出具中止调查决定书，并予以公告。”我国属于签署生效模式。和解双方签署和解协议前应分别履行内部决策程序，证监会一方应当经集体决策同意并上报主要负责人或其授权的其他负责人批准。双方签署和解协议后生效，证监会应当按规定中止调查并向当事人出具中止调查决定书。

2. 协议无效。判断和解协议是否有效，要遵循契约法关于契约有效的基本规定。我国《民法典》第一百四十三条规定，合同有效要件包括：行为人具有相应的民事行为能力；意思表示真实有效；不违反法律、行政法规的强制性规定，不违背公序良俗。《民法典》规定的合同无效主要情形包括：恶意串通，损害国家、集体或第三人利益的；以合法形式掩盖非法目的；违背公序良俗的；违反法律、行政法规的强制性规定的等。上述合同无效情形均可适用于和解协议。和解协议无效是自始无效（即合同自成立时就不发生效力）和当然无效（即无效合同无须任何人主张无效）。如果无效的原因存在于和解协议内容的全部时，协议全部无效，如果无效原因仅存在于协议内容的一部，而不影响其余部分，其余部分仍然有效。

3. 协议可撤销。从契约法角度看，可撤销合同是指至少有一方当事人有权选择使合同归于无效的合同。如果合同被撤销，双方当事人均免除合同义务。如果有选择权的一方当事人选择变更合同，使其有效，那么双方都必须履行合同义务。典型的可撤销合同包括当事人受胁迫（Duress）、不当影响（Undue Influence）或欺诈（Fraud）而订立的合同。我国《民法典》将重大误解、欺诈、胁迫、一方利用对方处于危困状态、缺乏判断能力等情形致使合同成立时显失公平作为可撤销的原因。撤销权人有权依其单方意思表示使合同溯及既往地消灭。撤销权人包括因欺诈、胁迫而成立的合同中的受欺诈人、受胁迫人，在因重大误解而成立合同中的误解人，在显失公平场合为受到重大不利之人，在乘人之危场合为处于危难境地之人等。①

我国《证券期货行政执法当事人承诺制度实施办法》规定了五种证券监管机构应当终止适用行政执法和解的情形。从性质上讲，其中“承诺认可协议签署后，当事人因自身原因未履行或者未完全履行承诺”“承诺认可协议履行完毕前，发现当事人提交的材料存在虚假记载或者重大遗漏”“承诺认可协议履行完毕前，当事人因涉嫌证券期货犯罪被立案侦查”三种情形涉及证券监管机构撤销权的行使。也即由于法定事由的出现，证券监管机构依其单方意思表示使已成立生效的和解协议溯及既往地归于消灭。

赋予证券监管机构以法定的和解协议撤销权，体现了和解协议的行政性和行政机关的行政优先权。为了确保公共利益的实现，证券监管机构以单方意思表示消灭和解协议，以实现证券监管目的。在性质上，证券监管机构的撤销权属于形成权。虽然证券监管机构无须当事人的同意即可行使撤销权，程序上应当告知当事人撤销事实并听取其陈述和申辩。由于证券监管机构同样也可能存在欺诈、胁迫当事人等情形，当事人也可能因重大误解而达成和解协议，应同步赋予当事人撤销权。当事人行使撤销权不是为了公共利益，而是保护自身合法权益不受损害，因此，

---

① 崔建远：《合同法》，法律出版社 2021 年版，第 86 页。

当事人的撤销权应通过向司法机关提起诉讼方式行使。

民事契约被撤销后，将产生三种法律后果：一是溯及既往的法律效力，二是当事人之间的法律关系恢复原状，三是过错一方承担契约被撤销的损害赔偿责任。对行政执法和解来说，和解协议被撤销后，是否应当产生溯及既往效力并恢复原状取决于是否损害了公共利益。如当事人已履行的合规措施，对市场秩序和公共利益产生了积极影响，不应“恢复原状”，可作为情节在后续的恢复调查处罚程序中予以考虑。我国《证券期货行政执法当事人承诺制度实施规定》也规定，“当事人因自身原因未完全履行承诺或者提交的材料存在虚假记载或者重大遗漏，导致行政执法当事人承诺终止的，已交纳的承诺金不予返还，但在中国证监会恢复对案件的调查、审理并作出行政处罚时可以抵扣行政罚没款。”和解协议被撤销后，造成协议被撤销的过错一方应当对无过错一方赔偿损失，与民事契约要求相同。

三、和解金的性质、管理与分配

和解金发挥着惩处当事人和补偿受损投资者的双重功能。我国行政机关对当事人涉嫌违法违规行为进行惩罚和制裁，主要通过罚款形式。对行政罚款，《行政处罚法》对罚款事项进行了详细规定，尤其在罚款性质、确定、缴纳、监督以及管理等环节均比较规范和健全，并形成了“收支两条线”的操作实践，达到规范行政罚款收缴目的。相较而言，和解金规范的立法层级较低，和解金在法治框架内的性质和定性存在模糊，和解金收缴和分配的操作规定还较为原则，需要通过法治路径构建，以达到规范和解金管理使用之目的。[①]

（一）和解金的性质与数额

1. 和解金的性质。和解金是当事人为适用证券行政执法和解而交纳

---

① 殷守革：《行政和解法治论》，山西人民出版社 2020 年版，第 121 页。

的资金。性质上，和解金与行政处罚的罚款和民事合同的对价既存在区别，又存在联系。交纳和解金是和解协议下当事人的一项义务。应在公私法融合背景下，对和解金性质进行独立认识。

在和解金与行政罚款的关系上，和解金既体现了行政罚款的制裁、警示、威慑和预防等特点，又具有非强制、协商确定、特定公益用途等特征，是一种区别于罚款的行政执法方式。行政罚款是我国证券行政处罚领域主要应用的财产罚手段，是通过对违法行为人设定新的金钱给付义务，致使其利益状态发生恶化的一种行政处罚。[①] 行政罚款既表现出对违法行为的制裁或谴责，更通过制裁的威慑，阻吓违法并促使行为人遵从法律。和解金同样体现为当事人的权利减损及义务增加。和解金的目的之一在于剥夺当事人的违法所得，使当事人为其涉案行为支付代价。我国《证券期货行政执法当事人承诺制度实施办法》将“当事人因涉嫌违法行为可能获得的收益或者避免的损失”和“当事人涉嫌违法行为依法可能被处以罚款、没收违法所得的金额”作为证监会确定和解金数额所应综合考虑的因素，体现了和解金制止和威慑违法行为的功能。但和解金具有的非强制性、协商确定、特定用途等特征又使其在性质上显著区别于行政罚款。首先，和解金由当事人根据协商确定的和解协议交纳，具有自愿特点。其次，具体数额经过和解双方讨价还价，与具有单方强制特征的行政罚款不同。最后，和解金不是直接上缴国库，而是由专门的和解金管理机构进行管理，专门用于受损投资者赔偿。只有当涉嫌违法行为未造成投资者损失，或者造成的投资者损失无法认定，或者在规定期限内赔偿投资者后仍有剩余的，才按规定上缴国库。

在和解金与民事合同对价的关系上，和解金作为行政合同的对价，具有契约法上的合同对价属性。对价是英美合同中的概念。所谓对价就是价格，或是其他有经济价值的相对给付。英美法系国家的合同制度以“约因”（Consideration）作为合同的实质要素，指的就是对价。一项在

---

① 应松年、冯健：《行政罚款制度的困境及其破解——以证券行政处罚为例》，载《求索》2021 年第 1 期。

法律上有效的对价，必然是当事人之间经由讨价还价（Bargaining），所想要取得的事物或利益，或者是当事人之间希望借由讨价还价，让允诺者承受的“法律上的损失或不利益”（Legal Detriment or Disadvantage）。[①] 在和解协议中，最常见的对价就是和解金的给付。和解金具备合同对价的两个显著特征，一是具有法律上的价值，二是经过磋商过程。但和解协议不是民事合同，和解金也与民事合同对价存在差别。和解协议同时包含公法要素和私法要素，属于公私法契约类型，既适用契约法相关规定，又受到行政执法和解相关法律法规约束。不同于民事合同对价主要通过合同双方协商确定，和解金的具体金额主要由证券监管机构根据法规规定的程序和要素确定。此外，和解金管理及使用受到主管部门的严格规范。

综上所述，和解金征收是行政机关适用行政执法和解的一项执法手段。和解金本身具有行政罚款和补偿金的部分特点。作为和解协议的对价，和解金带有公法属性和私法属性，既适用契约法相关规则，又受到行政法约束和限制。

2. 和解金的数额。我国《证券期货行政执法当事人承诺制度实施办法》对证券监管机构确定和解金数额所应考虑的因素作了规定。确定和解金数额是一个博弈过程。证券监管机构希望和解金数额足以包含对受损投资者的全部赔偿，应对当事人处以的行政罚款以及执行和解金分配方案所涉及的费用。评价和解金给予投资者的保障程度，核心在于实现投资者的足额赔偿。受损投资者不是和解制度的当事人，其损失金额的计算与评估由证券监管机构自身或委托相关机构进行，这相当于由证券监管机构代位行使了受损投资者的赔偿救济权。如果受损投资者通过司法途径主张损害赔偿，可能需要经历冗长举证和诉讼，判决结果也可能未如预期理想。由证券监管机构代位求偿具有经济性和效率性，证券监

---

① 傅崐成：《美国合同法精义》，载厦门大学出版社2008年版，第68页。

管机构应尽可能多地在和解金谈判中实现对投资者的足额补偿。[①] 此外，证券监管机构还要考虑若当事人被处以行政处罚的罚没款数额情况，以体现和解金的威慑和处罚效果。

被调查当事人则希望以最小代价以达成和解协议。当事人愿意支付和解金数额的考虑因素包括可能面临的行政罚款金额、民事赔偿金额，处罚的资格罚损失（如被暂停执业损失）、声誉损失、股价损失等。相较而言，证券中介机构及其执业人员、上市公司及其董监高人员可能更愿意支付高额和解金以避免行政处罚。这是因为他们作为市场的重复交易者，多次与证券监管机构打交道，与市场各方存在长期博弈关系，更注重处罚对自身执业资格、股价表现、声誉等方面的影响，有更强烈的动机与证券监管机构达成和解协议。而市场上的其他投资者，如普通机构投资者和个人投资者，行政权威对他们的影响可能不那么大。

总而言之，保护投资者和对市场违法违规行为的威慑和制裁都是重要的证券监管目标，实践中需要有所取舍，平衡两者之间的目标。和解金金额的确定决定了投资者的获偿程度和投资者所受到的财产罚程度，证券监管机构有必要在和解事项谈判中争取达成有利于投资者的和解金条款。

（二）和解金的管理

1. 管理主体。我国《证券期货行政执法当事人承诺金管理办法》第三条规定，投保基金公司履行和解金的管理职责。投保基金公司是因应21世纪初，我国多家证券公司被关闭、撤销、托管、取消业务资格或者被清算的客观需要，由中国证监会、财政部、中国人民银行联合发文成立的投资者保护组织。主要职责是在证券公司被撤销、被关闭、破产或被证监会实施行政接管、托管经营等强制性监管措施时，按照国家有关政策规定对债权人予以偿付。投保基金公司归口证监会管理。投保基金公司集中管理各证券公司交纳并汇集的保护基金，并在证券公司出现相

---

① 肖宇：《证券行政和解金的确立与分配规则探析》，载《暨南学报（哲学社会科学版）》2015年第6期。

关风险事件时，补偿投资者财产损失。随着先行赔付制度和证券行政执法和解制度的确立，投保基金公司的基金管理范围从保护基金拓展到赔偿基金。所谓赔偿基金，是由不法行为人基于加害而向受害投资者给付赔偿款所形成的赔偿基金。[①] 因不法行为致损的投资者往往数量众多，由投资者保护机构统一对受损投资者进行赔付，具有公平、高效、便捷的优势，也能妥善处理赔偿款分配后的余额问题。投保基金公司对先行赔付金和证券行政执法和解金的管理体现了其赔偿基金管理职能。

在万福生科、海联讯、欣泰电气等案件的先行赔付实践中，投保基金公司受先行赔付人委托，作为专项基金管理人，协助先行赔付责任人制订了赔付方案，完成了适格投资者赔付范围确定、赔付金额的计算、申报确认赔付、赔付金额的划付等具体工作，为证券行政执法和解中的和解金分配奠定了良好基础。尤其是运用证券交易所的股东投票系统和证券登记结算机构的证券交易结算系统进行申报和补偿金派发，最大限度降低了投资者的维权成本。由投保基金公司来执行和解金的资金管理、分配事项具有现实可行性。一方面，投保基金公司作为特设的投资者保护机构，专业性较强，有能力胜任基金的管理与分配工作。作为证监会管理单位，投保基金公司可以更高效调动证券期货交易所和证券登记结算机构的支持，实现投资者的高效获赔。另一方面，它是由国家设立的、以保护投资者为宗旨的非营利性机构，具有公益性和公正性，更有利于践行补偿投资者的制度功能。

值得关注的是，中证中小投资者服务中心有限责任公司（以下简称投服中心）也属于我国《证券法》规定的投资者保护机构。目前，投服中心主要公益性持有证券，并行使股东权利，同时为投资者提供证券民事赔偿诉讼支持。未来，行政执法当事人和解实践增加，也可考虑同时赋予投服中心的和解金管理职责。

2. 管理方式。和解金应遵循专户管理的原则，不同案件和解金分别

---

① 叶林、王琦：《证券投资者保护基金的法律性质——兼论“赔偿基金制度”》，载郭文英、徐明主编：《投资者（第1辑）》，法律出版社2018年版，第34页。

设置专户进行管理，专门用于赔偿投资者因当事人行为所受损失。投保基金公司所管理的资金，既包括用于维持公司正常运行的自有资金，也包括用于证券公司风险事件后赔偿投资者损失的保护基金，更包括在先行赔付、证券行政执法当事人和解案件中当事人交纳的赔偿基金。在法律性质上，自有资金、保护基金和赔偿基金之间存在本质差异，应当予以分别管理。自有资金来源于国家财政出资，是投保基金公司运行的财产基础。保护基金主要是由证券公司缴纳费用形成，目的在于减少证券公司由于破产、关闭等情况而给投资者造成的损失。赔偿基金则是不法行为人向投资者支付的补偿款集合，带有一次性或临时赔偿的特点，赔付依据既可能是人民法院的生效判决，也能是不法行为人作出的赔偿承诺。① 和解金属于赔偿基金的一种。为避免资金混同，和解金应根据不同案件采取专户管理，与投保基金公司的自有资金、保护基金或者先行赔付基金严格区分。我国《证券期货行政执法当事人承诺金管理办法》也规定，投保基金公司应当按照安全、稳健的原则履行对和解金的管理职责，保证和解金的安全。并且和解金的管理方式应当限于银行存款。

同时，投保基金公司对和解金管理要受到证监会和财政部的双重监督。首先，证监会作为证券行政执法当事人和解的主管部门，有权对和解金的收取、管理和使用进行全程监管。其次，没有分配完成的和解金须作为非税收入按照国库集中收缴制上缴国库，和解金具有政府非税收入的性质，因此，财政部有权监督资金的使用。

（三）和解金的分配

1. 分配方案。证券行政执法当事人和解是在民事赔偿诉讼之外，为投资者提供的一条相对高效、便捷的渠道，目的是使其及时获得补偿。和解金补偿方案的核心是补偿投资者因涉案行为所造成的损失，原则上应以投资者受到的损失为限。制订和解金使用方案应参考证券民事赔偿诉讼所确定的规则和标准，如最高人民法院《关于审理证券市场因虚假

---

① 叶林、王琦：《证券投资者保护基金的法律性质——兼论“赔偿基金制度”》，载郭文英、徐明主编：《投资者（第1辑）》，法律出版社2018年版，第34页。

陈述引发的民事赔偿案件的若干规定》，以有利于投资者的原则确定和解金补偿范围，以充分补偿的原则确定补偿金额计算方法。可资借鉴的是目前先行赔付做法。在万福生科、海联讯和欣泰电气三起先行赔付案件中，赔偿基准和方案拟订都参考了虚假陈述司法解释所确立的原则和标准，同时以投资者保护为原则，得出了超越司法解释更有利于投资者的赔偿标准。

我国《证券期货行政执法当事人承诺金管理办法》第九条对和解金管理使用方案的内容作了规定，包括：有资格获得和解金赔偿的投资者范围；向适格投资者发出赔偿通知的程序；投资者申请和解金赔偿及其资格审查的程序；和解金的具体分配方案；向投资者支付赔偿款的程序；执行和解金使用方案涉及的各项支出；中国证监会规定或要求的其他事项。根据这一规定，可以认为我国和解金补偿程序包括：一是确定获偿的投资者范围，二是向适格投资者发出通知，三是接受投资者申请并对其进行资格审查，四是和解金分配及支付。

值得探讨的是若和解金不足额时应如何分配问题。和解金分配顺序为：首先支付因执行和解金补偿方案而产生的有关费用，其次补偿投资者因当事人行为所受的损失，最后仍有剩余上缴国库。和解金不足额是指和解金在支付了分配过程中的相关费用后，不能足额补偿投资者损失。对此问题，存在两种观点：一是所有投资者按损失比例分配；二是从中小投资人的角度，将分配政策更倾向于保护中小投资者，也即是说个人投资者优先受偿，机构投资者劣后受偿。研究指出，后者在认定中小投资者身份过程中存在操作难题，如作为机构投资者的公募基金背后有着为数众多的中小投资者，存在较高判断成本，可能带来实践混乱。[①] 事实上，从同股同权的角度，股东损害请求权并不会因持股身份的不同而有所区别，从公平公正的角度，应当采取平等的按损害比例受偿方法。

---

① 肖宇：《证券行政和解金的确立与分配规则探析》，载《暨南学报（哲学社会科学版）》2015 年第 6 期。

2. 分配时限。我国试点证券行政执法和解的问题之一是和解时效性较差，投资者获偿的及时性堪忧。提升投资者获偿的及时性，有效方法之一是压缩和解制度时限，加快案件处理效率。我国可借鉴 SEC 公平基金经验，在相关规定和和解协议中明确规定投资者补偿款项的划转、分配流程和时间节点，明确各方的权利义务，并由证券监管机构加以监督落实，真正实现证券行政执法和解及时补偿投资者损失的制度效果。

3. 分配程序。一是沟通联络受损投资者及通知程序。证券市场受害人众多且十分分散，如何将可以申请和解金补偿的通知送达受损投资者，并最终支付受损投资者损害赔偿，是一个技术问题。可借鉴现有先行赔付做法，除通过在各大指定信息披露媒体公告外，利用交易所网络投票系统实现与受损投资者的联络，投资者可以方便地在交易所网络系统中发出是否同意和解金补偿的有效指令，并最终通过登记结算机构的支付结算系统实现和解金的划转。

二是征求意见程序。我国《证券期货行政执法当事人承诺金管理办法》规定，投保基金公司可以就和解金管理使用方案内容以适当方式征求投资者的意见。基于投资者分散、众多特点，可参考目前代表人诉讼制度，由投资者推举产生投资者代表，以听证会形式表达意见，或者由投保基金公司在其官网上公告和解金管理使用方案并公开征求意见。但从提高补偿效率角度，征求意见时间不应设置过长。

三是投资者接受补偿程序。和解金补偿应当设置一定期限，若投资者不来认领，则视为拒绝和解金补偿，剩余资金上缴国库。在诉讼时效内，投资者仍有权提起民事赔偿诉讼。

四是信息公开程序。和解金用于赔偿投资者损失的，管理使用方案应当予以公开。同时方案的执行情况也应当向社会公告。《证券期货行政执法当事人承诺金管理办法》专门规定，投保基金公司使用和解金赔偿投资者损失的，应当在和解金管理使用方案执行完毕后 30 日内，在其官网上公告方案的执行情况和执行费用支出情况。

第四节　证券行政执法和解的程序设计

证券行政执法和解制度的程序优化要突出正当法律程序要求。正当法律程序目的在于促进监管机构公平、高效实施证券行政执法和解，同时节约监管资源，避免产生专横任性的行政决定。对我国来说，构筑起一套从程序启动、协商、决策、执行，到利益保护的证券行政执法和解“正当程序”是促进这一制度在我国实施的基础性保障。

一、程序启动机制

和解启动是证券监管机构与涉嫌违法的当事人寻求和解方式解决执法争议的第一步，是证券行政执法和解的必经环节，包括和解启动主体与启动区间两方面内容。

（一）和解启动主体

国际上，启动证券行政执法和解制度存在两种不同模式：一种是由涉嫌违法的当事人向证券监管机构提出申请以启动和解程序，和解申请一般应以书面形式为准。证券监管机构接到当事人申请后，根据和解制度的适用范围、适用条件并结合涉案事实，审查决定是否同意启动和解。美国、澳大利亚主要采取了该种模式。另一种则是由证券监管机构依职权启动证券行政执法和解。但证券监管机构单方意思表示并不能正式启动和解制度，涉嫌证券违法的当事人有权拒绝。英国、德国允许证券监管机构向当事人发出启动行政执法和解制度的要约，英国 FCA 甚至进一步告知当事人监管机构所期待的达成执法和解的时间。

我国《证券期货行政执法当事人承诺制度实施办法》规定的和解启动主体为涉嫌违法当事人，证券监管机构不得依职权启动和解制度。同时，为保障当事人知悉其申请适用和解制度权利，及时提出申请，办法还进一步规定证监会在送达当事人的案件调查法律文书中应告知其有权依法申请适用和解制度。

仅赋予当事人一方以启动权的制度设计，无疑是考虑到了维护行政权威和执法公信力的需要。通过限制证券监管机构的和解启动权，避免其滥用这一执法制度，减少暗箱操作、利益冲突和可能的道德风险。假设证券监管机构有权决定何时启动行政执法和解，将十分不利于案件调查的充分开展。这是因为，为降低调查成本，证券监管机构有动机在案件查处不充分的情况下启动和解制度，从而对第三人利益和社会公众利益造成损害。① 但从另一方面来说，赋予证券监管机构启动和解制度的权力，也存在合理性。案件调查中，信息不对称问题严重，当事人难以准确掌握提出和解适用申请的时机、成本、成功概率等因素，无法及时有效提出申请。② 这导致本该适用和解结案的案件很可能最终无法适用这一制度，造成执法成本的提高和效率的降低。对此，《证券期货行政执法当事人承诺制度实施办法》在规定当事人有权提出和解申请的基础上，进一步规定证券监管机构应当告知其相关申请权利。

但仅告知当事人申请权利，对引导符合和解申请条件的当事人积极提出案件和解申请，充分发挥和解制度效果的作用可能并不明显。事实上，域外成熟市场的证券监管机构在告知当事人和解权利的基础上，还规定了与当事人的沟通程序，以进一步建议、引导和指导当事人提出和解申请，解决当事人因信息不对称而不愿意积极寻求适用和解制度的问题。如美国 SEC 在威尔士程序中与当事人就案件调查情况进行充分沟通，听取当事人的申辩意见并引导当事人提出执法和解申请。英国 FCA 也在信函 1 阶段与当事人就调查基本事实、涉嫌违法行为的法律后果、案件和解可能性及和解时间交换意见。

完善我国证券行政执法和解的启动程序，有必要在现有规定基础上丰富证监会与当事人的沟通机制。目前，证监会调查部门仅能通过正式

---

① 殷守革：《行政和解法治论》，山西人民出版社 2020 年版，第 153 页。

② 叶林、张辉、张昊：《证券执法和解制度的比较研究》，载《西部法学评论》2009 年第 4 期。

问询方式与当事人接触。而只有到事先告知阶段，当事人才有机会查阅案卷、获悉具体指控内容，了解案件事实全貌。因此，有必要在案件调查阶段，特别是正式立案后，建立证监会执法人员与当事人的固定沟通机制，解决因信息不对称而造成的和解制度启动不畅问题，便利证监会向当事人传递信息。沟通机制有助于证监会引导符合适用条件的案件进入和解程序，最大限度发挥和解制度的执法效果。美国 SEC 正是通过调查阶段的威尔士程序，引导超过 50% 的执法和解案件当事人在正式执法程序启动前提出和解申请。对于证券监管机构执法人员可能通过沟通机制徇私枉法，违规适用和解制度的风险，则可通过后端的决策审查、常态化监督等机制加以控制。

（二）和解启动时间

启动时间对和解制度成本产生影响。自启动证券行政调查程序开始，证券监管机构与涉嫌证券违法当事人展开了博弈。[①] 时间价值或时间成本是双方博弈的重要因素。证券监管机构开展证券违法事实的调查，调查成本随着时间推移不断增加，涉嫌证券违法行为人因调查而遭受的损失，包括商誉减损、负面宣传、股价下跌等损失也日益增多。随着时间推移，双方对于适用和解制度的态度也在发生变化。在证券监管机构依职权调查不能查明或经重大支出不能查明情况下，和解越早启动，执法成本越低。但当事人决定是否启动和解，取决于对传统处罚方式下的胜负及成本考量，若当事人知悉证券监管机构经调查仍未能查明案件事实情况，其提起和解制度的动力也会减弱。当然，因执法调查程序悬而未决所引发的不确定性和声誉减损也是当事人重点考虑的因素。因此，在符合法律规定的适用条件下，尽早启动和解，无疑对于证券监管机构和当事人博弈双方来说，都是成本较低的理想选择。

国务院《证券期货行政执法当事人承诺制度实施办法》规定，被调查当事人启动和解制度的区间为自收到证监会案件调查法律文书之日起

---

① 殷继国：《反垄断执法和解制度：国家干预契约化之滥觞》，中国法制出版社 2013 年版，第 253 页。

至证监会作出行政处罚决定前。由于案件行政处罚前，违法行为的事实及法律关系仍处于不确定状态，因此具有适用和解制度的可能。从形式上看，这一区间界定涵盖了执法调查全过程，但细究之下，实际可以适用和解制度的区间被限缩，窄于法规文本规定的区间。

首先，证监会《证券期货行政执法当事人承诺实施规定》进一步规定和解制度的适用条件为“经过中国证监会必要的调查”，对于未经过必要的调查案件，当事人提交的和解申请，证监会不予接受。何谓“必要调查”，规定语焉不详。当事人收到证监会案件调查法律文书就有权提出和解申请。但案件调查法律文书可能仅为调查通知书，不代表证监会已对案件开展了必要调查。这事实上对可适用和解制度的区间进行了限缩，当事人难以获悉证监会何时已开展必要调查并及时有效提出和解申请。

其次，当前监管政策对证券行政执法和解定位为服务和保障调查、处罚工作的后盾，即对于证监会调查、审理部门认为应当依法给予行政处罚的案件，原则上不适用证券行政执法和解。① 实践中，调查部门向审理部门移送的案件，多数已经满足行政处罚的标准，因此已移送审理部门审理的案件将难以适用和解结案。但案件从证监会调查部门向审理部门移送环节，当事人并不具有知情权，实际上造成了可以适用和解制度的边界模糊，客观上压缩了当事人提起和解申请的空间。②

我国可以采取以下措施优化和解制度的申请适用环节：第一，针对当事人仅在证监会送达案件调查法律文书时获悉和解申请权，但无从知悉证监会是否完成案件必要调查的问题，可考虑进一步规定证监会在完成案件必要调查时将相关情况及时告知当事人，确保当事人能够及时提出和解申请。同时，明确“必要调查”的标准或期限，以给予当事人较为明确的申请预期。第二，针对案件进入审理程序后即难以适用和解制

① 证监会《〈证券期货行政执法当事人承诺实施规定（征求意见稿）〉起草说明》。

② 陈建伟：《证券期货行政和解：要素解构与制度重塑——兼评〈证券期货行政和解实施办法（征求意见稿）〉》，载谢庚、徐明主编：《多层次资本市场研究（第6辑）》，中国金融出版社2020年版，第80－81页。

度问题，证监会应当坚持《证券期货行政执法当事人承诺制度实施办法》的宽松模式导向，在具体操作中不应一刀切认为案件进入审理阶段或者已进行事先告知，就丧失了适用和解结案机会。对于某些案件事实、法律适用明确，但适用行政执法和解可以及时有效赔偿投资者、实现监管效能的案件，也应当允许适用和解制度结案。第三，为避免当事人惰于提起申请，进而减损和解制度的经济性，可考虑通过成本激励的手段促进当事人尽早提起和解申请。即参考英国市场做法，对不同阶段达成的和解协议给予和解金上的折扣安排，和解申请越早，当事人可以获得的和解金减免就越多，引导当事人积极行使权利。第四，为进一步发挥证券行政执法和解作用，对证券违法行为尚未被发现，当事人基于社会信用、市场声誉等因素考量，向证券监管机构提出和解申请，也应适用和解制度以提高行政效率并实现监管目的。对该类情形，和解制度启动不受"违法行为已被证券监管机构发现并进行必要调查"的时间限制。[①]

有学者进一步主张应允许当事人在行政争议解决阶段，即证券行政处罚后的行政复议阶段、行政诉讼阶段提出和解申请。[②] 本书认为，当事人在行政争议阶段提出的和解申请主要适用行政复议和解、行政诉讼和解规定，不属于行政执法和解范畴。

二、谈判协商机制

证券监管机构与当事人就和解事项的沟通协商，是双方达成合意的关键环节。健全的和解事项协商机制有利于和解双方各自真实意思的表达，促进和解协议的尽快达成。《证券期货行政执法当事人承诺制度实施办法》从协商期间、基本程序、回避要求、协商事项等方面对和解事项的沟通协商程序作了基本规定。进一步完善我国证券行政执法和解的

① 熊勇先、毛畅：《论商事行政处罚和解及其制度构建》，载《法学论坛》2021 年第 11 期。

② 宋功德：《证券执法和解机制》，载《甘肃行政学院院报》2010 年第 3 期；陈建伟：《证券期货行政和解：要素解构与制度重塑——兼评〈证券期货行政和解实施办法（征求意见稿）〉》，载谢庚、徐明主编：《多层次资本市场研究（第 6 辑）》，中国金融出版社 2020 年版，第 81－82 页。

协商程序，有必要明确和解协商的基本要求，拓宽协商的“公示回应”模式。

（一）协商的基本要求

目前，立法规范未对和解协商的基本要求作出明确，从体现和解高效、便捷、低成本解决执法争议的制度价值和依法行政的基本要求出发，证券行政执法和解协商应当贯彻效率性、规范性、平等性和全面性要求。

第一，效率性要求。证券行政执法和解本身就是为节约执法成本、提高执法效率所作的制度设计，由此决定了这一制度所带有的效率色彩。效率价值主要包括以下内容：一是低成本。低成本是执法效率的重要内容，低成本体现在和解制度的灵活、不需要彻底查明案件事实、结案时间较短等方面。二是有效性。行政执法和解的低成本必须要满足有效解决证券执法争端这一条件，如果不能有效结案，低成本并没有意义。为尽快解决执法争议，提高执法效率，各国执法机构对和解事项的协商谈判往往设置了时限要求。我国《证券期货行政执法当事人承诺制度实施办法》规定，证监会与当事人沟通协商期限6个月，经批准延期最长不超过6个月，也即是说在时间用满的情况下，和解事项的协商期限为12个月。与先行赔付、证券民事诉讼等投资者补偿方式相比，我国对和解事项的协商时限规定并无太大优势，如我国证券民事诉讼从立案到一审判决、二审判决，平均需时仅11.3个月。[①] 证监会有必要在实践操作中进一步限缩协商谈判的时限。

第二，规范性要求。在和解事项磋商中，双方都应当遵循法律保留、诚实信用、公平协商，不得损害第三人和社会公共利益等基本要求。目前，《证券期货行政执法当事人承诺制度实施办法》规定了协商谈判的基本规范程序，如沟通协商应当当面进行，制作笔录，证监会参与沟通协商的工作人员不得少于2人，应当出示执法证件，不得违反规定私下会见当事人。同时，涉及利害关系可能影响公正执法的，应当予以回避。

---

① 席涛：《证券行政和解制度分析》，载《比较法研究》2020年第3期。

对违反沟通协商规范的当事人，如当事人提交的材料存在虚假记载或者重大遗漏，证监会应当终止适用和解制度。对违反规定的证监会工作人员，则应当依法给予行政处分甚至依法追究刑事责任。证券监管机构在实践中应当严格按照规定程序与当事人开展和解事项协商。

第三，平等性要求。证券监管机构不得基于其享有的行政优先权，在谈判中强迫当事人接受和解条款。对和解协议内容，双方应在不损害第三方和公众利益，符合法律规定的前提下自由协商。当事人有权拒绝证券监管机构提出的和解要求。只有在平等交流的前提下，才能确保证券监管机构与当事人真实意思的表达，增强互信，减少分歧，尽快达成和解协议。

第四，全面性要求。证券监管机构与当事人围绕和解事项展开谈判磋商，是一个双方博弈的过程，双方需要对涉嫌违法行为的事实和证据进行反复讨论，以充分了解对方态度立场。协商谈判应当涵盖对涉嫌违法行为的事实认定及最终的处理结果两方面内容。在事实认定方面，由于证券行政执法和解无须像行政处罚一样需要精确认定每一个违法事实，因此，当事人希望对相关违法事实作模糊化处理，以降低其声誉损害并减轻后续法律责任压力，而证券监管机构则希望对涉案事实作更确凿认定，以提升和解制度适用的认可度和公信力，最终和解协议的事实认定是双方当事人妥协、让步的结果。在处理结果方面，让当事人采取更切实可行的整改方案纠正涉嫌违法行为，更为充分赔偿投资者损失金额，是证券监管机构磋商和解事项追求的核心目标。经过磋商，如果双方能够达成一致，则达成和解协议，证券监管机构应及时中止案件行政调查。当事人在协商过程中对相关事实的承认和自认，不应作为行政机关后续作出进一步行政处理的事实依据。

（二）协商的多样模式

目前，《证券期货行政执法当事人承诺制度实施办法》规定的证监会与被调查当事人达成和解协议的方式为协商谈判。证监会与被调查当事人协商一致，认可当事人作出的承诺，应当与当事人签署和解协议。

事实上，就证券行政执法和解形式而言，协商谈判并达成协议并非唯一方式，实践中还存在公示回应的方式。

协商谈判只是和解双方表达意愿，就和解事项沟通交流观点的一种方式。如果涉及的当事人数量众多，证券监管机构一对一地就每一个和解个案进行协商谈判，无疑将大幅度提高行政执法和解的成本，无法实现和解制度低成本高效率处理执法争议目标。因此，有学者提出将格式合同运用于证券行政执法和解，通过公示回应的方式与当事人达成和解合意。① 具体过程为，证券监管机构预先对适用和解制度的条件、条款内容、法律后果进行公示，符合条件的当事人可以直接向证券监管机构作出“接受条件”的回应。相较协商谈判模式，公示回应更能体现行政执法和解的高效特点，充分发挥低成本优势，推动和解制度广泛运用。在公示回应的模式下，合意达成的载体也不再限于和解协议，和解结果可最终表现为行政决定的作出。

实践中，公示回应模式在成熟市场被广泛运用。如前文提到的 SEC 执法倡议，要求投资顾问在一定期限内主动向 SEC 揭露其在销售基金产品时故意隐瞒相关信息，向投资者兜售费率更高产品的不法行为。SEC 承诺与主动报告的投资顾问达成和解并减少和解金额。该执法倡议取得了良好执法效果，促使一大批涉嫌不法行为的投资顾问向 SEC “投案”。② 我国当前的税务执法实践也出现了此类模式，如珠海市横琴区的税务诚信报告免责制度。当涉税事实和政策尚不明朗，若当事人能够主动向行政机关诚信报告相关涉税情况及资料，尽管日后税收规定要求纳税，行政机关也不得对当事人已报告的涉税事项加收滞纳金或给予处罚。上述和解模式以公示回应方式展开，行政执法机关公示要约条件，当事人具体回应以达成和解合意。由于存在大量、同类情形的涉嫌违法当事人，行政机关以公示回应方式以逐个作出单方决定，在节省执法成本，

① 方世荣、白云峰：《行政执法和解的模式及运用》，载《法学研究》2019 年第 5 期。

② 高振翔：《美国证券执法的重点、难点及挑战——SEC 执法部 2017 年至 2019 年年报解析》，载陈洁主编：《商法界论集（第 5 卷）》，法律出版社 2020 年版，第 56 页。

提高执法效率的同时，引导相关当事人诚实守信、主动纠正相关违法行为，形成互信合作的监管主体与被监管对象关系。因此，进一步优化我国证券行政执法和解制度，有必要引入公示回应方式，让证券监管机构可以更高效、更灵活地与当事人达成和解合意，促进和解制度在涉众型案件中的适用。

三、集体决策机制

《证券期货行政执法当事人承诺制度实施办法》规定了我国证券行政执法和解制度的集体决策机制。该办法第十七条规定，“国务院证券监督管理机构应当建立集体决策制度，讨论决定行政执法当事人承诺实施过程中的申请受理、签署承诺认可协议、中止或者终止案件调查等重大事项，并经国务院证券监督管理机构主要负责人或者其授权的其他负责人批准后执行。”证监会《证券期货行政执法当事人承诺制度实施规定》进一步明确由“行政执法当事人承诺审核委员会”具体负责集体决策工作。

集体决策是提升证券监管机构实施行政执法和解科学性、合理性的重要手段。不少域外成熟市场也建立了证券执法和解的集体决策机制，如美国 SEC 由其五人委员会决策同意受理和解申请、批准与当事人达成最终和解协议，英国 FCA 的和解决策者由专门人员组成。借鉴域外成熟市场经验，进一步优化我国证券行政执法和解集体决策机制，可提升决策委员会组成的独立性和代表性，并建立相应的质量控制机制。

（一）提升决策人员独立性、代表性

目前法规规范并未对和解集体决策人员作规定。独立性方面，根据和解办理部门与案件调查、处罚部门职能分离原则，委员会组成人员不应包括案件调查、处罚人员，以保证决策中立性，防范利益冲突。

关于是否允许和解谈判人员参与和解决策的问题，香港证监会程序复检委员会曾提出和解协商者与和解决策者分离的建议。但香港证监会最终认为，由作出决定的人参与和解的协商工作是合理做法，也能提高

效率，职责分工意义并不大。[①] 事实上，美国则采取了和解谈判与和解决策分离的做法，和解申请由一般由调查部门加以考虑，和解决策由SEC五人委员会作出。英国在形式上采取和解谈判者与决策者分离的制度，但英国鼓励决策者参与谈判。英国FCA认为，和解决策者参与谈判有利于节省和解时间，有利于双方在无偏见基础上达成和解。考虑我国已建立和解办理部门与案件调查、处罚部门分离制度，从提高和解决策效率，减少决策信息不对称角度，实践中可允许谈判人员参与决策。但决策人员中也应当包括未参与谈判的中立人员。代表性方面，委员会组成人员可由级别较高的证券监管机构工作人员、司法机构人员，甚至中立的行业专家担任，以提升决策的权威性与广泛代表性。

（二）建立质量控制机制

为控制决策质量，香港证监会在实践中规定和解决策人员须根据一份标准的核对清单，列出在商议及决策和解过程中的相关考虑因素，包括应否在没有承认犯错的基础上达成和解。建立我国和解决策质量控制机制，也有必要通过内部指引等方式明确个案适用和解制度应考虑的因素，由和解办理部门在谈判及决策过程中根据指引要求，形成专门报告，详细阐述适用和解制度结案具体考虑因素及理由，作为后续质量检查的底稿文件。当发生需要进行质量复核的规定情形时，如案件终止适用和解制度，由质量控制人员启动对和解制度实施过程的质量检查。此外，为进一步提升决策质量，和解决策前可由集体决策委员会通过召开听证会等方式，全面听取当事人、和解办理部门、调查部门、处罚部门、专家学者等的意见。决策理由应当告知当事人并通过适当方式向社会公开。

四、履约执行机制

证券监管机构与涉嫌违法当事人经协商一致达成和解协议后，进入

① 香港《证券及期货事务监察委员会程序复检委员会呈交财政司司长的二零零四年周年报告》，第24页。

和解协议的执行环节。监督和解义务履行制度、和解终止适用与恢复调查制度、和解协议变更制度是和解执行环节的三个重要制度。

（一）监督和解义务履行制度

1. 行政监督。我国《证券期货行政执法当事人承诺制度实施办法》及《证券期货行政执法当事人承诺实施规定》对证券监管机构监督当事人履行和解协议的机制作了规定，主要包括三个方面：一是当事人签署和解协议后，若因自身原因为履行或者未完全履行协议，证监会可以终止适用和解制度，并恢复对案件的行政调查。二是证监会相关部门对当事人履行和解协议的监督，包括和解金管理机构对当事人交纳和解金的监督，证监会派出机构对当事人履行和解协议情况的核查验收监督，和解办理部门对当事人履行协议约定义务的监督等。三是当事人出现相应失信行为，如因自身原因未履行或者未完全履行承诺，提交的材料存在虚假记载或者重大遗漏，由证监会记入证券期货市场诚信档案数据库，纳入全国信用信息共享平台，按规定实施信用联合惩戒。

尽管行政监督机制能促进当事人按照协议约定履行和解义务，但仅仅只有行政监督这一种履行机制并不足够。在执法资源相对短缺的背景下，证监会既要完成日益繁重的执法工作，又要增加监督当事人履行和解义务的职责，可能力不从心。我国有必要进一步探索第三方专家监督、司法监督等多元监督机制，加大不履行和解义务的惩治力度，确保和解协议履行的效果质量。

2. 第三方监督。第三方监督主要指通过委派监督员方式实现对当事人履行和解协议的监督。在成熟市场，第三方监督制度被普遍适用于和解协议的履行过程。证券监管机构一旦与涉案当事人达成和解协议，就可能委派监管人或协调人，对涉案当事人实施合规整改的情况进行跟踪、指导、监督和报告，协助证券监管机构进行合规考察工作。[①] 第三方监督制度的具体建立需关注以下问题。

---

① 陈瑞华：《企业合规不起诉改革的八大争议问题》，载《中国法律评论》2021 年第 4 期。

一是第三方监督的人选问题。在域外市场，第三方监督人一般由独立的中介机构的专业人员担任，从律师事务所、会计师事务所、税务师事务所的专业人员中选任。同时还应当根据案件需要组建开展有效合规监督所必备的监管人团队。如在信息披露违法案件中，合规监管人团队应当包括财务、审计、法律人员，甚至对应行业专家参与。我国第三方监督机制的构建有必要形成专门监督库，由证券监管机构或相关行业协会遴选入库专家，并对其专业性、中立性进行把关。

二是合规监管的费用支付问题。由被监督当事人支付合规监督费用，会影响合规监督人的独立性和中立性，容易发生利益冲突问题。而由证券监管机构支付费用，又将加重监管负担。此外，如果向监督人员支付的报酬不足，容易造成激励缺失，难以保证监管人尽职尽责提供监督服务，使第三方监督流于形式。在美国，合规监督人的报酬绝对不会低于商业服务市场标准，不仅满足履职所需成本，而且又有盈余。对我国来说，首先，合规监督人受证监会委派，代表证监会对当事人进行合规监督的主体，因此，应当由证监会拟定合规监督人的报酬标准。其次，合规监督的最终受益人是履行和解义务的当事人，监督费用应当由当事人支付。不过，当事人不得将费用直接支付给合规监督人，而是应当将费用打入证监会设立的第三方账户，由证监会根据合规监督不同阶段将款项支付监督人。最后，当事人需要支付的合规监管费用不仅需要包括监督人报酬，还应当包括证监会选聘监督人的开支，以及证监会日常管理监督人的费用。

3. 司法监督。司法机制是保障和解协议得到有效履行的重要监督机制。对协议双方而言，法院的地位是中立的。对于社会而言，法院的公正性是值得信任的。因此，我国和解义务履行机制的建立，需要重视运用司法监督，充分利用司法机制确保和解协议合法、合理、公正，并确保和解协议有效履行。我国应发挥司法机关在化解和解协议履行纠纷中的作用。对证券监管机构与当事人在和解协议履行过程中产生的纠纷，如对义务履行内容、履行方式、履行时间等纠纷，有必要及时提请中立的司法机关介入以定分止争，作出受当事人信服的独立裁判结果，促使当事人自觉履行相应的和解义务。若当事人不履行经法院裁判确定的和解义务，则可由相应的司法强制执行程序保障履行。

（二）和解协议变更制度

对于和解协议的变更机制，目前我国制度欠缺相应安排，有必要进行体系化的规则构建。事实上，和解协议达成后至履行完毕期间，可能出现客观环境的改变使得原协议规定有悖于公平、合理原则。因此，在和解双方有正当理由的情况下，应当允许其变更和解协议的规定。对当事人来说，其请求变更和解协议的正当理由主要是因证券市场环境的变化、当事人经营情况的改变使原有规定对当事人来说显得困难或者不可能。证券监管机构寻求变更的正当理由主要是，根据最新情况，原和解协议规定不能有效制止证券违法行为、不能有效消除市场不良影响或者不能有效赔偿当事人损失，不利于总体公共利益的保护。证券监管机构寻求变更和解协议规定，有可能造成当事人负担的加重。因此，从制度设计层面，变更和解协议应当基于双方合意，若造成当事人负担加重，还应当给予当事人适当补偿。此外，变更和解协议应当履行相应法律程序，对证券监管机构来说，变更后的和解协议应当经内部集体决策确认，由证券监管机构作出具有法律约束力的变更决定。和解协议变更的另一种情形是协议达成后，当事人或者有利害关系的第三人向复议机关申请复议或者向法院提起诉讼，请求变更和解协议内容，此种变更的依据是《行政复议法》或《行政诉讼法》。[①]

（三）和解终止与恢复调查制度

和解终止制度是指基于一定事实情况的发生，证券监管机构与当事人达成和解协议的条件或基础不复存在，继续推进和解制度已无必要。和解终止既可能发生在受理和解申请后至达成和解协议前阶段，也可能发生在和解协议达成后履行完毕前阶段。和解终止后，证券监管机构应

---

① 殷继国：《反垄断执法和解制度：国家干预契约化之滥觞》，中国法制出版社2013年版，第246页。

当依法及时恢复案件调查。和解终止与恢复调查制度对促进和解协议的有效执行起到重要作用，但也可能构成当事人信赖利益的损害，因此，应谨慎适用和解终止与恢复调查制度。《证券期货行政执法当事人承诺制度实施办法》规定了五种终止和解制度的情形，具体包括：（1）当事人在签署和解协议前撤回适用和解制度的申请；（2）双方未能在法定时间内达成和解协议；（3）当事人未能履行承诺；（4）当事人提交的材料存在虚假记载或者重大遗漏；（5）当事人因涉嫌证券期货犯罪被立案等。具体分析如下：

1. 协商失败的终止。协商失败是指和解程序启动后，由于各种主客观原因导致和解协议未能达成。协商失败导致和解制度终止的情形包括当事人在达成和解协议前撤回申请，或双方未能在法定时限内达成和解协议。协商失败的原因，既可能是当事人在综合评估后认为达成和解协议对其利益损害更严重，进而主动撤回并终止适用和解申请；也可能是证券监管机构在分析全案事实情况，并权衡各方利益后发现达成和解协议并非实现公共利益最大化的最佳选择。对于协商失败的终止，和解双方一般不存在过错。

2. 单方行使解除权的终止。单方行使解除权的终止，发生在和解协议已经达成后。因法定事由的发生，根据一方主体的意思表示解除协议。与普通合同双方均有合同解除权不同，和解协议的解除权一般仅赋予证券监管机构。解除情形一般是法定解除，而不允许约定解除。即，只有出现法律规定可以解除的情形下，证券监管机构才能解除和解协议。在我国，只有在当事人未履行或未完全履行和解协议，当事人提交的材料存在虚假记载或重大遗漏等情形下，证监会才有权撤销已达成的和解协议，并终止和解程序。证券监管机构行使和解协议解除权，具有溯及既往的法律效力，证券监管机构有权依据法律规定，继续进行证券行政执法调查。

3. 和解前提条件变化的终止。和解前提条件变化的终止，是指证券监管机构在受理和解申请的时点，当事人满足申请条件，但在实施和解制度过程中，客观情况变化又导致案件适用和解制度的前提条件丧失，达成和解协议已无可能，类似于合同法概念中的“情势变更”。如案件进入和解程序后，证券监管部门经继续调查发现新事实、新证据，认为案件不应继续适用证券行政执法和解的情形。

为保障当事人的合法权益，发生规定的应当终止和解制度的情形，证券监管机构应当将相关情况及时告知当事人，并在终止程序前，听取当事人的申辩意见。和解制度终止后，证券监管机构应当恢复行政调查。同时，在恢复调查后，证券监管机构不得将当事人在和解制度中提交或自认的证据用于后续行政处理。

在域外市场，尽管适用和解制度结案的证券执法案件数量很多，但出现终止适用和解制度、恢复执法调查的情形却十分少见。这一方面是因为域外市场一般存在较为成熟的和解义务履行机制，大部分和解义务均得到了较好履行。另一方面是因为如果终止适用和解制度，不仅破坏制度的严肃性和稳定性，损害当事人信赖利益，使前期各方为达成和解付出的成本付诸东流，社会公众也会质疑案件适用和解结案的科学性。因此，终止适用和解制度及恢复调查应十分慎重，证券监管机构经调查发现的“新事实、新证据”应当足以使案件性质发生根本性变化，不能是简单证据更新。

五、监督制约机制

证券行政执法和解实施过程中，为防止“暗箱操作”，避免和解制度成为权钱交易的工具，同时也为了防止私下达成和解协议损害社会公众利益和利害关系人利益，各国证券监管机构都建立了一系列旨在监督制约证券监管机构运用和解权力的机制。完善我国证券行政执法和解制度，有必要理性认识权力制衡的必要性和政府监管失灵存在的可能性，体系化构建可问责的和解运作机制。

（一）立法监督

立法监督是控制及治理行政自由裁量权的重要方式。对行政执法和解来说，如果立法机关授予证券监管机构的权力过大且缺乏必要的监督约束机制，则极易引发裁量权滥用风险。

从美国经验看，立法机关对 SEC 证券执法活动的控权机制包括：一是执法监督。美国国会在立法中详细规定 SEC 的监管执法职权，一旦 SEC 未依法行政，就会因触犯越权无效原则而使权力受到制约。二是预算监督。美国国会保留了通过预算对 SEC 施加影响的权力。SEC 的证券执法权行使受制于国会拨款、总审计署日常预算执行监督，每年年终还要提交说明财务开支的履职报告，促使 SEC 为实现证券执法目标有效利用公共资源。三是人事监督。美国国会对 SEC 委员具有最终任命权。SEC 委员具有固定任期非经法定事由不得解职，谋求连任动机会使委员注意国会对其执法工作的评价。四是调查监督。国会可根据需要通过专门调查机构或聘请专业人员对 SEC 进行调查，评估其工作并提出改进意见。总审计署也会根据国会和议员要求，调查分析 SEC 的证券执法活动，并提出相应改进意见。①

加强对我国证券行政执法和解的立法监督，有学者建议推动全国人大制定一部统一的《行政和解法》以全面完整地对行政执法和解制度进行整体设计，解决目前立法规定层级不高、碎片化问题严重等问题。②但这一方案难度较大，不具有短期实现可能性。同时，过细的法律和规则规定反而损害了证券监管机构在个案处理中灵活适用和解制度，适当平衡各方利益的能力。在立法时，实践发展往往并不能为立法者提供对证券行政执法和解制度的全面、彻底、客观的认识及把握，苛求立法者对所有可能出现的问题给出明确指引，显然不具有可能性。因此，过分依赖加快立法方式解决防范权力滥用问题，可能未必能达到效果。

在我国证券行政执法和解制度已基本建立的背景下，强化立法监督的现实可行路径是借鉴域外经验，加强立法机关在证券监管机构适用和

---

① 洪艳蓉：《金融监管治理：关于证券监管独立性的思考》，北京大学出版社 2017 年版，第 276 - 277 页。

② 吕林：《论我国行政和解制度之建立》，载《重庆师范大学学报（哲学社会科学版）》2012 年第 6 期。

解制度过程中的监督，可探索的监督手段有：第一，定期的执法检查，重点检查证券监管机构在和解制度实施过程中有无利益冲突，滥用权力以权谋私，侵犯当事人商业秘密、个人隐私等行为。第二，定期报告制度。由证券监管机构负责人定期就证券行政执法和解的制度实施情况向立法机关报告，接受立法机关监督。第三，立法解释机制。即对于法律规定中的不明确事项通过立法解释的机制予以澄清，以推动和解制度的实践推广。

（二）行政监督

1. 执法部门之间的相互监督。作为一种新型执法方式，证券行政执法和解是对传统调查、处罚机制的重大突破，在既有的证券执法调查、处罚机制基础上嵌入了新的制度安排。证券行政执法和解的成功实施需要调查部门、处罚部门、和解办理部门等各方的有效协调配合并实现制衡监督。各执法部门在和解制度实施过程中的制衡监督属于过程性监督，也即通过对各自执法职权的行使实现对和解制度启动、协商以及和解协议签订过程的监督和制衡，以确保和解制度不被滥用。

各执法部门相互监督的理论基础来源于职能分离，通过不同部门的职能分离，有效避免利益冲突情况发生，在不同部门的相互制约、平衡中，一方的活动以另一方为基础，有效避免一方主体滥用行政权，达到控制行权权的目的。[①] 如果和解办理部门既有案件调查权，又有案件最终是否处罚的裁决权，兼任调查官、法官等多重角色，有损“当事人不得在自己的案件中担任法官”的司法正义原则，有导致“行政专制主义”的风险。[②]

我国《证券期货行政执法当事人承诺制度实施办法》建立了证券监管机构实施证券行政执法和解的内部制约机制，由专门的内设部门负责实施证券行政执法和解工作，与案件调查部门、处罚部门相互独立、相

---

① 殷守革：《行政和解法治论》，山西人民出版社 2020 年版，第 189 页。

② 马英娟：《政府监管机构研究》，北京大学出版社 2007 年版，第 106 页。

互制约，和解实施部门就适用和解制度相关事项征求调查、审理部门的意见，并结合意见向审核委员会提出是否受理和解申请的建议。应该说，该制度安排已经能够较好防控和解制度实施的道德风险，对行政裁量权行使起到有力约束。证监会应当继续坚持和落实这一原则。

2. 监察委、纪委监督。防范行政执法和解中的行政权滥用，现实可行的路径之一是引入监察委和纪委监督机制，在案件选取、协商谈判、和解决策等关键环节，由监察委和纪委全程介入，参与相关工作会议和谈判进程，发挥日常监督作用，提高案件适用和解制度的公信力。相比公众监督、司法监督等外部监督手段，监察委和纪委监督的优势在于反应迅速、高效灵活，体现保密性的同时，及时纠正案件处理中的偏差。同时，监察委和纪委还应当有权对执法人员在实施和解制度中形成的工作文件和底稿进行抽检，实现事中监督和事后监督全覆盖。

3. 决策监督。决策监督包括和解事项的审批监督和专家咨询监督两个方面。所谓审批监督是指证券监管机构决定是否适用和解制度，必须经一定的决策审批程序。通过审批程序的设置，达到对证券监管机构裁量权行使的控制，使其能够谨慎适用这一制度。专家咨询监督是指证券监管机构作出最终决定之前，应当依照规定向有关专家或专门机构进行专业咨询。考虑和解案件复杂性，和解决定往往涉及多方利益，专家咨询是避免作出错误和解决定的有效机制。

我国《证券期货行政执法当事人承诺制度实施办法》建立了证券行政执法和解的集体决策机制，由专门审核委员会讨论决定和解实施过程中的重大事项，如申请受理、签署和解协议、中止或终止案件调查等，并经证券监管机构的相关负责人批准后方能执行。同时，该办法还规定了一定情形下的专家咨询机制，即证券监管机构可以就证券行政执法和解涉及和解金数额计算问题征求证券期货交易场所、证券登记结算机构、投资者保护机构等相关机构或者专家学者的意见。

完善决策监督机制，可考虑扩大和解集体决策的范围，在保证效率的前提下，尝试将终止适用和解制度、作出不予受理决定等对当事人利益影响重大的事项纳入集体决策范围，确保证券监管机构作出最佳裁量和判断。此外，可考虑扩大专家咨询的事项范围和主体范围。目前，专家咨询条款仅规定在《证券期货行政执法当事人承诺制度实施办法》第十四条和解金数额确定中。事实上，除和解金数额外，证券监管机构是否决定适用和解制度结案，和解协议应当设置什么样的针对性合规措施等，也均是证券行政执法和解实践中极具专业性的问题，有必要引入专家咨询制度。专家主体范围也有必要适当扩大，将专业咨询机构、相关市场主体也纳入咨询主体范围，以提高咨询意见的代表性。

4. 责任追究监督。法律责任是法律制度的重要内容，没有法律责任的确立，法律适用也将受到限制。为确保证券监管机构谨慎、合法、合理适用和解制度，有必要设置一定的法律责任作为警示。国务院《证券期货行政执法当事人承诺制度实施办法》和证监会《证券期货行政执法当事人承诺制度实施规定》对相关工作人员违反规定适用证券行政执法和解；泄露国家秘密、工作秘密；侵犯当事人商业秘密、个人隐私；违反规定会见当事人；滥用职权、玩忽职守或者利用职务便利谋取不正当利益等行为，规定了相应的法律责任。证券行政执法和解实践中，有关各方应当将这些法律责任落到实处。

（三）司法监督

司法监督又称司法审查监督，是控制证券监管机构自由裁量权风险的重要机制，各国也大多规定了证券监管机构的执法和解行为要受到司法最终监督。司法审查的优势在于法律而非专业的执法技术，对证券监管机构的执法行为来说，司法审查往往会区分对事实裁定和法律结论争议的司法审查标准。法院一般不会以自身意见代替证券监管机构对事实的裁定意见，通常撤销或者发回重新裁定，以体现法院对证券监管机构专业执法有所制约但又予以尊重的立场。实践中，法院出于对尊重证券监管机构的专业执法，往往进行司法克制，较少动用这一权力。美国法院对 SEC 证券执法和解的司法审查遵循了尊重专业机关判断和克制使用司法否决权原则。美国联邦最高法院曾在判例中表示，法院对和解协议的实质性审查应有限度，下级法院不要试图解决和解协议背后的事实争议。[①] 尽管司法机关运用司法审查权相对克制，司法机关拥有对证券执法和解行为的最终决定权本身，便是对证券监管机构执法的强有力制约。

我国证券行政执法和解的司法审查模式与美国相比存在较大不同。美国证券执法和解的司法审查通常发生在和解协议生效之前。我国证券行政执法和解的司法审查只能发生在和解协议达成后，由当事人根据《行政诉讼法》的规定就协议纠纷提起行政诉讼。依据和解协议生效的程序作为标准，可以把证券行政执法和解的司法审查区分为事前模式和事后模式。所谓事前司法审查模式，是指证券监管机构以相当于公诉人身份向法院提起诉讼，然后由证券监管机构与涉嫌违法的当事人达成解决执法纠纷的协议，该协议必须经法院司法审查才能生效。所谓事后司法审查模式，是指证券监管机构与当事人达成和解协议后，当事人对和解协议的达成和履行存在异议，诉诸法院进行司法审查。我国司法审查属于事后模式，具体是指对当事人或者相关利害关系人认为和解协议的达成和履行侵害了自身合法权益或者社会公共利益，违反了法定规则程序，通过向法院起诉的方式实现对证券监管机构行使自由裁量权的监督。

如本章第一节所分析的，借鉴美国对和解协议的司法审查模式，涉及对我国诉讼法和法院结构的重新调整和设计，制度成本较高，短期内难以实现。更重要的是，事前司法审查也影响和解制度运作的效率与及时性。行政执法和解本身是为了证券执法效率而设置的，而事前司法审查的存在可能阻碍了执法效率。现阶段，我国可以在遵循现有事后司法审查机制基础上，强化对和解制度的司法审查监督，如探索允许和解协议的利害相关人（双方当事人以外其他利益受和解影响的当事人，包括受损投资者、违法行为人雇员、供应商等）针对和解事项提起诉讼；由投资者保护机构针对不利于投资者保护的和解事项提起公益诉讼。待时机成熟后再逐步探索由法院事前确认和解协议效力的事前司法审查模式。

---

① United States v. Armour & Co., 402 U. S. 673, 682 (1971); see also United States v. Oregon, 913 F. 2d 576, 582 (9th Cir. 1990).

六、利益保护机制

从防范公权力被滥用的角度看，我国法律规范对证监会适用行政执法和解的程序作了严格规范，如规定和解申请只能由当事人提出，申请受理后不中止对案件的调查等，对各方利益保护的制度规定则相对较少。事实上，保障利益相关人的制度设计同样可以起到提升和解制度合理性与专业性，防范这一制度被滥用的作用。我国证券行政执法和解制度应保护的利益保护主体包括当事人、受损投资者和社会公众，相应制度设计也须从当事人救济权行使、信息公开、公众参与等方面入手，既包括当事人行使正当权利实现对自身权利的救济、对证券监管机构裁量权运用的监督，也包括社会公众对证券监管机构和解事项决策提供意见或者施加影响的程序机制。

（一）当事人救济权行使

《证券期货行政执法当事人承诺制度实施办法》《证券期货行政执法当事人承诺制度实施规定》从三个方面规定了当事人正当权利的保障措施：一是知情权保障。证监会应当在案件调查法律文书中告知当事人有权申请适用和解制度。二是陈述申辩权保障。对于不受理案件，证监会应当书面通知当事人并说明理由。证监会在决定终止适用和解制度前应当听取当事人的意见。同时，当事人在协商沟通时所作的陈述只能用于实施行政执法和解。三是执法效率上的保障。证监会作出是否受理证券行政执法和解申请的审查时间为 20 个工作日，协商沟通期限为 6 个月，经批准延长的期限最长不超过 6 个月。

但遗憾的是，相比《证券期货行政和解实施办法（征求意见稿）》，目前规定删除了当事人的复议、诉讼权，存在一定倒退。《证券期货行政和解实施办法（征求意见稿）》第二十条规定，“行政和解协议达成后，中国证监会无正当理由不履行行政和解协议的，当事人有权提起行政复议或者行政诉讼。”但无论是国务院《证券期货行政执法当事人承诺制度实施办法》还是证监会《证券期货行政执法当事人承诺制度实施规定》均无有关当事人在证券监管机构无正当理由不履行和解协议时的复议、诉讼救济规定。和解协议在性质上是双务行政协议，证券监管机构显然也负有一定的中止或终止调查义务，证券监管机构也有可能存在不按约定履行义务的情形。为督促行政机关履行契约义务，有必要允许相对人在行政机关不履行和解协议义务时可以要求赔偿或诉诸法院。①

作为合作行政的一种方式，若证券行政执法和解仅单方面强调证券监管机构的行政优先权，而忽视对当事人权利保障的规定，将使这一制度的合意色彩被大大淡化。因此，证券行政执法和解的制度设计应当体现一定的权利义务平衡观念，即为保障公共利益赋予行政机关行政优先权的同时，赋予当事人以充分的保障、救济性权利。

一是明确规定当事人的复议救济权。按照我国现有的行政复议制度，复议机关审查的是具体行政行为。从理论上分析，证券监管机构与当事人达成和解协议，证券监管机构据此作出中止调查决定，当事人履行和解义务后作出终止调查决定构成具体行政行为，具有可复议性。另外，《行政复议法》也未将和解协议排除在复议受理范围之外。② 国务院法制办公室相关复函所规定的“政府特许经营协议等协议争议不属于《中华人民共和国行政复议法》第六条规定的行政复议受案范围”，③ 这里的政府特许经营协议与执法和解协议存在不同。虽然2010年《中国证券监督管理委员会行政复议办法》将中国证监会或其派出机构作出的行政和解行为排除在行政复议的申请范围之外，但彼时证券行政执法和解试点尚未实施，相关法律制度环境现已发生较大变化。因此，从丰富当事人救

---

① 白云峰：《证券执法和解行政优益权平衡限缩论——对〈行政和解试点实施办法〉“和解终止条款”的反思》，载黄红元、卢文道主编：《证券法苑（第二十三卷）》，法律出版社2017年版，第128－129页。

② 《行政复议法》第六条仅明确将“农业承包合同”这一类行政合同纳入行政复议范围。该条兜底条款规定，公民、法人或者其他组织认为行政机关的其他具体行政行为侵犯其合法权益的，均可申请行政复议。

③ 《交通运输部关于特殊政府特许经营协议等引起的行政协议争议是否属于行政复议受理范围的函》（国法秘复函〔2017〕866号）。

济渠道，强化对证券监管机构实施和解制度的约束角度，有必要在相关法律法规中明确将行政执法和解纳入行政复议范围。我国的行政复议制度是以对具体行政行为的合法性和合理性审查为核心构建的，包括事实清楚、证据确凿、适用法律正确等认定标准，与证券行政执法和解中可能存在的事实或法律状态不明确明显区别。对证券行政执法和解的复议审查应尊重证券监管机构对事实和法律的判断，主要审查内容包括和解事项是否属于证券监管机构的职责范围，和解制度程序是否正当，是否考虑利害关系人的利益和公共利益，是否符合法律的强制性规定，行政优先权行使是否合理等问题。①

二是明确规定当事人的诉讼救济权。作为私权理念向高权行政渗透的产物，证券行政执法和解的主要内容在于设定行政权利义务关系，实质还是行政机关基于职权、为实现行政目的而采取的手段和方式。② 因此，将证券行政执法和解行为纳入行政诉讼范围，对证券监管机构实施和解制度进行合法性审查具有正当性。2014 年修订的《行政诉讼法》将行政协议纳入行政诉讼的受案范围，明确行政协议诉讼既包括行政机关行使行政优益权的行政行为诉讼，也包括行政机关不依法履行、未按照约定履行义务的违约诉讼。2019 年《最高人民法院关于审理行政协议案件若干问题的规定》对这一观点作了再次强调，其目的在于确保行政机关“法无授权不可为”。因此，当事人通过法院诉讼的方式寻求对证券监管机构实施和解制度行为的救济，于法有据。和解协议达成后，当事人认为证券监管机构不履行和解协议向人民法院提起诉讼，或者第三人认为和解协议不当侵犯其合法权益，向人民法院主张协议无效，这些情形都涉及和解协议的司法审查问题，须由法院判定和解协议合法性及其最终效力。完善我国证券行政执法和解当事人的诉讼权路径包括：第一，

---

① 杨铮：《论行政过程中的和解制度》，载胡建淼主编：《公法研究（第 10 卷）》，浙江大学出版社 2011 年版，第 298 页。

② 陈建伟：《证券期货行政和解：要素解构与制度重塑——兼评〈证券期货行政和解实施办法（征求意见稿）〉》，载谢庚、徐明主编：《多层次资本市场研究（第 6 辑）》，中国金融出版社 2020 年版，第 85 页。

国务院行政法规和证监会配套规章应当对当事人在证券行政执法和解制度中的诉权进行更为明确的规定。第二，明确司法审查的标准。对证券行政执法和解的司法审查应集中在程序合法性、是否符合公共利益、是否符合法律强制性规定、裁量权及优先权运用是否合理等方面。对证券监管机构无正当理由不履行和解协议的，司法机关应当判决证券监管机构及时履行和解协议，中止或终止调查，赔偿当事人所受损失。对违反法律强制性规定，不当侵害当事人或第三人合法权益的和解协议，司法机关应当判决和解协议所涉条款无效，并视情况要求双方重新订立和解协议。

三是严格限制证券监管机构主动终止适用和解制度的情形。作为行政合同的一种，和解协议天然具有行政优先权。行政优先权的存在确保了行政机关可以及时因应时势变化，作出最有利于公共利益的执法决定，但也增加了行政机关在证券行政执法和解中侵害市场主体合法权益的概率，特别是若对证券监管机构单方终止适用和解制度的权力不加管控，对和解当事人权益造成的侵害极大。证券监管机构主动终止适用和解制度，实质后果体现为对当事人的惩处。尤其是经调查发现新事实、新证据，不应继续适用行政执法和解的终止情形，并不包含当事人过错因素，构成了对当事人信赖利益的损害。因此，法律规范有必要严格限制证券监管机构行使单方终止权的范围，如无上位法明确授权，证券监管机构不得在下位部门规章中任意增加终止情形，进一步加重当事人义务负担。[①]

（二）信息公开

证券行政执法和解的信息公开是指行政权运行的依据、过程和结果向相对人和公众公开，以提升行政权力的透明度，便利公众监督，实现对公众利益的保护。对证券监管机构实施的行政执法和解活动，各国（地区）大多提出了信息公开的要求。以美国为例，其在联邦法律层面建立了一套完整的政府信息公开制度，包括《情报自由法》（*Freedom*

---

① 对此，《立法法》第八十条明确规定，“没有法律或者国务院的行政法规、决定、命令的依据，部门规章不得设定减损公民、法人和其他组织权利或者增加其义务的规范。”这是对公民侵益性行为的保留规定，强调了行政权对公民自由和财产的干涉必须获得法律授权。

Information Act)、《阳光下的政府法》(*Government in the Sunshine Act*)、《联邦咨询委员会法》(*Federal Advisory Committee Act*)、《隐私权法》(*Privacy Act*)等，构成SEC在证券执法和解活动中须遵守的信息公开法律依据。实践中，SEC针对证券执法和解作出的各种有约束力的文件、委员会会议、行政裁审过程、行政裁决决定等，只要不涉及国家安全、商议秘密和个人隐私，都要向公众公开，以保障公众知情权等合法权益并预防SEC暗箱操作，也为日后司法机关可能对SEC采取的司法审查提供了证据。如果SEC拒绝公开信息，应承担举证责任并说明理由，当事人和相关利害人可以诉诸法院要求SEC履行公开义务。

我国《证券法》第一百七十一条规定了“国务院证券监督管理机构决定中止或者终止调查的，应当按照规定公开相关信息。”公开制度是社会公众对证券监管机构实施和解制度进行问责的重要抓手。若证券行政执法和解的信息公开不足，则难以保障外部监督与问责。但证券行政执法和解作为公法与私法融合的产物，体现私法契约精神，具有一定保密性。在证券行政执法和解的公信力和高效便捷之间，信息的公开与保密需要寻求平衡。

从证券行政执法和解的流程看，相关信息可以分为三个层次：一是过程信息，包括适用和解制度的申请、受理和双方协商过程中产生的信息；二是结果信息，包括和解协议文本、新闻公告、中止或终止调查决定书等信息；三是履行信息，包括当事人履行承诺情况、相关方出具的履行监督报告等信息。证券行政执法和解从启动、协商、达成协议到最终履行，对公众利益的影响程度不断加深，应当公开的信息内容也应当不断丰富。但《证券期货行政执法当事人承诺制度实施办法》《证券期货行政执法当事人承诺制度实施规定》仅简单规定了中止和终止调查决定书的公开要求及信息披露义务人的信息披露要求①，尚未构建起对证

① 《证券期货行政执法当事人承诺制度实施办法》第十五条规定，“国务院证券监督管理机构与当事人签署承诺认可协议后，应当中止案件调查，向当事人出具中止调查决定书，并予以公告。当事人完全履行承诺认可协议后，国务院证券监督管理机构应当终止案件调查，向当事人出具终止调查决定书，并予以公告。”“申请适用行政执法当事人承诺的当事人为《证券法》等法律、行政法规和国务院证券监督管理机构规定的信息披露义务人的，应当依法履行信息披露义务。”

券行政执法和解信息的差异化公开安排。

首先，过程信息原则上不公开。过程信息涉及证监会内部机构之间就是否同意受理和解申请的审议决策过程，以及双方就和解协议条款问题的当面协商内容，具有内部性、非终极性特点，属于过程性的内部信息，公开将可能导致国家、商业秘密泄露或公共利益、他人合法权益损害。《政府信息公开条例》第十六条规定了行政过程信息为相对不公开信息。因此，和解制度的过程信息原则上不予公开，对涉及投资者人数众多、社会关注度高的案件，可依时依事将重要节点通过新闻公告向社会告知。

其次，结果信息及履行信息原则上应当予以公开。第一，作为证券监管机构执法决定的一种，中止和终止调查决定书应当予以公开，决定书应当载明当事人信息、涉案基本事实、和解制度适用理由、和解协议的主要内容等，并加强对合规措施、和解金计算标准等的说明。第二，由于决定书已概括了和解协议文本的主要内容，从不泄露商业秘密、维护当事人申请和解制度适用的积极性、鼓励尽早结案等角度，和解协议本文可不予公开。第三，履行信息涉及当事人合规措施的落实，对恢复市场秩序、补偿投资者损失影响较大，应当予以公开，发挥公众监督效果。

（三）公众参与

公众参与是现代国家公共机构决策程序的核心概念之一，这项权利是宪法基本权利保障和民主原则的基本要求。所谓公众参与，是指证券监管机构提供机会，让公众或者其代表对监管决策提供意见或者施加影响的程序机制。[1] 建立证券行政执法和解的公众参与机制，具有以下积极作用：第一，弥补了证券监管机构在和解事项决策过程中的信息不对称和智识不足。借助公众智慧集思广益，提升证券监管机构决策的合理性。同时，协调监管机构与社会公众的利益及其他多方面利益，达成各

---

① 马英娟：《政府监管机构研究》，北京大学出版社2007年版，第187页。

方共同认可的和解决定，增进社会各方对实施证券行政执法和解制度的认同，强化和解的权威性、合法性。第二，起到了监督证券监管机构恰当行使裁量权效果，防范权力滥用。消除公众尤其是案件利害关系人对执法者道德风险的质疑，是和解制度有效实施的关键。如果公众参与机制不完备造成外部监督力量薄弱，则不能形成对执法者道德风险的有效对抗。

但目前《证券期货行政执法当事人承诺制度实施办法》有关公众参与的规定却存在倒退。《行政和解试点实施办法》第二十七条规定，“中国证监会在就行政和解金的数额与行政相对人进行协商的过程中，可以采取适当方式，就投资者损失情况听取投资者的意见。”《证券期货行政执法当事人承诺制度实施办法》却将该条改为，“国务院证券监督管理机构可以就适用行政执法当事人承诺涉及的专业问题征求证券期货交易场所、证券登记结算机构、投资者保护机构等相关机构或者专家学者的意见。”原有的听取投资者意见制度被专业咨询制度所替代，且不说专业咨询能否起到听取投资者意见同样效果，这一改动削弱了本就不完备的公众参与机制，不利于减少社会大众对证券行政执法和解的不信任感，不利于凸显这一制度协商执法、民主行政的价值。事实上，在有受损投资者的情况下，使其参与到和解制度中，一方面可以更好地保障其受损利益得到补偿，另一方面可以对监管部门的权力行使形成有效的制约、监督。

我国有必要建立充分、全面的公众参与行政执法和解机制，提高和解制度实施的社会认同度，增强证券监管机构对和解事项决策的合法性、科学性、合理性，形成对执法者权力行使的有效制约。可探索的具体措施包括：

一是明确规定沟通协商过程中听取利害关系人的意见制度，建立听证制度。《行政和解试点实施办法》规定了听取投资者意见制度，但仅适用于和解金数额确认事项，证监会是否听取当事人意见以及如何听取当事人意见具有裁量权。拓宽听取投资者意见范围，提升听取意见的质量，可以借鉴我国台湾地区和解听证制度，规定证监会与当事人就行政执法和解事项拟达成的协议，必须通过举行听证或采取其他方式，征询投资者和其他利害关系人的意见。听证制度中，听证代表可以参考集团诉讼的代表人制度，由符合听证资格的利害关系人推选代表参加听证，提高听证效率。

二是建立利害关系人书面同意制度。和解协议涉及当事人为或者不为特定行为的承诺，当事人的承诺在约束自身的同时，也可能涉及和解双方之外的主体因和解协议的达成而受到损害。我国证券行政执法和解制度应明确规定若和解协议的履行将损害第三人的权利，协议必须经该第三人书面同意。

第五节　本章小结

遵循“从抽象到具体”“从总体到局部”的思路，本章探讨了我国证券行政执法和解制度的完善问题。当前制度虽已对行政执法和解程序的启动主体、启动期间、适用范围、协议缔结、协议执行等内容作出了规定，但上述规定仍存在不合理、不科学之处。结合当前制度面临的突出问题，本章对当前我国证券行政执法和解的立法和实践运作提出完善措施。

一、制度完善的总体路径

面对我国证券行政执法和解制度面临的突出问题，有必要从执法理念、信任机制、动力机制、程序衔接等方面寻求破解路径。

在执法理念上，证券行政执法和解的契约理念和执法威慑理念可以共存。现代执法威慑理论强调最优威慑，即从社会整体效益最大化角度，并非对所有违法行为都要实施制裁，只有当执法效益在边际上大于执法成本时，对违法者的惩戒才是有效率的。尽管采取证券行政执法和解结案的涉嫌证券违法者个别惩处水平会下降，但却从整体上提高了社会证券违法行为的发现概率，证券执法的整体威慑程度不会降低。证券行政执法和解将许多案情复杂、事实模糊、法律适用不明确的案件纳入规制范围，同时很可能提高证券执法的整体绩效。因此，证券行政执法和解能够促进最优威慑的实现。有关证券行政执法和解放纵违法的担忧完全没有必要。

在信任机制上，对行政执法和解正当性质疑中的“旋转门”问题和偏袒执法问题，均涉及和解结案方式的运用能否确保公平、公正和有效。提升公众对证券行政执法和解制度的信任度，有必要寻求对证券监管机构自由裁量权行使的有效控制和治理，建立立法控制、行政控制和司法控制的立体机制，避免给行政机关留有过大的自由决定空间，有效防范和解制度的滥用问题。

在动力机制上，合理的证券行政执法和解激励机制是破解这一制度实施动力不足、效能不彰的关键。加强和解制度实施，有必要塑造强激励的组织环境，兼顾自上而下的执法考核和自下而上的舆论认可等多种执法激励手段。对证券行政执法和解来说，建立科学合理的质量评价制度，有助于为证券监管机构积极实施这一制度塑造良好执法激励，形成正向引导。舆论认可激励也存在着公开性、可靠性、广泛性和成本低廉性等特点和优势。发挥舆论认可激励对证券行政执法和解的正面促进作用，要引导社会公众正确认识证券行政执法和解在塑造良好市场生态、根除潜在违法再犯因素、实现市场乱象源头治理的优势。

在制度衔接上，充分发挥证券行政执法和解在效率性、经济性和有效补偿投资者方面的优势，有必要统筹多种投资者保护机制关系，加强相关部门间的协作和信息共享，实现证券行政执法和解与司法判决的有机衔接，与先行赔付的协同适用，与证券民事诉讼的顺畅互补，并做好与责令回购的区隔适用，形成层层有序推进的追责和投资者保护机制。

二、我国证券行政执法和解制度的原则确立

作为公法与私法融合的产物，证券行政执法和解制度的原则既包括

私法上的自愿原则、平等原则，也包括公法上的信赖利益原则、公共利益原则和比例原则。各原则共同构成证券行政执法和解制度运行的基石和指引。

三、我国证券行政执法和解制度的实体设计

实体设计主要围绕和解的适用前提、适用条件、和解内容、和解效力、和解金的监管及适用等方面展开。

适用前提方面，随着和解制度适用范围的扩大，我国可探索在涉案金额较大、投资者受影响广泛的涉众型和解案件中，建立和解当事人承认违法的制度，即将当事人承认违法责任和指控作为与证券监管机构达成和解协议的前提，目的在于推动和解制度与证券民事诉讼制度的衔接，加强和解制度实施的正当性。

适用条件方面，和解案件的选取标准应体现市场修复性、实效性与效率性。目前我国法规已明确了和解制度的消极条件，总体上可以满足当前我国实践需要。我国应当继续坚持宽松的和解制度适用条件，较大程度放开和解制度的适用空间，使和解制度得以广泛、灵活运用于证券执法活动，同时优化不确定法律术语的判断标准和指引。如对“必要调查”的时间规定可根据证监会实际开展案件调查的平均用时确定，目的在于给予被调查当事人以提出和解申请的明确时间预期，促进当事人及时提出和解申请。

和解内容方面，和解协议主要包括涉案事实及理由条款、和解金条款、合规措施条款、利益保护条款、其他需要载明事项条款等。当前规定已对和解协议应载明的基本条款作了列举，下一步可根据实践情况形成和解协议范本以便利实践操作。

和解效力方面，我国法律法规未对和解协议的效力状态进行专门规定。效力上，和解协议存在有效、效力待定、无效和可撤销四种不同效力状态。我国有必要在法律规范中对和解协议的效力状态进行明确。

和解金的监管及适用方面，有必要从和解金的收取、管理、补偿机制等环节对我国证券行政执法和解的和解金制度作整体安排。和解金具有行政罚款和补偿金特点，收取和解金是行政机关适用行政执法和解中的一项执法手段。除投保基金公司外，投服中心也属于我国《证券法》规定的投资者保护机构，可考虑同时赋予投服中心和解金管理职责。和解金应遵循专户管理的原则，不同案件和解金分别设置专户进行管理，专门用于赔偿投资者因当事人行为所受损失，对和解金管理要受到证监会和财政部的双重监督。和解金的分配要注意和解金不足额时应如何分配问题，从公平公正的角度看，应当采取平等的按损害比例受偿方法，同时在分配时限和分配程序方面作出更有利于投资者赔偿的制度安排。

四、我国证券行政执法和解制度的程序设计

证券行政执法和解制度的程序设计要突出正当法律程序要求，一套适合国情的证券行政执法和解“正当程序”制度是促进这一制度在我国实施的基础性保障。

程序启动方面，完善我国证券行政执法和解制度的启动程序，有必要在现有规定基础上丰富证监会与当事人的沟通机制，解决因信息不对称造成和解程序启动不畅问题，便利证监会向当事人传递案件信息。同时，优化证监会告知和解权利的程序，通过成本激励手段促进当事人尽早提起和解申请。

谈判协商方面，效率性、规范性、平等性和全面性是和解事项协商的基本要求。效率性方面我国有所欠缺，证监会有必要在实操中限缩和解协商谈判时限。同时，引入公示回应的和解方式，即证券监管机构预先对和解的条件、条款内容、法律后果进行公示，符合条件的当事人可以直接向证券监管机构作出“接受条件”的回应，促进和解制度在涉众型案件中的适用。

和解决策方面，我国建立了证券行政执法和解的集体决策机制。集

体决策是提升证券监管机构在和解申请受理、决定等环节决策科学性、合理性的重要手段。进一步优化集体决策程序，可提升决策委员会组成的独立性和代表性，并建立相应的质量控制机制。

履约执行方面，执行机制包括证券监管机构的终止适用和解制度和恢复调查机制，以及当事人的义务履行机制。和解制度的终止适用，是指基于一定事实情况的发生，证券监管机构与当事人达成和解协议的条件或基础不复存在，继续推进和解制度已无必要。和解制度终止适用后，证券监管机构应当依法及时恢复案件调查。当事人履行和解机制包括行政监督机制、第三方监督机制和司法监督机制，目前，我国仅有行政监督这一种履行机制，有必要进一步探索第三方专家监督、司法监督等多元监督机制，提升不履行和解义务的惩治力度，确保和解协议履行的效果质量。

监督制约方面，可分为立法机关监督、行政机关监督和司法机关监督三个维度。强化我国立法监督，可探索手段包括定期执法检查、定期报告制度和立法解释机制；优化行政机关监督，可从执法部门之间的相互监督、纪委监委监督、和解决策监督、责任追究监督等方面着力；司法监督方面，现阶段，我国可以在遵循现有事后司法审查机制基础上，强化对和解制度的司法审查监督，待时机成熟再逐步探索事前司法审查模式。

利益保护方面，我国证券行政执法和解制度应保护的利益保护主体包括和解当事人、受损投资者和社会公众，相应制度设计也须从当事人救济权行使、信息公开、公众参与等方面入手，既包括当事人行使正当权利实现对自身权利的救济、对证券监管机构运用裁量权的监督，也包括社会公众对和解决策提供意见或者施加影响的程序机制。

后 记

本书由我的博士学位论文更新、修改而成，书稿基本保留了论文的全貌。希望本书不仅能够记录我对证券行政执法和解这一专题的思考，也能够见证我的一段求学历程。硕士毕业并经过一段短暂的律师事务所工作后，我进入金融机构从事法律工作，深感需要进一步提升学识，以适应纷繁复杂的工作要求。承蒙导师陈洁研究员不弃，于 2018 年 9 月收我入门。我攻读博士研究生的“初心”，一方面是实现长期以来继续深造的梦想，另一方面则是希望借求学深造之机和在金融机构工作之便，对工作中遇到的前沿性、富有研究价值的问题开展深层次研究，给出具有说服力的解说。但四年在职攻读博士研究生的“现实”，却是既要尽心尽力完成单位工作，又要安排好学业研究，更要兼顾家庭生活，“多线作战”之下难免“顾此失彼”，自觉静心做学问的时间是少之又少。面对证券法这一“常议常新”又富有实践性、争议性的研究方向，尽管我尽可能鞭策自己保持勤奋，仍与目标存在差距，这也将成为我今后继续深入研究、持之不懈努力的动力。

博士论文的选题，萌芽于我在工作中参与了多起涉及当事人申请证券行政执法和解的案件处理。彼时，由于法律文本规定的证券行政执法和解适用条件苛刻，这一制度在执法实践中几乎无法得到适用，成为“睡美人”条款。我意识到证券行政执法和解遇到的实践“瓶颈”问题，绝不仅是法律条文的缺陷与不足，更有监管导向、配套制度、法律环境等多方面的限制与约束。证券行政执法和解的实践运作偏离立法者初衷，有必要得到社会关切和理论回应。尽管国内已有不少研究成果，却停留在制度的浅层分析上，尚未切中问题的本质要害。国内实践案例和针对性研究的欠缺，国际经验和比较研究成为我开展研究的重要参考和方法。在导师的指导下，我开始阅读和整理成熟市场证券行政执法和解制度的学术文献资料，系统性了解相关国家在证券行政执法和解方面的制度架构、实践情况和突出问题。随着学术视野的开阔，我发现当前阶段我国证券行政执法和解面临的问题，都可以在比较法视野中找到对照经验和破解路径。进入正式博士论文写作前，我决定通过期刊论文的写作和发表先期“试水”，一来通过与高水平期刊的交流与反馈，可以明确博士论文的写作重点与方向，坚定选题信心；二来借助“化整为零”方法，可以从“小文章”的局部雕琢入手，最终整合成洋洋洒洒的“大文章”，确保博士论文成文质量。因此，本书不少内容已发表在《证券市场导报》和《经贸法律评论》两份期刊上，得到了学术界评议认可。

正是得益于前期研究积淀，博士论文整体的写作过程是舒心、顺利的，偶尔出现“卡壳”，也会在扩大阅读范围、与师友的讨论请教中迎刃而解。接近一年时间的论文写作，我不敢有任何懈怠的念头，每日坚持多则千余字、少则几百字的速度匀速推进。博士论文应当体现研究者学生生涯的最高学术水平，要经得起各方推敲、检验。我始终秉持对历史负责、对自己负责的庄严态度完成论文写作。但“取法其上，得乎其中”，迫于个人水平有限，论文写作终归是力有不逮，可能存在着重实践而轻理论、重国际借鉴而轻本土分析等问题，难免贻笑大方。如果本书研究的问题，能对实务监管者有所助益，对后来研究者有所启发，能给制度建设者有所参考，那么本书的研究目的已经达到，我也感到欣慰。

博士论文的完成凝聚着多方助力。尽管陈洁老师的教学及研究工作异常繁忙，但她仍抽出时间对我悉心指导，在文章结构及内容安排等方面提出了很多有价值的建议。她对我的百般教导、提携、关怀、栽培，不遗余力指导我的学业规划、论文写作，从夯实理论功底到锤炼研究能力，从培养严谨治学态度到敏锐把握热点前沿，我学术生涯的每一步前行都得到导师的有力助推和点拨关照。她还不时对我的工作、生活耳提面命，让我受益良多。

我的父母含辛茹苦供养我成长读书，终于等来了我完成博士学业。从小到大，父母对我学业的重视和支持，是我一路从学士到硕士再到博士不断攻读更高学位的动力来源。父母对子女不计回报、默默付出的期待，不外乎是子女的读书明理、学业精进、长大成人。愿本书的完成能作为对他们长期付出回报的一个注脚。

还要感谢众多师长、好友的鼎力相助：中国社会科学院法学研究所导师组陈甦学部委员、邹海林研究员、赵磊研究员、夏小雄副研究员在论文开题、预答辩、答辩过程中对论文写作提出了很多中肯提醒和建议，使我受益匪浅；师门的钟维、张异冉、张彬、韩秀华、杨文尧天、燕艳、庞一然、李阳、王琦、谷月等在我研究学习中或提供翔实的研究资料，或就实务问题答疑解惑，他们的观点对启发我思考常有点睛之效；博士同窗李振民、刘舟祺、任蕾、张曦、邱波、程惠炳、刘嵩岩、宋伟涛、初晓华、杨丽美、何冠群等或帮我办理了大量烦琐的、日常性的学习事务，或一起探讨相关领域前沿问题，相互交流学习心得和写作经验，互勉互励，互促互进。

感谢我工作单位的相关领导和同事。他们对我在工作之余抽出时间从事研究写作给予充分理解和支持，并且基于多年丰富实务经验，站在不同专业角度，对我的论文提出了很多有价值的建议。论文中的部分资料和观点来源于他们平常工作积累。从工作到学习，他们给了我无私的指导、帮助和关心、理解。当然，文责自负，自不待言。

最后，还要特别感谢我的妻子崔晓君。从相知相恋到组建家庭，她的陪伴与支持给了我不断前行的动力。每天的阴晴变化，总有她的体贴关怀，每天的心情起伏，也总有她的倾听分享。尽管工作繁忙，她依旧尽心尽力照料我的日常生活，一如既往地给我支持和安慰，貌似外行的建议，却能给我打开另一片天空。不得不提到的是，伴随着我的博士毕业，我们可爱的儿子也来到了身边，他将是我人生中收获的最美好的礼物。

博士论文完成于我三十岁之际。子曰：“三十而立，四十而不惑。”但当今社会总是“三十难立”“四十有惑”。博士学业已经结束了，但学习未有止境，奋斗也没有终点。面对人生的各种不确定性，唯有不断“求立”和“解惑”，保持对知识和学问的敬畏，才能不断求索，阔步向前。

高振翔

2023 年 1 月 17 日定稿于深圳